당신의
보험금을
의심하라

당신의 보험금을 의심하라
아는 만큼 더 받는 보험금 실제 사례

초판 1쇄 발행 2013년 11월 2일
초판 12쇄 발행 2022년 5월 9일

지은이 윤용찬

펴낸이 김찬희
펴낸곳 끌리는책

출판등록 신고번호 제25100-2011-000073호
주소 서울시 구로구 연동로11길 9, 202호
전화 영업부 (02)335-6936 편집부 (02)2060-5821
팩스 (02)335-0550
이메일 happybookpub@gmail.com
페이스북 facebook.com/happybookpub/
블로그 blog.naver.com/happybookpub

ISBN 978-89-90856-58-6 13320
값 18,000원

- 잘못된 책은 구입하신 서점에서 교환해드립니다.
- 이 책 내용의 일부 또는 전부를 재사용하려면 반드시 사전에 저작권자와 출판권자에게 서면에 의한 동의를 얻어야 합니다.

아는 만큼 더 받는
보험금 실제 사례

당신의 보험금을 의심하라

윤용찬 지음

끌리는책

프롤로그 | # 보험료만 내지 말고
보험금도 챙겨 받자!

   대한민국 사람들은 대부분 '어머니 친구분이 권해서' 보험에 가입하거나, 보험설계사가 되어 찾아온 친구에게 '올 것이 왔구나' 하는 심정으로 하나 들어주기 위해 보험에 가입합니다. 완벽하진 않지만 국민건강보험제도도 있기 때문에 대부분 본인이 필요해서 보험에 가입하는 경우는 거의 없습니다. 보험에 가입하는 동기가 이렇다 보니 자신이 가입한 보험인데도 그 내용에 별로 관심이 없습니다. 그런데도 가입한 금융상품을 유지하기 위해서 매달 적지 않은 보험료를 납입합니다. 적게는 몇만 원부터 많게는 몇백만 원의 보험료를 납입하면서, 그것도 길게는 수십 년 또는 평생 동안 납입하면서도 별 관심이 없습니다. 참 이상한 일입니다.

   그렇게 잊고 살다가 어느 날 덜컥 몸에 병이 나거나 가족에게 어떤 사고가 발생하면 그때 비로소 보험증권을 찾아봅니다. 그런데 봐도 잘 모르겠습니다. 보험 계약을 체결할 때 뭐라고 설명을 듣긴 했는데 아무것도 기억나지 않습니다. 약관이라는 두꺼운 책자나 CD를 받았지만 한 번도 읽어본 적이 없고, 어디에 처박혀 있는지도 모릅니다. 그래서 보험설계사나 고객센터에 전화를 걸어서 어떤 보험금을 얼마나 받을 수 있는지 물어봅니다. 그런데 대부분의 경우 보험을 권유했던 보험설계사는 이미 그만두었고, 고객센터는 명확하게 답변해주지 않으면서 일단 각종 서류를 보내라고 합니다. 보험금 청구에 필요하다는 서류를 보냈더니 고맙게도 보험회사가 알아서 보험금을 지급해줍니다. 그런데 그 보험금마저 제대로 지급된 것인지 아닌지는 알 수가 없습니다. 그나마 최근 들어서는 '보험금 지급 설명서'라는 것을 보내주지만 이해가 안 되기는 마찬가지입니다. 하지만 어쨌든 보험금을 받았으니 좋아합니다.

그런데 말입니다, 만약 그 보험금이 당연히 지급되어야 할 부분은 누락한 채 일부분만 지급된 것이라면, 게다가 보험금 지급만 아니라 이후의 보험료 납입도 면제되어야 하는데 보험회사가 그렇게 해주지 않았다면 어떻게 하겠습니까?

보험금 심사 담당자의 실수인지 아니면 보험회사의 고의인지는 알 수 없지만 어쨌든 이런 일이 지금 이 순간에도 일어나고 있습니다. 만약 보험 가입자들이 이 사실을 안다면 어떤 일이 벌어질까요? 그런데 문제는 보험 가입자들이 보험금 지급 규정 자체를 모르기 때문에 그런 일이 벌어지고 있다는 사실조차 인지하지 못한다는 것입니다.

사례를 들어볼까요?

본문에서도 다루겠지만 '유암종'이라는 것이 있습니다. 내분비종양의 일종으로, 암과 유사하다고 해서 붙여진 이름입니다. "2012년 5월 27일 대법원은 직장유암종 진단을 받고 수술한 40살 ○○씨가 보험사를 상대로 암 보험금을 지급하라며 낸 소송에서 보험사가 보험금 2000만 원을 지급하도록 판결한 원심을 확정했다"는 내용이 판결 다음 날 TV 뉴스를 통해 보도되었습니다. 이 판결이 나오기 전까지 보험회사들은 '직장유암종' 진단을 받은 가입자에게 '경계성 종양'에 대한 진단보험금 명목으로 200만 원(실제 금액은 계약 내용에 따라 차이가 있을 수 있습니다)을 지급해왔습니다. 하지만 이 판결로 인해 이제 보험회사는 직장유암종을 '경계성 종양'이 아닌 '암'으로 인정하고 '암진단보험금'을 지급해야만 합니다. 하지만 이 책을 쓰고 있는 지금 이 순간까지도 보험회사들은 그렇게 하지 않으려고 노력하고 있습니다.

그런 노력은 다음과 같은 방법으로 진행됩니다.

직장유암종으로 보험금을 청구하는 가입자에게 보험회사는 일단 경계성 종양에 해당하는 보험금만 지급합니다. 이에 대해 가입자가 이의를 제기하지 않으면 그대로 보험금 지급은 종결됩니다.

하지만 보험 가입자가 대법원 판례 등을 제시하며 이의를 제기하면, 조사를 나갈 수도 있다는 등 이런저런 방법으로 겁을 주다가 마지못해 '암'에 해당하는 보험금을 지급합니다.

또한 그 보험이 CI종신보험(중대한 질병 등으로 진단받을 경우 사망 보험금의 일부 또는 그에 버금가는 상대적으로 많은 액수의 보험금을 지급하는 종신보험)이었다면 약관에 의거해 '암진단보험금' 외에 'CI보험금'도 지급해야 합니다. 그런데 대부분의 CI종신보험에서는 CI보험금이 지급되면 나머지 전체 보험료의 납입이 면제됩니다.

이렇다 보니 보험 가입자의 입장에서 보면 200만 원만 받고 계속 보험료를 납입하느냐, 아니면 4000~5000만 원(또는 그 이상)의 보험금도 받고 보험료 납입도 면제되느냐 하는 중요한 문제가 됩니다. 대법원 판결이 나오기 전이라면 모를까, 판결이 나온 지금도 이런 일이 벌어지고 있다는 것은 분명 보험회사가 비난받아 마땅합니다.

하지만 필자가 10년 동안 보험설계사로 일하면서 1000여 건이 넘는 각종 보험금 청구를 경험한 바로는 대부분의 보험회사는 위와 같은 몇몇 민감한 사안을 제외하고는 많은 경우 정확하게 보험금을 지급하고 있습니다. 그럼에도 불구하고 앞의 '직장유암종' 사례와 같이 사회적 파장을 일으키는 소송이 가끔씩 벌어지기 때문에 보험회사 입장에서는 억울함을 느낄 때가 많습니다.

제가 보기에 가장 큰 문제는 보험 가입자들이 '보험금 지급 규정'에 대한 기초 지식이 없기 때문에 자신에게 벌어진 상황에 대해 보험금이 지급되는 줄도 모르고 보험금을 청구조차 하지 않는 일이 많다는 것입니다.

상황이 이렇다 보니 '모르면 못 받고, 알면 받을 수 있는 것이 보험금'이라는 생각이 우리 사회에 널리 퍼지게 되었습니다. 급기야 어떤 사람들은 보험금을 받기 위해서 보험증권과 약관을 확인해보는 것이 아니라 적지 않은 수수료를 지불하는 한이 있더라도 손해사정인이나 변호사를 통해 보험금을 청구하는 것이 낫다고 믿게 되었습니다. 보험회사가 가입자들에게 제공하는 보험약관을 조금만 이해해도 손쉽게 받을 수 있는 보험금이 무수히 많은데도 말입니다.

물론 보험약관을 잘 이해하지 못하는 것은 가입자들의 잘못이 아닙니다. 보험회사가 만들어서 가입자들에게 제공하는 보험약관에는 다음과 같은 규정이 분명히 기록되어 있습니다.

〈약관 교부 및 설명 의무〉
(보험)회사는 계약자가 청약한 경우 계약자에게 약관 및 계약자 보관용 청약서를 드리고 약관의 중요한 내용을 설명하여드립니다.

이 책을 읽고 있는 여러분은 보험 계약을 하면서 약관의 중요한 내용에 대해 설명을 들은 적이 있습니까? 저 역시도 처음에는 보험약관을 고객에게 설명해본 적이 거의 없었습니다. 중요한 줄 몰랐기 때문입니다. 그런데 어느 날 한 고객이 교통사고를 당해 사경을 헤매다가 기적적으로 살아나는 일을 목격했습니다. 그분에게 정확하게 보험금을 지급하려다 보니 약관을 찾아보게 되었고 약관이 얼마나 중요한지 그제야 알게 되었습니다.

그때부터 보험약관과 보험금 지급 규정, 관련 법 조항과 사례들을 찾아보기 시작했습니다. 보험금 청구와 지급에 관련한 서류들을 매번 꼼꼼히 확인하고 약관 내용과 다르게 보험금이 지급되거나 지급이 거절되었을 때 적극적으로 보험금 지급부서에 문의하고 항의하였습니다.

보험회사가 끝까지 보험금 지급을 거절하면 보험회사를 관리 감독할 책임이 있는 금융감독원에 민원도 접수해보았습니다. 하지만 대부분의 경우 금융감독원은 보험회사의 손을 들어주었습니다. 그렇다고 가입자에게 보험회사를 상대로 소송을 하도록 권할 수는 없었습니다. 법마저도 항상 진실과 정의의 편에 서는 것은 아님을 대한민국에서 40년 넘게 살아오면서 경험했기 때문입니다.

그래서 다른 방법을 생각하게 되었습니다.

이해하기 어려운 보험약관과 보험금 지급 규정을 알기 쉽게 설명해주는 책을 쓰기로 마음먹었습니다. 이 책을 통해 더 많은 보험 가입자들이 자신들의 권리에 눈뜨기를 바랐습니다. 그래서 혹시라도 보험회사들이 당연히 지켜야 할 약속을 지키지 않을 때 소극적인 대응이나 근거 없는 하소연이 아니라, 적극적으로 이의를 제기하고 정확한 근거를 갖고 당당히 보험금을 청구할 수 있도록 돕고 싶었습니다. 그래서 보험약관을 이해하는 보험 가입자들이 더 늘어난다면 보험회사는 가입자들의 정당한 감시와 통제를 통해 본연의 자리를 찾을 거라는 막연한 꿈도 꾸게 되었습니다.

어떤 동료는 쓸데없는 짓을 한다며 말렸습니다. "그런다고 보험회사가, 보험에 대한 사회의 인식이 바뀔 것 같냐"며 오히려 저만 피해를 입을 것이라고 했습니다. 저의 무모한(?) 도전을 걱정 어린 시선으로 바라보는 분들에게 제가 좋아하는 책의 한 구절을 읽어드리고 싶습니다.

자신의 삶을 바꿀 수 있는 출발선을 어렴풋이나마 보게 된다면
절대 피하지 마라.
다른 길을 찾지 마라. 출발선을 더 또렷이 보려고 노력하라.
그리고 그 속에 잠재된 수많은 가능성을 생각하라.

만약 출발선에 다가서지 않는다면 그 모든 가능성이 담긴 전체 코스를 볼 기회도 없다는 것을 항상 기억하라.
출발선에 서지 않는다면 결승선에 도달하는 영광 또한 결코 맛볼 수 없을 것이다.

앰비 버풋, 《달리기가 가르쳐준 15가지 삶의 즐거움》, 궁리

저는 지금, 출발선에 서 있습니다.

2013년 10월

윤용찬

이 책을 읽기 전에

이 책은 보험금의 정확한 수령 등을 비롯하여 보험 가입자의 각종 권리를 지키기 위해서 꼭 알아야 할 '보험약관'과 '보험금 지급 규정'에 대해 사례를 들어 설명하고 있습니다. 먼저 여러분에게 꼭 권하고 싶은 것이 있습니다.

지금 바로 여러분이 가입한 보험의 증권을 꺼내서 읽어보기 바랍니다. 보험증권은 보험회사와 보험 가입자가 맺은 보험 계약의 기초 내용을 요약한 것입니다. 그러므로 보험증권만 꼼꼼히 읽어보아도 어이없는 오해와 피해는 막을 수 있습니다. 보험증권에 있는 다음의 사항을 꼭 확인해보기 바랍니다.

첫째, 보험증권에 적혀 있는 보험상품의 이름(상품명)을 확인하기 바랍니다.

이렇게만 해도 사망보험금을 지급하는 '주계약'만으로 설계된 종신보험을 저축성 보험인 줄 알고 가입하는 낭패를 면할 수 있습니다.

어떤 이유를 댄다고 하더라도 모든 종신보험은 '보장성 보험'입니다. 보장성 보험은 납입하는 보험료의 대부분이 보험금을 지급하기 위해 쓰이는 보험입니다. 이런 종신보험이 특약을 모두 삭제하고 '주계약'만으로 설계되었을 때는 보험에 가입하고 10여 년의 시간이 지나면 '해약환급금'이 납입한 보험료를 상회할 수도 있다는 가정하에 종신보험을 저축성 보험이라고 판매하는 행위가 최근 성행하기도 했습니다. 명백히 잘못된 행위입니다.

보험 가입자들은 '저축'이라는 단어를 들으면 은행 '적금'을 연상하고 자신이 납입하는 보험료 중 많은 부분이 위험에 대비하기 위해 차감된다는 것은 모른 채, 몇 년만 지나도 목돈이 만들어질 것이라는 환상을 갖게 됩니다. 잘못된 환상 뒤에 찾아오는 것은 언제나 구체적인 고통과 후회뿐입니다.

보험증권에 '○○연금보험', '○○저축보험'이라는 제목이 보이면 그것은 위험에 대한 보장보다는 '저축'에 주된 목적이 있는 '보험'입니다. '○○정기보험', '○○종신보험', '○○실손의료보험' 등은 모두 위험에 대비하기 위한 보장성 보험입니다. 물론 이 두 가지 성격이 대등한 비율로 존재할 수도 있는 '변액유니버셜보험'도 있지만, 이 상품 또한 '저축(사실 변액보험은 저축이 아니라 '투자'입니다)'의 성격만을 강조하면 안 되는 상품입니다. 보험설계사는 반드시 위험에 대비하기 위해 차감되는 보험료가 있다는 점을 안내하고 판매해야 합니다.

따라서 상품명을 반드시 확인하고, 가입 당시 자신의 목적에 부합하는지를 꼼꼼히 따져보기 바랍니다.

둘째, 보험증권에 적혀 있는 '보장 기간'과 '납입 기간'을 확인하기 바랍니다.

보험 가입자들은 '만기'라는 말에 익숙합니다. 적금이나 예금에도 만기가 있기 때문입니다. 그래서 "이 보험은 만기가 언제예요?"라고 물어보는 분이 많습니다. 보험에는 두 가지의 만기가 있습니다. 보험료 납입의 '만기'와 보장 기간의 '만기', 이렇게 두 가지입니다. 어떤 보험은 보험료 납입 기간과 보장 기간이 동일합니다. 예를 들어 10년 동안 보험료를 납입하면서 10년 동안 보장을 받는 보험이 그런 경우입니다. 하지만 보험료 납입은 10년, 20년 또는 60세까지 하면서 보장 기간은 80세, 또는 종신인 경우처럼 보험료 납입 기간의 만기와 보장 기간의 만기가 다른 경우도 존재합니다.

이렇게 두 가지 '만기'를 구별해야 내가 언제까지 보험 혜택을 받을 수 있는지, 그러기 위해서는 언제까지 보험료를 납입해야 하는지 알 수 있습니다.

셋째, 보험증권에 적혀 있는 '보장 내용'을 읽어보기 바랍니다.

보험증권에는 해당 보험의 '주계약'과 '특약'들이 어떤 보장을 약속하고 있는지 적혀 있습니다.

물론 구체적인 보험금의 종류와 지급 조건에 대해서는 보험약관을 확인해야 하지만 대략적인 보장 내용은 보험증권만으로도 확인할 수 있습니다.

예를 들어, 어떤 보험증권을 보면 '암진단특약'이 들어 있습니다. 이때 대부분의 보험증권에는 그 '암'에 어떤 것들이 해당되는지가 적혀 있습니다. 그 '암진단특약'이 갑상선암에 대해서 얼마의 보험금을 지급하는지, 유방암에 걸렸을 때도 위암, 폐암 같은 일반적인 암과 동일한 보험금을 지급해주는지 정도는 알고 있어야 안심을 하든지 보완을 하든지 할 수 있을 것입니다. 그런데 사람들은 대부분 위험이 현실로 나타나기 전에는 보험증권을 꼼꼼히 읽어보지 않습니다. 그 결과 '소 잃고 외양간 고치는' 경우가 종종 생깁니다.

외양간은 고칠 수 있지만, 보험은 고치고 싶어도 고칠 수 없는 경우가 많습니다. 건강하지 않으면 보험에 가입할 수도 없으니까요.

넷째, 보험증권의 보장 내용에 대해 좀 더 정확히 알고 싶다면 '가입 당시의 해당 보험약관'을 읽어보기 바랍니다.

가입 당시의 보험약관을 분실했다면 해당 보험회사의 홈페이지에 있는 '상품공시실'에 들어가서 확인해보면 됩니다. 그곳에는 가입 당시의 보험약관이 PDF파일로 저장되어 있습니다.

하지만 장담하건대 어느 날 갑자기 보험약관을 읽고 싶어지는 일은 일어나지 않을 것입니다. 각종 의학 및 법률 용어가 뒤섞여 있는 약관을 혼자 읽으면서 이해하기란 여간 어려운 일이 아닙니다. 게다가 보험약관은 계속 바뀝니다. 같은 이름의 보험상품이라 하더라도 금융감독원의 표준약관이 변경됐을 때, 또는 약관 내용의 근거가 되는 법률이 개정될 때마다 보험약관도 계속 변경되었습니다. 그러니 일반인들이 약관 내용을 정확히 이해하기란 정말 어려운 일입니다.

그럴 때, 이 책을 참고하기 바랍니다.

이 책을 읽고 있는 여러분이 만약 보험 가입자라면 상상했던 위험이 현실로 닥치기 전에는 각 항목의 '사례(SOS Question)'와 '답변(Answer)'만 읽어도 충분할 것입니다. 그러다 어느 날 그 위험이 당신의 현실이 되었을 때, 그때는 '사례'와 '답변' 그리고 함께 제시되어 있는 '보험금 상식, 궁금타파!'를 꼭 읽어보기를 권합니다.

근거를 가지고 청구하는 보험 계약자에게 보험회사는 정확한 보험금을 지급할 수밖에 없습니다. 읽어보면 분명히 도움이 될 겁니다.

단, 이 책은 2012년에 판매된 보험상품의 약관을 기준으로 만들어졌습니다. 물론, 그 이전의 보험약관도 다루고 있습니다만 모든 보험상품의 약관을 반영한 것은 아니므로 구체적인 보험금 지급 규정을 확인할 때는 가입한 보험의 해당 약관을 기준으로 하고 이해가 안 되는 부분이 있으면 그때 이 책을 참고하기 바랍니다.

자, 이제 시작하겠습니다.

차례

프롤로그 보험료만 내지 말고 보험금도 챙겨 받자! 4
이 책을 읽기 전에 11

 1장 몰라서 못 받는 보험금 BEST 13

01 대장내시경검사 도중 용종을 제거한 경우에도
    수술보험금이 지급되나요? • 22

02 눈 성형수술도 보험금이 지급되나요? • 30

03 메스를 이용하지 않은 치료도 수술보험금을 받을 수 있나요? • 35

04 유산기로 인한 입원과 제왕절개수술도 보험금이 지급되나요? • 42

05 소파수술에 대해 재심사를 요청하면 보험금을 더 받을 수 있나요? • 49

06 외국에서 수술(입원)한 것도 보험금이 지급되나요? • 58

07 하루에 뇌수술을 두 번 받으면 수술보험금도 두 번 지급되나요? • 64

08 요양병원에 입원해도 입원보험금을 받을 수 있나요? • 69

09 디스크도 장해보험금을 받을 수 있나요? • 75

10 허리에 대해 평생 보장받지 않는 조건으로 보험에 가입한 후
    허리 수술을 받으면 보험금을 받을 수 없나요? • 83

11 '재해사망특약'의 보험료 납입이 끝난 후 '주계약' 보험료를 미납해
    보험 계약이 실효된 상태에서 보험대상자가 재해로 사망했다면
    사망보험금은 지급될까요? • 90

12 A형 간염으로 사망한 것과 사스로 사망한 것 중
    어떤 경우를 재해에 의한 사망으로 인정하나요? • 96

13 우울증으로 자살한 경우에도 사망보험금이 지급되나요? • 105

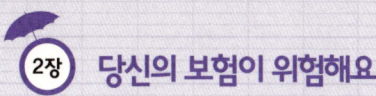
2장 당신의 보험이 위험해요

14 보험 계약에 압류가 들어올 것 같은데 피할 방법은 없나요? • 118

15 카드사가 보험을 해지시키고 환급금을 가져갔어요.
   보험 계약을 살릴 수는 없나요? • 126

16 남편에게 사고가 발생한 사실을 모르고 아내가 보험 청약을
   취소한 경우에도 보험금이 지급될까요? • 131

17 '계약 전 알릴 의무'를 위반하면 무조건 보험금을 받을 수 없나요? • 136

18 약물을 복용하는 방법으로 진단 절차를 통과해서 보험에 가입한
   것이 밝혀지면 보험금을 받을 수 없나요? • 144

19 보험금을 청구했더니 보험회사 직원이 집으로 찾아오겠다고
   합니다. 꼭 만나야 하나요? • 150

20 복통으로 검사받고 특별한 치료 없이 귀가한 경우
   보험금을 지급하지 않는 생명보험은 해약하는 것이 좋을까요? • 155

21 이사한 사실을 보험회사에 알리지 않았다고
   보험금 지급을 거절당할 수도 있나요? • 165

22 보험료 납입을 면제받는 경우도 있나요? • 169

23 실종된 경우에도 사망보험금을 받을 수 있나요? • 176

24 직계가족이 아닌 사람(타인)이 사망보험금을 수령할 수도 있나요? • 187

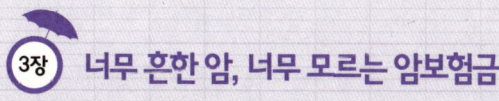
3장 너무 흔한 암, 너무 모르는 암보험금

25 보험이 해지된 다음에 암진단을 받아도 보험금을 받을 수 있나요? • 196

26 암입원특약의 보험 기간이 만료된 뒤에도 보험금을 받을 수 있나요? • 204

27	암에 대한 '진단 확정'은 꼭 조직 검사를 받아야만 인정되나요?	• 211
28	암진단보험금을 받고 나면 암진단특약은 삭제되나요?	• 215
29	갱신형 암진단특약도 암진단보험금을 받고 나면 소멸되나요?	• 226
30	'기타 피부암'으로 진단받으면 무조건 소액의 보험금만 받게 되나요?	• 233
31	소액암도 보험 계약을 체결하고 90일이 지나야 보장받을 수 있나요?	• 239
32	경계성 종양을 제거했는데 암진단보험금을 받을 수 있나요?	• 244
33	암진단보험금을 받은 뒤 또다시 암으로 진단받으면 보험금을 받을 수 있나요?	• 254
34	어린이보험에서는 계약 체결(또는 부활) 후 90일이 지나지 않은 시점에 진단받은 암에 대해서도 암보험금이 지급되나요?	• 262
35	항암방사선 치료에 대해서는 왜 암수술보험금이 지급되지 않나요?	• 268
36	뇌하수체 양성종양에 대해서도 암진단보험금이 지급될까요?	• 278

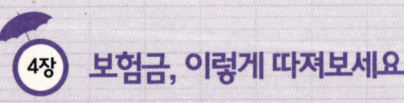

4장 보험금, 이렇게 따져보세요

37	보험금을 둘러싼 약관과 법의 관계는 어떻게 되나요?	• 284
38	1회 보험료를 납부한 후 미처 건강진단을 받지 않은 상태에서 사고나 질병이 발생했을 때에도 보험금이 지급되나요?	• 289
39	보험금을 청구할 일이 생겼는데 가입한 보험에 해당 사항이 있는지 확인하려면 어떻게 해야 하나요?	• 296
40	보험금 지급 사유가 발생한 뒤 2년이 지나도록 청구하지 않은

	보험금은 받을 수 없나요?	• 303
41	수술보험금은 수술할 때마다 매번 지급되나요?	• 307
42	병원을 옮길 때마다 입원 기간에서 무조건 3일을 빼고 입원보험금을 지급하나요?	• 314
43	실손의료비보험에 가입한 뒤 오토바이를 타게 되었다면 보험회사에 꼭 알려야 하나요?	• 320
44	사고로 여러 신체부위에 장해가 생겼을 경우 보험금은 어떻게 지급되나요?	• 325
45	장해보험금을 받았으나 그 후 장해가 악화된 경우 장해보험금을 추가로 더 받을 수 있나요?	• 336
46	경미한 뇌경색도 뇌경색진단보험금을 받을 수 있나요?	• 344
47	사망 원인이 암, 급성심근경색 또는 뇌출혈로 밝혀지면 각각의 진단보험금을 받을 수 있나요?	• 350
48	미성년 자녀만 남기고 한부모가 사망한 경우 사망보험금은 누가 받나요?	• 356
49	보험회사가 보험금 지급을 거절했는데, 가입자가 받아들일 수 없다면 어떻게 해야 하나요?	• 361

에필로그 '무한도전'에 대한 조금 엉뚱한 생각 • 365
별첨 • 373

용어 해설

보험약관 생명보험 계약에 관하여 보험 계약자와 보험회사 상호 간에 이행하여야 할 권리와 의무를 규정한 것.

보험증권(보험가입증서) 보험 계약의 성립과 그 내용을 증명하기 위하여 보험회사가 보험 계약자에게 교부하는 증서.

보험 계약자 보험회사와 계약을 체결하고 보험료 납입 의무를 지는 사람.

피보험자(보험대상자) 보험사고 발생의 대상이 되는 사람.

보험 수익자(보험금을 받는 자) 보험사고 발생 시 보험금 청구권을 갖는 사람.

보험료 보험 계약에 따른 보장을 받기 위하여 보험 계약자가 보험회사에 납입하는 금액.

보험금 피보험자(보험대상자)의 사망, 장해, 입원, 만기 등 보험금 지급 사유가 발생하였을 때 보험회사가 보험 수익자(보험금을 받는 자)에게 지급하는 금액.

보험 기간 보험 계약에 따라 보장을 받는 기간.

보장 개시일 보험회사의 보험금 지급 의무가 시작되는 날.

해약환급금 계약의 효력 상실 또는 해지 시 보험 계약자에게 돌려주는 금액.

1장

몰라서 못 받는 보험금 BEST 13

01

대장내시경 검사 도중 용종을 제거한 경우에도 **수술보험금**이 지급되나요?

수술보험금과 수술분류표의 관계

생명보험 가입자 A씨는 어느 날 건강검진을 받았습니다. 어디가 아파서 받은 것은 아니고 직장에서 2년에 한 번씩 정기적으로 실시하는 건강검진이었습니다. 그런데 대장내시경 검사 도중 용종이 발견되어 제거한 후 조직 검사를 했습니다. 다행히 악성은 아니어서 건강검진은 그렇게 마무리되었습니다.

A씨는 검사 목적의 수술에 대해서는 보험금이 지급되지 않는다고 알고 있었기 때문에 보험금을 청구하지 않았습니다. 그런데 며칠 후 직장 동료가 A씨와 똑같은 상황에서 수술보험금을 받았다는 이야기를 들었습니다. 그래서 보험약관을 찾아보니 '검사 및 진단을 위한 수술'에 대해서는 보험금을 지급하지 않는다고 되어 있었습니다.

도대체 누가 맞는 걸까요? A씨는 수술보험금을 받을 수 있을까요?

A씨의 상황 정리

- 생명보험에 가입한 후 대장내시경 검사를 받다가 용종이 발견되어 제거함.
- 검사 및 진단 목적의 수술이었기 때문에 보험금을 청구하지 않음.
- 직장 동료는 똑같은 상황이었는데 수술보험금을 받았다고 함.
- A씨도 수술보험금을 받을 수 있는지 궁금함.

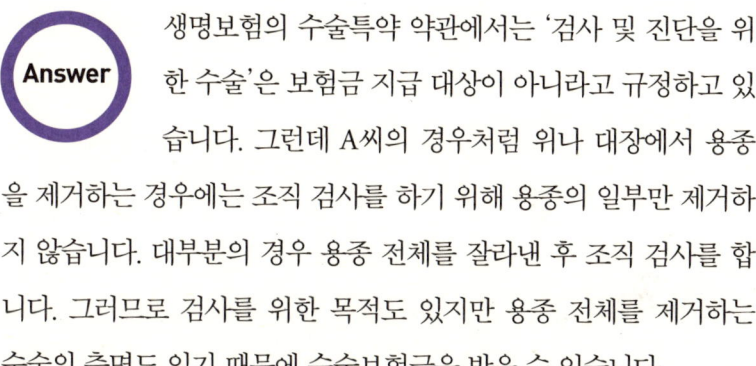 생명보험의 수술특약 약관에서는 '검사 및 진단을 위한 수술'은 보험금 지급 대상이 아니라고 규정하고 있습니다. 그런데 A씨의 경우처럼 위나 대장에서 용종을 제거하는 경우에는 조직 검사를 하기 위해 용종의 일부만 제거하지 않습니다. 대부분의 경우 용종 전체를 잘라낸 후 조직 검사를 합니다. 그러므로 검사를 위한 목적도 있지만 용종 전체를 제거하는 수술의 측면도 있기 때문에 수술보험금을 받을 수 있습니다.

 보험금 상식, 궁금타파!

병원에서는 내시경으로 대장이나 위를 검사하던 도중 용종이 발견되면 제거해서 조직 검사를 합니다. 혹시나 악성이 아닌지 확인하기 위한 것이죠. 그런데 건강검진을 받는 사람은 이러한 치료행위를 검진의 일부로 여길 뿐 수술을 받았다고 생각하지 않습니다. 의사 역시 용종이 발견되어 떼어냈다거나 조직 검사를 위해 떼어냈다고 하지, 어떤 '수술'을 했다고 말하지 않습니다.

보험 가입 당시 보험회사가 제공하는 보험약관을 보면 더 오해하기 쉽습니다. '수술특약' 약관에 첨부된 '수술분류표의 사용 지침'을 보면 다음과 같은 규정이 있습니다.

> 다음과 같은 수술은 수술급여금 지급 대상에서 보장을 제외합니다.
> 1) 미용 성형상의 수술
> 2) 피임 목적의 수술
> 3) 피임 및 불임술 후 가임 목적의 수술
> 4) 검사 및 진단을 위한 수술〔생검(生檢). 복강경 검사(腹腔鏡檢査) 등〕

이렇게 "검사 및 진단을 위한 수술은 수술보험금을 지급하지 않는다"라고 약관에 명시되어 있다 보니 보험 가입자들은 물론이고 보험설계사조차 건강검진을 받다가 용종을 떼어낸 것에 대해서는 보험금을 받을 수 없다고 생각하는 경우가 많습니다.

그렇다면 A씨의 직장 동료는 A씨와 똑같은 상황에서 어떻게 수술보험금을 받을 수 있었을까요? 약관의 수술분류표에 따르면 내시경에 의한 수술이고, 수술 부위가 '복부장기'이면 2등급의 수술보험금이 지급된다는 것을 알 수 있습니다. 이것이 바로 A씨의 직장 동료가 2등급의 수술보험금을 받은 근거입니다.

하지만 보험 가입자들은 '복부장기'에 어떤 신체부위가 포함되는지도 모를뿐더러 건강검진 도중 대장에서 용종을 떼어낸 것이 내시

약관의 수술분류표

구분	수술명	수술 종류
상기 이외의 수술 (검사, 처치, 약물주입요법은 포함하지 않음)	80. 내시경에 의한 내시경수술 또는 카테터 등에 의한 경피적 수술(시술 개시일부터 60일간에 1회의 급여를 한도로 함)	
	80-1. 뇌, 심장	3종
	80-2. 후두, 흉부장기(심장 제외), 복부장기(비뇨, 생식기 제외), 척추, 사지관절(손가락, 발가락은 제외)	2종
	80-3. 비뇨, 생식기 및 손가락, 발가락	1종

경수술에 해당하는지도 모릅니다. 그렇다면, 보험 가입자가 병원에서 받은 수술이 보험금 지급 대상인지 아닌지를 쉽게 확인하는 방법은 없는 걸까요?

있습니다. 〈보험회사 내부용 수술분류표〉를 보면 쉽게 알 수 있습니다. 이것이 그나마 손쉬운 방법이지만 보험회사는 가입자들에게 〈보험회사 내부용 수술분류표〉를 제공하지 않고 있습니다.

〈보험회사 내부용 수술분류표〉를 살펴보면 A씨의 경우 2종 수술 보험금을 받을 수 있다는 것이 상세히 설명되어 있습니다.

그런데 이상하죠? 보험약관의 수술분류표에서는 검사 및 진단을 위한 수술(생검(生檢), 복강경검사(腹腔鏡檢査) 등)은 수술보험금 지급 대상에서 제외한다고 했는데 〈보험회사 내부용 수술분류표〉에서는 수술보험금을 지급한다고 규정되어 있으니까요.

약관에서 말하는 '검사 및 진단을 위한 수술'은 조직 검사 등의 목적으로 조직의 일부를 떼어내는 것을 말합니다. 그런데 생명보험에서 '수술'로 인정받기 위해서는 '기구를 사용하여 생체의 특정 부위를 잘라내거나 특정 부위를 잘라 없애는 등의 조작'이 있어야 합니다. 또한 '질병이나 재해로 인한 치료를 위해서 필요하다고 인정한 경우'여야 합니다. 그러므로 만약 치료 목적이 아닌 검사 목적만으로 용종의 일부 조직을 떼어냈다면 보험회사는 이를 '수술'로 인정하지 않습니다.

그런데 통상 내시경 검사를 하다가 용종이 발견되면 조직 검사를 하기 위해서, 또 용종이 계속 자라는 것을 막기 위해서 용종 전체를 제거합니다. 그렇기 때문에 수술보험금 지급 대상이 되는 것입니다.

 〈보험회사 내부용 수술분류표〉란 무엇일까요?

보험대상자가 의료기관에서 어떤 치료를 받은 경우, 지출한 의료비의 일부를 보상해주는 '실손의료비특약'에서는 보험금이 지급되는 수술의 항목을 모두 열거할 필요가 없습니다.

보상하지 않는 항목만 열거해놓고 그 외의 의료비는 모두 보험금 지급 대상으로 간주하는 포괄주의가 적용되기 때문입니다. 그런데 '수술특약'은 다릅니다. 어떤 수술을 받으면 실제 발생한 의료비와는 무관하게 계약 당시에 약속한 수술보험금을 지급하도록 설계되어 있는 '수술특약'은 어떤 수술에 대해 얼마의 보험금을 지급하는지 약관에 상세히 열거하고 있어야 합니다. 그런데 실제로는 그 상세 내용이 약관에 들어 있지 않습니다!

보험 가입자에게 제공되는 보험약관에 들어 있는 '수술분류표'는 보험금 지급 대상이 되는 수술들을 개념으로 묶어서 설명하는 '수술 개념 요약표'일 뿐입니다. 이런 요약표와 달리 실제로 보험금이 지급되는 모든 수술의 명칭이 열거되어 있는 '보험회사 내부용 수술분류표'라는 것이 있습니다. 그런데 이것은 보험 가입자들에게 제공되지 않습니다.

약관에 첨부되어 보험 가입자들에게 제공되는 수술분류표와 '보험회사 내부용 수술분류표'를 비교해보면 그 차이를 확연히 알 수 있습니다.

약관에 첨부되는 수술분류표

구분	수술명	수술 종류
피부, 유방의 수술	피부이식수술(25cm² 이상인 경우), 피판수술(피판분리수술… 제외)	3종
	피부이식수술(25cm² 미만인 경우)	1종
	유방절단수술	3종
	기타 유방수술(농양의 절개 및 배액은 제외)(단, 치료 목적의 Mommotomy는 60일에 1회를 한도로 함)	1종

이처럼 약관에 첨부되는 수술분류표에서는 '피부, 유방의 수술'을 크게 네 가지 종류로 나누어서 설명하는 데 비해 '보험회사 내부용 수술분류표'에서는 '피부, 유방의 수술을 35가지로 세분해서 구체적인 수술 명칭과 함께 어떤 등급의 수술보험금이 지급되는지 설명하고 있습니다.

이 표에는 약 1000개가 넘는 보험금 지급 대상 수술의 명칭과 내용, 보험금 등급까지 자세하게 기록되어 있습니다. 이것을 보험 가입자에게 제공하지 않고 보험약관 안에 '개념 요약표'로 대체해서 제공하는 이유는 무엇일까요?

보험 가입자들이 '보험회사 내부용 수술분류표'를 가지고 있으면 보험금을 청구할 때 유용하게 사용할 수 있다는 것을 알면서도 가입자들이 악용할 여지가 있다는 이유로 '개념 요약표'만 제공하는 보험회사도 문제지만 그와 같은 방침을 승인하고 있는 감독당국의 태도는 정말 이해하기 어렵습니다.

약관 읽어주는 남자의 한마디

보험금 지급 대상에 해당하는 수술을 받았으면서도 그 사실을 모르면 '보험금 청구' 자체를 못합니다. 이런 어이없는 상황을 막기 위해서라도 보험 계약 당시 '보험회사 내부용 수술분류표'를 보험회사가 가입자에게 제공하도록 감독당국이 의무화해주길 제안합니다.

보험 가입자들이 '보험회사 내부용 수술분류표'를 통해 알게 된 지식을 보험사기 등에 악용할 수도 있겠지만 그런 부작용은 조사(보험금 청구에 대한 조사)를 통해 대응하면 됩니다. 단지 악용할 가능성이 있다는 이유만으로 보험 가입자들에게 꼭 필요한 정보를 제공하지 않는 것은 공정한 계약이라고 할 수 없습니다.

그리고 보험에 가입하는 분들은 앞으로 '수술보험금'을 청구할 때 자세히 알고 싶거나 확인하고 싶은 부분이 있으면 담당 보험설계사에게 '보험회사 내부용 수술분류표'를 확인해달라고 요청하기 바랍니다. '보험금 청구권'이라는 고객의 정당한 권리를 보호하기 위해 노력하는 보험설계사들은 지금 이 순간에도 '보험회사 내부용 수술분류표'를 꼼꼼히 들여다보고 있습니다.

02

눈 성형수술도 보험금이 지급되나요?

쌍꺼풀수술과 안검하수수술에 대한 보험금 지급 규정

SOS Question

생명보험 가입자 A씨는 최근 성형외과에서 '안검하수(眼瞼下垂)수술'을 받았습니다. 안검하수는 눈꺼풀이 처져서 시야를 가리는 현상을 말합니다. A씨는 처진 눈꺼풀 때문에 마치 졸린 사람처럼 보여서 대인관계에 지장이 많았습니다. 그런데 수술 후 만나는 사람마다 남자가 무슨 '쌍꺼풀수술'을 받았냐며 놀려댔습니다. 잘 모르는 사람들에게 '안검하수수술'이라고 굳이 설명해줄 필요가 없을 것 같아서 아무 말 하지 않았는데 어느 날 만난 담당 보험설계사는 안검하수수술에도 보험금이 지급된다며 보험금 청구를 권했습니다. 성형외과에서 수술을 받은 것도 정말 보험금이 지급되나요?

A씨의 상황 정리
- 생명보험에 가입한 후 성형외과에서 안검하수수술을 받음.
- 안검하수수술은 성형수술이지만 보험금이 지급된다는 얘기를 들음.

 보험약관에는 미용이나 성형 목적의 수술에 대해서는 수술보험금을 지급하지 않는다고 규정되어 있습니다. 그래서 성형외과에서 받은 수술은 무조건 보험금 지급 대상이 안 된다고 생각하기 쉽습니다. 하지만 안검하수수술에 대해서는 설령 성형외과에서 수술을 했다고 하더라도 수술보험금이 지급됩니다.

 보험금 상식, 궁금타파!

쌍꺼풀이 없던 사람이 안검하수수술을 받게 되면 수술 방법에 따라 쌍꺼풀이 생기는 경우가 있습니다. 이를 잘 모르는 사람은 쌍꺼풀수술을 받은 것으로 오해합니다. 또 주위 사람들이 물어보면 설명하기 귀찮아서 쌍꺼풀수술을 받았다고 말하기도 합니다. 만약 성형외과에서 쌍꺼풀수술을 받았다는 진단서를 보험회사에 제출하면 보험금이 지급될까요? 당연히 지급되지 않습니다. 보험약관의 '수술분류표 사용 지침'에서는 다음과 같이 규정하고 있습니다.

다음과 같은 수술은 수술급여금 지급 대상에서 제외합니다.
   1) 미용 성형상의 수술
   2) 피임 목적의 수술
   3) 피임 및 불임술 후 가임 목적의 수술
   4) 검사 및 진단을 위한 수술〔생검(生檢), 복강경 검사(腹腔鏡檢査) 등〕

더 예뻐지기 위해서 하는 성형수술은 질병이나 재해의 치료를 목적으로 하는 것이 아니기 때문에 수술보험금을 지급하지 않는 것입니다. 그래서 쌍꺼풀수술에 대해서도 보험금을 지급하지 않습니다.

그런데 안검하수수술은 겉보기에는 영락없는 쌍꺼풀수술 같지만 쌍꺼풀수술과는 엄연히 다른 목적의 수술입니다.

안검하수수술은 눈꺼풀을 올려주는 근육의 힘이 약해져서 눈꺼풀이 아래로 처지는 증상을 치료하는 수술입니다. 신체에 아무 이상이 없는데 단지 아름답게 보이려고 하는 성형수술과는 다릅니다.

그래서 보험약관의 수술분류표에서도 다음과 같이 보험금 지급 대상임을 명시해놓았습니다.

보험약관의 수술분류표

구분	수술명	수술 종류
시각기의 수술 〔약물주입술은 제외〕	안검하수증(眼瞼下垂症)수술(안검내반증 제외)	1종
	누소관(淚小管)형성수술(누관튜브삽입술 포함)	1종
	누낭비강(淚囊鼻腔) 관혈수술	2종
	결막낭(結膜囊) 형성수술	2종

하지만 문제는 보험 가입자들이 약관을 읽어보지 않기 때문에(읽지 않는 것이 당연합니다. 읽어봐도 무슨 소리인지 알 수 없으니까요) 안검하수수술도 보험금이 나오는 줄 모른다는 것입니다. 그리고 자신이 받은 수술이 안검하수수술인데도 쌍꺼풀수술로 착각하는 사람도 많습니다. 그들은 당연히 보험금 청구를 하지 않습니다.

그런데 수술분류표에 들어 있지 않다고 하더라도 안검하수수술처럼 근육층에 대한 수술이라면 보험금을 받을 수 있습니다. 수술분류표에서는 안검하수수술은 보험금을 지급하지만 안검내반수술은 지급하지 않는다고 규정하고 있습니다. 하지만 안검내반수술도 근육층까지 수술한 것을 증명하면 수술보험금은 지급됩니다.

약관 읽어주는 남자의 한마디

성형외과에서 수술했다고 해서 무조건 보험금 지급을 거절하는 것은 아닙니다. 수술의 목적과 수술 방법에 따라서 보험금은 지급되기도 하고 거절되기도 합니다.

그런데 수술의 목적, 보험금이 지급되는 수술의 방법 등은 보험 가입자들이 모를 수밖에 없습니다. 이때는 담당 보험설계사에게 문의하기 바랍니다. 아무래도 보험설계사가 가입자보다는 보험금 지급 규정에 대해 더 많이 알고 있을 테고, 또 덕분에 보험설계사도 약관과 보험금 지급 규정에 대해 더 많이 공부하게 됩니다.

보험 가입자에게 보험설계사들이 생일 축하한다는 전화를 해주거나 이런저런 선물을 보내주는 것만 '고객 관리'가 아닙니다. 정말 중요한 고객 관리는 보험 가입자가 뜻하지 않은 질병이나 재해로 어려움을 겪고 있을 때 약관에 부합하는 보험금을 제대로 받을 수 있도록 돕는 것입니다. 보험 가입자는 보험설계사로부터 선물을 받을 권리(?)는 없습니다. 하지만 정확한 보험금을 지급받을 수 있도록 확인해주고 도와주는 서비스를 받을 권리는 있습니다.

03

메스를 이용하지 않은 치료도 수술보험금을 받을 수 있나요?

'항암방사능 치료', '방사성요오드 복용', '맘모톰수술'에 대한 수술보험금 지급 규정

SOS Question

생명보험 가입자 A씨는 최근 항암방사능 치료를 받고 있습니다. 얼마 전 악성뇌종양 진단을 받고 뇌종양을 제거하는 수술을 받았습니다. 그 후 매일 조금씩 방사선을 쬐는 치료를 한 달 넘게 받아야 했습니다. 그사이 보험설계사가 꼼꼼하게 챙겨준 덕분에 A씨의 가족은 '암진단보험금', '암수술보험금', '암입원보험금' 등 해당되는 보험금을 그때마다 정확히 지급받을 수 있었습니다. 그렇게 받은 보험금만 몇천만 원이 넘었기 때문에 A씨와 A씨 가족은 다시 입원을 하거나 수술을 하지 않는 이상 보험금을 청구해야겠다는 생각은 하지 못하고 있었습니다. 그러던 어느 날 보험설계사가 A씨의 집을 방문해서 항암방사능 치료에 대해서도 수술보험금을 청구해야 한다고 말했습니다. 방사선을 쬐는 것도 수술보험금을 받을 수 있을까요? 그렇다면 30일이 넘도록 매일 방사선을 쬐었으니 수술보험금을 30번 넘게 지급해주는 건가요?

A씨의 상황 정리

- 악성뇌종양으로 진단받고 수술 후 항암방사능 치료를 받고 있음.
- 암진단보험금, 암수술보험금, 암입원보험금 등 해당 보험금을 이미 받았음.
- 지금은 30일 넘게 매일 조금씩 방사선을 쬐고 있음.
- 방사능 치료도 수술보험금을 받을 수 있는지 궁금함.

Answer 생명보험의 수술특약 약관에서는 암을 치료하기 위해 방사선을 쬐는 것도 '수술'로 인정하고 있습니다. 그래서 수술보험금이 지급됩니다. 하지만 다른 일반적인 수술처럼 수술 1회당 1회의 수술보험금이 지급되는 것이 아니라 60일간 1회의 수술보험금만 지급됩니다.

보험금 상식, 궁금타파!

보험 가입자가 암수술을 받고 항암방사능 치료까지 받는 경우 항암방사능 치료에 대해서는 보험금 청구를 하지 않는 경우가 많습니다. 이미 암진단보험금과 암수술보험금 등 비교적 많은(계약에 따라 다를 수 있습니다) 액수의 보험금을 지급받았기 때문에 보험금 청구에 대해 민감하지 않은 상태여서 그런 경우도 있고, 환자 상태가 위중하여 항암 치료 당시에는 신경 쓰지 못하다가 나중에야 보험금을 청구하면서 '항암방사능 치료'는 '수술'이 아니니까 당연히 수술보험금이 지급되지 않을 거라 여기고 보험금 청구를 하지 않는 경우도 있습니다.

드물게는 항암방사능 치료를 받은 내용이 포함된 서류를 모두 제출했음에도 불구하고 보험회사에서 항암방사능 치료에 대한 수술보험금을 누락시키고 나머지만 보험금을 지급하는 경우도 있습니다. 나중에 가입자가 보험회사 고객센터에 항의하면 "고객님께서 그 치료에 대해서 수술보험금을 청구하지 않았기 때문"이라며 오히려 가입자에게 책임을 떠넘기는 일마저 있습니다.

항암방사능 치료는 대부분 방사선을 쬐는 방식으로 진행됩니다. 이때 환자의 상태에 따라 다르겠지만 한 달 이상 방사능 치료를 받으면 그 방사능의 양이 대략 5000Rad(라드: 방사능 흡수량을 측정하는 단위)를 넘게 됩니다. 이럴 경우 생명보험의 '수술특약'에서는 수술보험금을 지급합니다. 암환자가 치료 목적으로 방사선을 쬐는 것을 수술로 인정하는 것입니다. 보험약관에서 수술은 다음과 같이 정의하고 있습니다.

〈수술의 정의와 장소〉

이 특약에 있어서 '수술'이라 함은 의사, 치과의사 또는 한의사의 자격을 가진 자가 보험대상자의 질병 또는 재해로 인한 치료를 직접 목적으로 필요하다고 인정한 경우로서 의료법 제3조(의료기관)의 규정에 의한 국내의 병원이나 의원 또는 국외의 의료관련법에서 정한 의료기관에서 의사의 관리하에 수술분류표에서 정한 행위를 하는 것을 말합니다.

여기서 '수술분류표에서 정한 행위'란 '기구를 사용하여 생체 특정 부위를 잘라내거나 특정 부위를 잘라 없애는 것'을 말합니다. 이것만 보면 항암방사능 치료는 수술과는 거리가 멀게 느껴집니다.

하지만 수술분류표에서는 '악성신생물(암) 근치·두개내신생물 근치 방사선 조사 분류표'라는 항목을 통해서 예외적으로 항암방사능 치료를 수술로 인정하고 있습니다.

악성신생물(암) 근치·두개내신생물 근치 방사선 조사 분류표

방사선 조사 분류 항목	수술 종류
1. 악성신생물(암) 근치 방사선 조사 5,000Rad 이상의 조사(照射)를 하는 경우로 한정하며, 악성신생물(암) 근치 사이버나이프(Cyberknife) 정위적 방사선 치료를 포함함.	3종
2. 두개내신생물 근치 감마나이프(Gammaknife) 정위적 방사선 치료	3종

주: 시술 개시일부터 60일간에 1회의 급여를 한도로 함.

위 표를 보면 '방사선 조사(방사선을 쬐는 것)'에 사이버나이프와 감마나이프도 포함된다는 것을 알 수 있습니다. 최근에 초기 뇌종양 등에 많이 사용되는 치료법들입니다.

약으로 복용하는 '항암방사능 치료'도 수술보험금이 지급되나요?

다른 암환자와 달리 갑상선암 환자는 대부분 약의 형태로 만든 '방사성 요오드'를 복용하는 방식으로 항암방사능 치료를 받게 됩니다.

갑상선암 환자는 갑상선 절제술을 받았다고 하더라도 현미경으로는 보이지 않는 암세포가 남아 있을 수 있습니다. 이런 세포들이 요오드를 흡수하는 성질을 이용해서 혹시라도 남아 있을 수 있는 암세포까지 파괴하는 방법이 '방사성 요오드 치료'입니다.

이 항암치료 방법은 약을 먹고 며칠만 입원하면 되기 때문에 환자는 자신이 수술을 받았다고는 절대로 생각하지 못합니다. 하지만 이 때 복용하는 약에는 보통 5000Rad 이상의 방사능이 들어 있습니다. 그러므로 이 방법으로 항암방사능 치료를 받은 것도 수술분류표의 '악성신생물(암) 근치·두개내신생물 근치 방사선 조사 분류표'에서 인정하는 수술보험금 지급 대상이 맞습니다.

 주사기로 종양을 흡입해내는 것도 수술보험금이 지급되나요?

맘모톰수술이라는 것이 있습니다. 유방 양성종양을 맘모톰이라는 기구를 사용하여 흡입해내는 수술입니다. 조금 굵은 주삿바늘(진공장치와 회전칼이 부착된 바늘)로 양성종양을 흡입해내는 수술인데, 이 같은 방법은 얼핏 보면 보험약관에서 규정하는 '수술'의 정의와 맞지 않습니다. '기구를 사용하여 생체 특정 부위를 잘라내거나 특정 부위를 잘라 없애는 것'이 수술인데, 맘모톰수술은 자르거나 잘라 없애는 것이 아니라 흡입해내는 것이니까요.

　그런데 맘모톰수술은 생명보험 수술특약에서 수술보험금을 지급하는 항목이 맞습니다. 종양이 발견되었을 때 주사기로 그 조직의 일부를 흡입해내는 이유는 대부분 조직 검사를 하기 위해서입니다. 혹시라도 악성(암)일까 봐 하는 것이죠. 그런데 이 맘모톰이라는 기구는 단순히 조직 검사만 할 수 있는 것이 아니라 바늘에 회전칼이 부착되어 있어서 종양 전체를 제거할 수 있습니다. 그러다 보니 최근에는 맘모톰으로 종양 전체를 잘라낸 뒤 흡입해서 조직 검사를 합니다. 맘모톰수술이 종양의 일부 조직만 떼어내서 조직 검사만 하는 것이라면 당연히 수술보험금이 지급되지 않겠지만 종양 전체를 잘라내는 것이기에 수술보험금을 지급하는 것입니다. 맘모톰수술을 받은 분도 꼭 수술보험금을 청구하세요.

약관 읽어주는 남자의 한마디

암환자 본인이나 그 가족은 경황이 없습니다. 우선 심리적으로 굉장히 두렵고 불안할 수밖에 없습니다. 육체적으로도 고통스럽습니다. 암은 고사하고 항암 치료가 주는 고통도 만만치 않습니다. 이런 상황에서 환자(보험 가입자)가 청구한 보험금이 제대로 지급되는지 확인할 책임은 누구에게 있을까요? 물론 일차적인 책임은 보험 수익자(보험금을 받는 사람)에게 있습니다. 하지만 현실적으로 보험약관에 대한 지식이 부족한 일반인들은 그저 보험회사가 알아서 정확하게 보험금을 지급해줄 것이라고 믿을 뿐 꼼꼼히 따져보지 않습니다.

그런데 청구하지 않은 보험금까지 알아서 지급해주는 보험회사는 없습니다. 게다가 보험회사는 '항암방사능 치료'도 '수술보험금'이 지급된다고 미리 알려주지 않습니다. 어떤 보험상품은 항암방사능 치료를 받는 경우 그 치료비 명목으로 얼마의 보험금을 지급하는 별도의 특약이 있어서 그 내용을 보험증권에 명시해놓기도 하지만 항암방사능 치료에 대해 일반적인 '수술특약'에서도 보험금이 지급된다는 내용은 보험증권에 기재해놓지 않습니다. 그 내용은 오로지 보험약관의 수술분류표에 들어 있을 뿐입니다.

이런 상황에서 보험금을 정확히 청구하고, 보험금이 제대로 지급되었는지를 확인해야 할 책임은 현실적으로 담당 보험설계사에게 있다고 생각합니다. 왜냐하면 그 보험상품을 권유한 사람이고 보험 계약을 통해 일정한 이익을 취했기 때문입니다.

보험업계에서는 '고객 관리'라는 표현을 많이 사용합니다. 연말에 달력 하나 보내는 것보다, 새로 나온 보험상품을 권유하는 것보다 더 중요한 고객 관리가 있습니다. 가입자가 보험금을 청구할 일이 생겼을 때 약관의 규정대로 정확히 보험금을 받을 수 있도록 돕는 것, 이것이 가장 중요한 고객 관리입니다.

고객 관리를 제대로 하기 위해 지금도 늦은 밤까지 사무실에 남아 보험 약관을 공부하는 설계사들이 있습니다. 매우 소수이긴 하지만 그 사람들이 보험 가입자들을 보호하고 있습니다.

04

유산기로 인한 입원과 제왕절개수술도 보험금이 지급되나요?

임신·출산과 관련된 보험금 지급 규정

몇 년 전 생명보험에 가입한 A씨는 1년 전 첫아이를 임신했습니다. 임신 초기에 소변에 피가 섞여 나와서 병원에 갔더니 유산할 가능성이 있다며 입원을 권유했습니다. 약 4주간 입원한 후 몸 상태가 정상으로 돌아와서 퇴원하였고, 무사히 자연분만에 성공했습니다. 그 후 별일 없이 잘 지내고 있었는데 담당 보험설계사와 통화하던 중 유산기가 있어서 입원한 것도 보험금이 지급된다는 얘기를 들었습니다. 제왕절개수술을 받은 것도 아니고 정상적인 분만을 한 경우인데도 보험금이 지급될까요?

A씨의 상황 정리

- 생명보험에 가입한 A씨가 임신 중 유산기가 있어서 입원함.
- 4주 만에 퇴원한 후 자연분만에 성공함.
- 수술이 아닌 자연분만인데도 보험금이 지급되는지 궁금함.

 자연분만을 한 경우, 임신은 질병이나 재해가 아니기 때문에 어떤 보험금도 지급되지 않습니다. 그러나 임신 초기에 유산기가 있어서 입원한 경우에는 예외적으로 '입원보험금'을 지급합니다. 생명보험에서는 여성의 유산(또는 유산의 가능성이 증상으로 나타나는 것)을 질병에 준하는 것으로 간주하여 입원보험금을 지급합니다.

보험금 상식, 궁금타파!

보험대상자(피보험자)가 입원한 것에 대해 보험회사로부터 '입원보험금'을 지급받기 위해서는 그 입원이 보험약관에서 규정하는 '입원의 정의와 장소'에 부합해야만 합니다.

〈입원의 정의와 장소〉
이 특약에 있어서 '입원'이라 함은 의사, 치과의사 또는 한의사의 자격을 가진 자(이하 '의사'라고 합니다)에 의하여 '질병 및 재해분류표'에서 정하는 질병 또는 재해로 인한 치료가 필요하다고 인정된 경우로서 자택 등에서의 치료가 곤란하여 의료법 제3조(의료기관)에서 정한 국내의 병원이나 의원 또는 국외의 의료관련법에서 정한 의료기관에 입실하여 의사의 관리하에 치료에 전념하는 것을 말합니다.

그런데 '입원의 정의와 장소'에 부합한다고 하더라도 보험회사가 입원보험금을 지급하지 않을 때가 있습니다. 다음은 생명보험의 입원특약에서 입원보험금을 지급하지 않는 질병과 재해에 대한 규정입니다.

〈보험금을 지급하지 아니하는 질병 및 재해〉
다음 각 호에 해당하는 경우에는 질병 및 재해 분류에서 제외하여 보험금을 지급하지 아니합니다.
① 정신 및 행동장애(F00~F99)로 인한 질병
② 선천 기형, 변형 및 염색체 이상(Q00~Q99)으로 인한 질병
③ 마약, 습관성 의약품 및 알코올 중독으로 인한 경우
④ 치의보철 및 미용상의 처치로 인한 경우
⑤ 정상 임신, 분만 전후의 간호 및 검사와 인공유산, 불법유산 등으로 인한 경우
⑥ 질병을 직접적인 원인으로 하지 아니하는 불임수술 또는 제왕절개수술 등으로 인한 경우
⑦ 치료를 수반하지 아니하는 건강진단으로 인한 경우

위의 경우에 해당하면 아무리 '입원의 정의와 장소'에 부합한 입원이라고 할지라도 보험회사는 입원보험금을 지급하지 않습니다. 그런데 ⑤를 보면 '정상 임신, 분만 전후의 간호 및 검사와 인공유산, 불법유산 등으로 인한 경우'에도 입원보험금이 지급되지 않는 것을 알 수 있습니다. 이 규정 때문에 보험 가입자들이 오해할 가능성이 큽니다. 유산기(流産氣: 유산할 조짐)가 있어서 입원을 했다고 하더라도 자연분만을 한 경우 이것을 '정상 임신'이라고 생각해서 보험금이 지급되지 않을 거라고 판단하는 것입니다.

그런데 지금 우리가 살펴보고 있는 약관은 '입원특약'의 약관입니다. 이 특약에서 입원보험금을 지급할 때 고려하는 것은 '입원의 정의와 장소'에 부합하는지, 그리고 그 입원이 '보험금을 지급하지 아니하는 질병 및 재해'로 인한 것인지의 문제일 뿐 '분만의 방식'은 고려 대상이 아닙니다(분만의 방식은 '수술보험금' 지급의 고려 대상입니다).

A씨의 경우 병원에 입원하여 치료를 받은 것이므로 일단 '입원의 정의와 장소'에는 부합합니다. 이제 남은 문제는 과연 '유산기가 있는 것'이 '보험금을 지급하지 아니하는 질병'에 해당하느냐, 아니냐입니다.

유산기가 있어서 의사의 권유로 입원을 한 경우 진단서에는 '절박유산(O20.0)'이라는 진단명이 적혀 있습니다. 생명보험회사는 유산할 가능성이 높은 상황(절박유산)을 '보험금을 지급하지 아니하는 질병'에 포함하고 있지 않습니다. '정상 임신'의 상태라고 보지 않는 것입니다.

따라서 절박유산으로 입원한 경우에도 입원보험금을 지급하는 것입니다.

 제왕절개수술도 보험금이 지급되나요?

입원처럼 수술도 보험금을 지급받기 위해서는 그 '수술'이 보험약관에서 규정하는 '수술의 정의와 장소'에 부합해야만 합니다. 다음은 수술특약에서 규정하고 있는 수술의 정의와 장소입니다.

〈수술의 정의와 장소〉
'수술'이라 함은 의사, 치과의사 또는 한의사의 자격을 가진 자가 피보험자(보험대상자)의 질병 또는 재해로 인한 치료를 직접 목적으로 필요하다고 인정한 경우로서 의료법 제3조(의료기관)의 규정에 의한 국내의 병원이나 의원 또는 국외의 의료관련법에서 정한 의료기관에서 의사의 관리하에 '수술분류표'에서 정한 행위를 하는 것을 말합니다. 다만, 해당 수술을 대신하여 완치율이 높고 일반적으로 의학계에서 인정하고 있는 첨단의 치료기법으로 시술한 경우에는 동일 부위 수술로 봅니다.

일단 제왕절개수술은 병원이나 의원이 아니면 할 수 없는 것이기 때문에 '장소'에 대한 규정에는 부합합니다. 그리고 제왕절개수술은 분만의 통증을 염려한 환자가 스스로 원해서 하는 경우(이 경우에는 보험금 지급이 안 됩니다)를 제외하면 산모나 태아에 이상(난산, 전치태반, 이전 출산에서 제왕절개수술을 한 경우 등)이 있을 때 하게 됩니다. 이럴 경우 질병에 준해서 보험금 지급을 판단합니다. 그러므로 제왕절개수술이 '수술분류표에서 정한 행위'이기만 하면 수술보험금은 지급될 것입니다.

수술분류표 중 일부

수술명	수술 종류
자궁, 난소, 난관 관혈수술(단, 제왕절개만출술 및 경질적인 조작은 제외)	2종
경질적 자궁, 난소, 난관 수술(60일에 1회 한도)	1종
제왕절개만출술(帝王切開娩出術)	1종
질탈(膣脫)근본수술	1종

위 수술분류표를 보면 제왕절개수술에 대해서 1종 수술보험금을 지급한다는 것을 확인할 수 있습니다. 따라서 산모나 태아에 이상이 있어서 제왕절개수술을 하는 경우 수술보험금을 받을 수 있습니다.

그런데 왜 많은 보험 가입자들이 제왕절개수술은 보험금이 지급되지 않는다고 알고 있을까요?

그 이유는 '손해보험'의 보험금 지급 규정과 '생명보험'의 보험금 지급 규정의 차이를 모르기 때문입니다. 손해보험에서는 임신과 출산(제왕절개수술을 포함합니다), 산후기(산모의 신체와 그 기능이 임신 전의 상태로 되돌아오기까지의 기간)에 관련해서는 보험금을 지급하지 않습니다. 그런데 대부분의 보험 가입자들은 '생명보험'과 '손해보험'을 구별하지 못하기 때문에 생명보험에서도 제왕절개수술에 대해서 보험금이 지급되지 않는다고 생각하는 것입니다.

생명보험과 손해보험은 달라도 너~무 많이 다릅니다.

약관 읽어주는 남자의 한마디

A씨의 경우 약 4주간 '절박유산'으로 입원을 했습니다. 만약 A씨가 가입한 보험에 입원 4일째부터 하루에 5만 원의 입원보험금을 지급하는 '입원특약'이 들어 있다면 A씨는 4주(28일) 중 25일에 대한 보험금으로 125만 원을 지급받게 됩니다.

그런데 문제는 대부분의 생명보험 가입자들이 유산기가 있어서 입원한 것도 입원보험금이 지급된다는 사실을 모르기 때문에 보험금을 청구조차 하지 않는다는 것입니다.

보험은 '보험료'를 꼬박꼬박 납부하기 위해서 가입하는 것이 아닙니다. '보험금'을 받기 위해 가입하는 것입니다.

소파수술에 대해 재심사를 요청하면 보험금을 더 받을 수 있나요?

소파수술과 재심사 요청

2004년에 생명보험에 가입한 A씨는 2007년에 계류유산으로 소파수술(搔爬手術: 자궁의 내막을 기계로 긁어내는 수술)을 받았습니다. 보험회사는 수술보험금으로 100만 원(1~3종 수술 중 '1종 수술보험금')을 지급했습니다. 그런데 2010년 어느 날 담당 보험설계사로부터 전화가 걸려왔습니다. 2007년에 이미 지급받은 소파수술에 대한 보험금을 더 받을 수 있으니 보험금 심사를 다시 요청하자는 것이었습니다. 집으로 찾아온 보험설계사가 건네준 '재심사요청서'에 서명만 해주었을 뿐인데 며칠 후 100만 원의 보험금이 추가 지급됐습니다. 어떻게 된 일일까요?

A씨의 상황 정리

- 2004년 생명보험에 가입한 A씨가 2007년에 계류유산으로 소파수술을 받음.
- 소파수술에 대해 100만 원의 수술보험금을 지급받음.
- 2007년에 이미 보험금이 지급된 소파수술에 대해 '재심사 요청서'를 2010년에 제출함.
- 100만 원의 수술보험금을 추가로 지급받음.

Answer

어떤 생명보험 가입자가 계류유산으로 '자궁소파술'을 받았고 이에 대해 보험금을 신청했는데 해당 보험회사가 1종 수술보험금을 지급했습니다. 그러자 가입자는 금융감독원에 '분쟁조정'을 신청했고, 금융분쟁조정위원회에서 2종 수술보험금을 지급하라는 조정 결정을 내렸습니다. 이 같은 결정에 따라 A씨도 재심사 요청을 통해 수술보험금을 받을 수 있게 된 것입니다.

보험금 상식, 궁금타파!

보험회사와 가입자 사이에 분쟁이 생겨 법정에서 다투는 일이 종종 발생합니다. 그런데 법정까지 가지 않고 보험 가입자가 금융감독원에 '분쟁 조정'을 신청하면 금융분쟁조정위원회가 분쟁의 해결

방법이나 조정 의견을 제시해줍니다. '금융소비자가 금융회사와 대등한 위치에서 분쟁을 해결하기 쉽지 않을 뿐만 아니라, 소송을 통한 방법은 경제적, 시간적 부담이 크기 때문에 이러한 어려움을 해소하는 데 기여하고자 금융감독원이 금융분쟁조정제도를 운영하고 있는 것'입니다(금융감독원 홈페이지 참조). 2007년 5월 금융분쟁조정위원회에서 소파수술에 대해 매우 의미 있는 조정 결정을 내렸습니다.

조정결정서의 내용을 요약하면 다음과 같습니다. 어떤 생명보험 가입자가 계류유산으로 자궁소파술을 받았고 이에 대해 보험금을 신청했는데 해당 보험회사는 보험금 지급을 거절하려다가 보험 가입자의 입장을 고려해 1~3종 수술급여금 중 가장 금액이 적은 1종 수술보험금을 지급하려고 했습니다. 그러자 '2종 수술보험금을 받는 것이 맞다'고 생각한 보험 가입자는 금융감독원에 분쟁조정을 신청했고 금융분쟁조정위원회는 가입자의 손을 들어주었습니다.

해당 보험회사가 애당초 자궁소파술을 수술보험금 지급 대상이 아니라고 판단한 이유는 수술 방법이 '인공임신 중절술'과 동일하고, 해당 보험의 수술특약 약관에는 수술 종류 2종으로 분류되는 '기타의 자궁수술'에서 '자궁경관 폴립 절제술'과 '인공임신 중절술'은 보험금 지급 대상에서 제외한다고 규정하고 있기 때문입니다. 하지만 금융분쟁조정위원회의 판단은 달랐습니다. 수술 방법이 '인공임신 중절술'과 같다고 하더라도 질병 치료가 목적이었다면 '수술의 정의'와도 부합하기 때문에 자궁소파수술도 보험금 지급 대상이 된다고 판단한 것입니다.

또한 보험약관의 수술분류표에서 '2종 수술'로 인정하는 '기타의 자궁수술'은 '자궁경관 폴립 절제술'과 '인공임신 중절수술'만 제외한다고 되어 있지 '자궁소파술'도 제외한다고 되어 있지 않기 때문에 보험회사는 자궁소파술에 대해서 2종 수술급여금을 지급해야 한다고 판단했습니다.

대부분의 보험회사들은 위 분쟁 건의 보험회사처럼 그동안 소파수술에 대해서 '1종 수술보험금'을 지급해왔습니다. 실제로 보험회사들이 사용하는 '보험회사 내부용 수술분류표'에는 "계류유산 소파수술'은 태아가 태어나기 전에 자궁 내에서 죽은 경우 질을 통하여 자궁 내의 내용물을 긁어내어 제거해내는 수술로 1종 수술에 해당한다"라고 기재되어 있었습니다.

그러니 보험회사도, 보험설계사도 소파술은 당연히 1종 수술이라고 생각했습니다. 그런데 보험회사들은 한 가지 사실을 간과했습니다. '보험회사 내부용 수술분류표'는 말 그대로 보험회사 내부용일 뿐, 보험 가입자와 분쟁이 생겼을 때는 아무런 법적 효력이 없다는 것입니다. 내부용에는 이렇게 만들어놓고 실제 보험 가입자에게 제공하는 보험약관에는 다음과 같이 규정하고 있는 것입니다.

3종 체계 수술분류표 중 일부

구분	수술의 종류	종류
뇨·성기의 수술 (尿·性器의 手術)	43. 고환·부고환·정관·정색·정낭·전립선수술(睾丸·副睾丸·精管·精索·精囊·前立腺手術)	2종
	44. 음낭수종근본수술(陰囊水腫根本手術)	1종

뇨·성기의 수술 (尿·性器의 手術)	45. 자궁광범전적제술(子宮廣汎全摘除術)[단순자궁전적(單純子宮全摘) 등의 자궁 전적제술(全摘除術)은 제외함]	3종
	46. 자궁경관형성술(子宮頸管形成術)·자궁경관봉축술(子宮頸管縫縮術)	1종
	47. 제왕절개만출술(帝王切開娩出術)	1종
	48. 자궁외임신수술(子宮外姙娠手術)	2종
	49. 자궁탈·질탈수술(子宮脫·膣脫手術)	2종
	50. 기타의 자궁수술(子宮手術)[자궁경관 Polyp 절제술·인공임신중절술(人工姙娠中絕術)은 제외함]	2종
	51. 난관·난소 관혈수술(卵管·卵巢觀血手術)[경질적조작(經膣的操作)은 제외함]	2종
	52. 기타의 난관(卵管)·난소수술(卵巢手術)	1종

 보험회사들은 자궁소파술은 인공임신 중절술과 수술 방법이 같기 때문에 2종 수술에서 제외된다는 규정을 약관에 따로 명시하지 않았습니다.

 금융감독원에 분쟁 조정을 신청했던 보험 가입자는 약관의 바로 이 부분을 근거로 삼은 것입니다. 2종 수술로 인정하는 '50. 기타의 자궁수술'에서 제외하는 것은 '자궁경관 폴립 절제술'과 '인공임신 중절술'뿐이니 계류유산으로 인한 자궁소파술에 대해서도 '기타의 자궁수술'로 인정해서 2종 수술급여금을 지급해야 한다는 것이었습니다.

 이 분쟁조정건으로 보험 가입자가 더 받아낸 실제 보험금은 30만 원에 불과합니다. 하지만 이 '조정 결정(조정번호: 제2007-34호)'이 보험업계에 몰고 온 파장은 엄청났습니다. 생명보험에 가입한 후 소파수술을 받은 적이 있는 가입자들에게 그동안 보험회사가 보험금을 덜 지급한(지급하지 않은 것까지 포함해서) 셈이 되었기 때문입니다. 덜 지급한 보험금은 당연히 추가로 지급해야 합니다.

그런데 보험회사들이 정말 그럴 의사가 있었다면 계류유산으로 인해 소파수술을 받고 보험금을 청구했던 모든 사람들에게 상황을 설명한 후 추가로 보험금을 지급했어야 합니다. 하지만 대부분의 보험회사는 보험금을 다시 청구할 수 있다는 내용의 우편물만 보험 가입자에게 보냈을 뿐 상황을 잘 이해하지 못하거나 우편물을 받지 못해서 추가로 청구하지 않은 사람들에게는 보험금을 지급하지 않았습니다.

금융분쟁조정위원회의 조정 결정 내용이 2009년부터 2010년 사이에 보험설계사들 사이에서 회자되기 시작했습니다. 일부 보험설계사들은 '자궁소파술'에 대해서 1종 수술급여금을 받은 고객들을 찾아냈습니다. 그리고 그 고객들에게 연락해서 소파수술 보험금에 대한 재심사 요청을 권유했습니다. 그러자 많은 가입자들이 보험회사에 재심사 요청서를 제출했고, 대부분 먼저 지급받았던 수술보험금만큼의 보험금을 추가로 지급받았습니다(대부분의 생명보험 계약에서 2종 수술보험금은 1종 수술보험금의 2배입니다). 보험 가입자들은 마치 선물을 받은 것처럼 기뻐했습니다. 그도 그럴 것이 전혀 기대하지 않았던 보험금(적게는 몇십만 원, 많게는 100만 원)이 어느 날 갑자기 또 지급되었으니까요.

그런데 담당 보험설계사로부터 재심사 요청을 권유받지 못한 가입자들은 어떻게 되었을까요? 당연히 보험금을 추가로 지급받지 못했습니다. 보험회사들은 해당 보험 가입자 모두에게 안내하지 않고 '재심사 요청'을 한 가입자에게만 보험금을 추가로 지급한 것입니다. 성실하고 공부하는 보험설계사를 만난 가입자들은 보험금을 받고 그렇지 않은 가입자들은 보험금을 받지 못하는 말도 안 되는 상황이 벌어진 것입니다.

아무튼 당시 많은 보험설계사들이 자신의 고객들을 위해 열심히 뛰어다닌 덕에 수많은 보험 가입자들이 소파수술에 대한 보험금을 추가로 지급받을 수 있었습니다.

 '계류유산에 의한 소파수술'만 재심사 요청을 할 수 있나요?

소파수술에 대한 보험금 재심사 요청은 수술의 원인이 '계류유산'인 경우에만 할 수 있는 것은 아닙니다. '불완전 자연유산(자궁의 일부 조직이 남아서 출혈을 일으키는 경우)'도 당시 약관에서 규정하는 '기타의 자궁수술'에 포함됩니다. 이것 역시 '인공임신 중절술'이 아니니까요.

그런데 보험회사들은 '잔류태반'으로 인한 소파술의 경우에는 해당 약관에서 '기타의 자궁수술'로 인정하지 않습니다. 따라서 보험금 재심사를 요청해도 보험금의 추가 지급을 거절합니다. 하지만 이 부분도 분쟁의 소지가 있습니다.

'잔류태반'은 출산한 뒤에 태반이 자궁 속에 남아 출혈을 일으키는 상태를 말합니다. 보험회사들은 잔류태반이 유산이 아니라 정상적인 출산 뒤에 자궁에 태반이 남은 것이기 때문에 보험금 지급 대상이 아니라고 판단하는지는 모르겠으나, 만약 그렇다면 이것은 '수술보험금'의 정의에 부합하지 않는 판단입니다.

수술보험금은 질병이나 재해의 치료를 목적으로 이루어진 수술에 대해서 지급합니다. 유산했느냐 안했느냐가 판단 기준이 아닙니다. 잔류태반도 자궁에 상처를 입혀서 출혈을 일으키고, 심각한 경우 세균 감염을 일으키기 때문에 소파수술을 하는 경우도 있습니다. 그러므로 '잔류태반에 의한 소파수술' 역시 해당 약관에서 인정하는 '기타의 자궁수술'로 봐야 한다는 것이 제 판단입니다. 아직 이 부분에 대한 사례나 금융분쟁조정위원회의 조정 결정이 확인되지 않아서 단정할 수는 없지만 약관의 내용만으로 판단한다면 제 의견이 옳다고 생각합니다. 잔류태반으로 소파수술을 받았던 분들 역시 적극적으로 보험금을 청구해보기 바랍니다.

약관 읽어주는 남자의 한마디

금융감독원이 금융분쟁조정제도를 통해 금융소비자들에게 의미 있는 일을 많이 하고 있다고 생각합니다. 그런데 한 가지 아쉬운 점이 있습니다. 금융감독원이 보험회사를 관리 감독할 책임이 있는 만큼 올바른 조정 결정을 내놓는 것도 중요하지만 그 결정을 보험회사가 가입자들에게 제대로 적용하는지도 확인해야 할 것입니다.

기껏 의미 있는 조정을 내놓았는데 보험회사가 그 조정안을 해당 보험 가입자들에게 알리지 않는다면 가입자들은 조정 결정의 혜택을 누릴 수 없습니다. 적어도 보험회사가 관행적으로 잘못 지급해온 보험금을 제대로 지급하라는 결정이라면 보험회사가 해당 가입자 모두에게 조정 결정을 알리도록 금융감독원이 강제해야 합니다. 금융감독원의 좀 더 적극적인 관리감독을 촉구합니다.

06

외국에서 수술(입원)한 것도 보험금이 지급되나요?

해외 체류 중 발생한 질병(또는 재해)에 대한 보험금 지급 규정

SOS Question

3년 전 생명보험회사의 종신보험과 손해보험회사의 실손의료비보험에 각각 가입한 A씨는 얼마 전 미국에서 일자리를 구했습니다. 그런데 최근 미국 병원에서 급성충수염(맹장염) 수술을 받았습니다. 퇴원 후 먼저 실손의료비보험을 판매한 손해보험회사에 보험금을 청구했습니다. 하지만 대한민국이 아닌 다른 나라에서 발생한 의료비는 보험금 지급 대상이 아니라는 답변을 들었습니다. 그래서 A씨는 보험회사들은 마찬가지일 거라고 생각해서 생명보험회사에는 보험금을 청구조차 하지 않았습니다. 그리고 하루라도 빨리 한국에서 가입한 보험들을 해약해야겠다고 생각했습니다. 외국에서 입원이나 수술을 하게 되면 보험금을 받을 수 없는 걸까요?

A씨의 상황 정리
- 3년 전 종신보험과 실손의료비보험에 각각 가입함.
- 미국에서 급성충수염 수술을 받음.
- 손해보험회사에 보험금을 청구했지만 지급이 거절됨.
- 생명보험회사에는 보험금을 청구조차 하지 않고, 2개의 보험을 모두 해약하려고 함.

2009년 10월 1일 이후의 실손의료비특약은 대한민국 국민건강보험법의 적용을 받지 않는 외국에서 발생한 의료비에 대해서는 보험금을 지급하지 않습니다. 하지만 종신보험 등 생명보험에서는 국민건강보험법과 상관없이 보험금을 지급하기 때문에 외국에서 발생한 입원이나 수술(또는 암진단, 장해)에 대해서도 보험금을 지급합니다.

 보험금 상식, 궁금타파!

보험 가입자가 의료기관에 실제로 지불한 의료비(전부 또는 일부)를 보험회사가 보상해주는 것이 '실손의료비특약'의 보험금 지급 방식입니다. 그런데 대한민국은 전 국민이 국민건강보험제도의 혜택을 받기 때문에 환자가 실제로 지불하는 의료비는 발생한 의료비보다 적습니다. 만약 국민건강보험제도의 혜택을 전혀 못 받는 경우까지 '실손의료비특약'에서 보험금을 지급한다면 손해보험회사는 지금보다 훨씬 많은 돈을 지급해야만 할 것입니다. 하지만 대한민국에서는 입원이나 수술을 하지 않고 진료만 받아도 국민건강보험제도의 혜택을 받습니다. 그러니 손해보험회사의 부담도 줄어듭니다.

그런데 만약 보험 가입자가 해외에서 다치거나 병에 걸려 현지 의료기관에서 치료를 받게 된다면 문제는 달라집니다. 그곳은 국민건강보험제도의 혜택이 미치지 않기 때문입니다. 당연히 의료비가 더 많이 발생할 것입니다(그곳이 미국이라면 정말 큰일 나는 거죠). 손해보험회사로서는 이 상황이 달갑지 않을 것입니다. 그래서 모든 손해보험회사들의 '실손의료비특약'에서는 해외에서 발생한 의료비에 대해서 보험금을 지급하지 않습니다(소수의 보험회사만 '해외실손의료비특약'을 만들어서 별도의 보험료를 받고 해외에서 발생한 의료비의 일부를 보상해줄 뿐입니다. 그나마 이것도 해외에서 다치거나 병들었을 때 치료비를 보상해주는 것이 아니라 국내에서 다치고 병들었는데 그 치료를 해외에서 했을 때 보험금을 지급하는 것입니다. 엄밀히 말하면 해외에서 발생한 위험에 대해 보상해주는 것이 아닙니다. 그래서 해외에 나갈 때는 따로 '여행자보험'에 가입하게 됩니다).

실손의료비특약의 보험금 지급 규정과 국민건강보험제도가 어떤 관계인지 실손의료비특약의 약관을 보면 잘 알 수 있습니다.

질병(상해) 통원형

구분	보상 금액
외래	방문 1회당 국민건강보험법에서 정한 요양급여 또는 의료급여법에서 정한 의료급여 중 '본인 부담금'과 '비급여' 부분의 합계액에서 공제금액을 차감하고 25만 원을 한도로 보상(매년 계약 해당일로부터 1년간 방문 180회 한도)
처방조제비	처방전 1건당 국민건강보험법에서 정한 요양급여 또는 의료급여법에서 정한 의료급여 중 '본인 부담금'과 '비급여' 부분의 합계액에서 공제금액을 차감하고 5만 원을 한도로 보상(매년 계약 해당일로부터 1년간 처방전 180건 한도)

질병(상해) 입원형

구분	보상 금액
입원실료, 입원제비용, 입원수술비	국민건강보험법에서 정한 요양급여 또는 의료급여법에서 정한 의료급여 중 '본인 부담금'과 '비급여(입원 시 실제 사용 병실과 기준 병실과의 병실료 차액 제외)' 부분의 합계액 중 90% 해당액(다만, 10% 해당액이 계약일 또는 매년 계약 해당일로부터 연간 200만 원을 초과하는 경우 그 초과 금액은 보상합니다)
상급병실료 차액	입원 시 실제 사용 병실과 기준 병실과의 병실료 차액 중 50%를 공제한 후의 금액(다만, 1일 평균 금액 10만 원을 한도로 하며, 1일 평균 금액은 입원 기간 동안 상급병실료 차액 전체를 총 입원일수로 나누어 산출합니다)

* 2012년을 기준으로 했을 때 '실손의료비특약'의 보험금 지급 규정

    의료비가 발생한 치료의 형태가 통원이든 입원이든 간에 '실손의료비특약'에서 보험금을 지급하기 위해서는 발생한 의료비가 대한민국의 국민건강보험법을 적용한 후 산출된 것이어야 합니다. 그러니 대한민국 법령의 효력이 없는 해외에서 발생한 의료비는 '실손의료비특약'의 보험금 지급 대상이 되지 않습니다.

    그럼 '생명보험'에서는 해외에서 발생한 의료비에 대해 보험금을 지급할까요?

    지급합니다. 정확히 말하면 '발생한 의료비'가 아니라 미리 '정해진 보험금'을 지급합니다.

실손의료비는 '실제로 손해 본 의료비'의 줄임말입니다. 그래서 '실손의료비특약'은 실제 발생한 의료비에 대해 보험금을 지급하는 특약입니다. 그런데 생명보험의 '수술특약'이나 '입원특약'은 실제 발생한 의료비와는 무관하게 보험금을 지급합니다. 예를 들면 4일 이상 입원할 경우 1일당 몇만 원의 입원급여금을 지급하거나, 어떤 수술을 받으면 얼마의 수술보험금을 지급하는 등, 실제 발생한 의료비와는 무관하게 미리 약속된 보험금을 지급할 뿐입니다. 이런 방식을 '정액보장(정해진 금액을 보험금으로 지급하는 것)'이라고 합니다.

정액보장은 실제 발생한 의료비를 평가하지 않기 때문에 국민건강보험법을 염두에 둘 필요가 없습니다. 따라서 해외에서 발생한 입원이나 수술 등에 대해서도 약속된 보험금을 지급합니다. 생명보험의 수술특약 약관을 보면 잘 알 수 있습니다.

〈수술의 정의와 장소〉
이 특약에 있어서 '수술'이라 함은 의사, 치과의사 또는 한의사의 자격을 가진 자가 보험대상자의 질병 또는 재해로 인한 치료를 직접 목적으로 필요하다고 인정한 경우로서 <u>의료법 제3조(의료기관)의 규정에 의한 국내의 병원이나 의원 또는 국외의 의료관련법에서 정한 의료기관</u>에서 의사의 관리하에 '수술분류표'에서 정한 행위를 하는 것을 말합니다.

밑줄 친 부분을 보면 생명보험 수술특약에서는 국외(다른 나라)의 의료기관에서 받은 수술도 '수술'로 인정하고 보험금을 지급한다는 것을 알 수 있습니다. 그러므로 A씨의 경우 생명보험 계약에서는 미국의 병원에서 받은 '급성충수염'에 대해서도 당연히 보험금을 받을 수 있습니다. 수술뿐만 아니라 입원, 장해, 암진단, 뇌출혈진단 등에 대해서도 미리 정해진 보험금을 지급받을 수 있습니다.

> **약관 읽어주는 남자의 한마디**
>
> 실제로 미국에서 발생한 입원이나 수술에 대해서 보험금을 지급하는 경우에는 보험설계사도 당황할 때가 있습니다. 미국에는 대한민국 병원에서 발급해주는 일정한 형식을 갖춘 '진단서'라는 것이 없습니다. 기껏 국제통화까지 해서 수술진단서를 보내달라고 하면, 해당 병원의 로고가 새겨져 있는 편지지에 담당 의사가 어떤 수술을 왜 했는지에 대해서 손으로 대충(?) 휘갈겨 쓴 것을 보내옵니다.
>
> 진단서가 아니라 편지를 받으면 처음엔 황당할 수밖에 없습니다. 대한민국의 병원에서는 진단서 대신 편지를 주는 경우가 없으니까요. 그런데도 보험회사는 미국에서 보내온 편지 한 장만 받고 보험금을 지급합니다. 미국의 의료현실을 인정하는 것입니다. 보험 가입자는 진단서를 발급받고 싶으나 병원에서 발급해주지 않으니 도리가 없는 것이죠.
>
> 아무튼 그곳이 미국이건, 유럽이건, 아프리카건 간에 그 나라 방식의 의료기록을 첨부해서 보험금을 청구하면 됩니다. 그러면 생명보험회사는 보험금을 지급합니다.

07

하루에 뇌수술을 두 번 받으면 수술보험금도 두 번 지급되나요?

'동일한 신체부위' 수술에 대한 보험금 지급 규정

2007년 생명보험에 가입한 A씨가 교통사고를 당했습니다. 한밤중에 신호를 무시하고 언덕 위에서 내려오던 택시가 도로를 건너고 있던 A씨를 미처 발견하지 못해 일어난 사고였습니다. 병원에 옮겨져 검사를 해보니 A씨의 뇌에서 심한 출혈이 발견되었습니다. 의료진은 곧바로 출혈을 막기 위해 '두개골 절개술' 및 '혈종 제거술'을 시행했습니다. 그런데 수술 후 얼마 지나지 않아서 또다시 뇌에서 출혈이 발견되었습니다. 의료진은 그날 다시 '두개골 절개술' 및 '혈종 제거술'을 시행했습니다. 하루에 두 번이나 뇌수술을 받을 정도로 A씨의 상태는 위중했습니다. 다행히 기적적으로 목숨을 건진 A씨와 그 가족은 보험회사에 보험금을 청구했습니다. A씨는 두 번의 수술보험금을 모두 받을 수 있을까요?

A씨의 상황 정리

- 교통사고를 당해 뇌출혈 증상을 보임.
- 출혈을 막기 위해 전신마취 상태에서 뇌수술을 시행함.
- 2차 출혈이 발견되어 같은 날에 다시 전신마취 상태에서 뇌수술을 받음.

 생명보험의 수술특약 약관을 보면 동시에 두 종류 이상의 수술을 받은 경우에는 그중 가장 큰 보험금에 해당하는 한 종류의 수술에 대해서만 보험금을 지급한다고 규정되어 있습니다. 보험회사마다 약간씩 그 시기가 다르지만 2006년 4월경에 한 가지 규정이 더 추가되었습니다. '동일한 신체부위'가 아니면 동시에 수술이 진행되었다 하더라도 각각의 수술보험금을 모두 지급한다는 규정입니다.

A씨는 두 번의 수술이 모두 머리라는 동일한 신체부위에 대해 이루어진 것이므로 1회의 수술보험금만 지급받을 수 있습니다. 그런데 A씨는 두 번의 뇌수술이 모두 전신마취를 했다는 이유로 2회의 수술보험금을 모두 지급받을 수 있었습니다.

 보험금 상식, 궁금타파!

2013년 현재 판매되고 있는 생명보험의 '수술특약' 약관에는 다음과 같은 규정이 있습니다.

〈보험금 지급에 관한 세부 규정〉

피보험자(보험대상자)가 동시에 두 종류 이상의 수술을 받은 경우에는 그 수술 중 가장 높은 급여금에 해당하는 한 종류의 수술에 대해서만 수술급여금을 지급합니다. 다만, 동시에 두 종류 이상의 수술을 받은 경우라 하더라도 동일한 신체부위가 아닌 경우로서 의학적으로 치료 목적이 다른 독립적인 수술을 받은 경우에는 각각의 수술급여금을 지급합니다.

동일한 신체부위라 함은 각각 눈, 귀, 코, 씹어 먹거나 말하기 기능과 관련된 신체부위, 머리, 목, 척추(등뼈), 체간골, 흉부장기, 비뇨생식기, 팔, 다리, 손가락, 발가락을 말하며, 눈, 귀, 팔, 다리는 좌우를 각각 다른 신체부위로 봅니다.

2006년 4월 이전(보험회사별로 조금씩 차이가 날 수 있습니다)의 생명보험 수술특약 약관에는 '동일한 신체부위'라는 개념 자체가 없었습니다. 그래서 하루에 두 가지 이상의 수술을 하면 그중 더 많은 보험금을 지급하는 수술 한 가지에 대해서만 보험금을 지급했습니다. 지금도 이 규정은 유효합니다.

그런데 2006년 4월 이후부터 약관에 '동일한 신체부위'라는 개념이 도입되었습니다. 이에 따라 '동일한 신체부위'가 아닌 다른 부위에 수술을 받은 것이라면 같은 날 두 가지 이상의 수술을 받았다 하더라도 보험회사는 각각의 수술에 대해서 모두 보험금을 지급해야만 합니다.

A씨의 경우는 '머리'라는 '동일한 신체부위'에 포함되는 두개골과

뇌에 대해 수술(두개골 절개술과 혈종 제거술)을 받았습니다. 약관에 따르면 그중 한 가지 수술에 대해서만 보험금이 지급되는 게 맞습니다. 그런데 문제는 전신마취 상태에서 뇌출혈을 막기 위해 두 가지 수술을 받았는데 그 후 다시 뇌출혈이 발견되어 전신마취를 하고 똑같은 수술을 받은 것입니다. 두 번째 수술은 '머리'라는 '동일한 신체부위'에 첫 번째 수술과 같은 날에 행해진 것이므로 약관대로 해석하면 수술보험금이 지급되지 않습니다. 하루에 두 번의 전신마취와 두 번의 두개골 절개술 그리고 두 번의 혈종 제거술을 받았음에도 단 1회의 수술보험금만 지급되는 것입니다. 그런데도 보험회사는 A씨에게 2회의 수술보험금을 지급했습니다. 왜 그랬을까요?

위에서 살펴본 수술특약의 〈보험금 지급에 관한 세부 규정〉에서는 동시에 두 종류 이상의 수술을 받은 경우에는 그중 가장 높은 급여금에 해당하는 수술에 대해서만 수술급여금을 지급한다고 되어 있습니다. 그런데 여기서 '동시에'라는 단어를 어떻게 해석해야 할까요?

'동시에'라는 단어의 사전적 정의는 '아울러', '한꺼번에'입니다. 그동안 보험회사들은 보험약관에서 이 단어의 뜻을 자의적으로 판단해왔습니다. 즉 같은 날에 두 번 이상 수술을 한 경우 '동시에' 수술이 이루어진 것으로 해석해서 한 번의 수술보험금만을 지급해왔습니다.

하지만 약관에 있는 '동시에'라는 단어를 의료행위에 적용했을 때는 그 의미가 모호한 면이 있기 때문에 보험 가입자들의 불만과 민원이 적지 않았습니다. 그래서 어떤 보험회사는 같은 날 동일한 신체부위에 두 번의 수술을 받았다 하더라도 각각 '전신마취'를 한 상태에서 이루어진 수술이라면 '동시에' 진행된 수술이 아닌 것으로 간주해서 각각 수술보험금을 지급하는 내부 규정을 만들게 된 것으로 보입니다. 이것은 분명 환영할 만한 일이지만 그렇다고 만족스러운 것은 아닙니다. 모든 보험 가입자에게 이런 행운(?)이 주어지는 것은 아니기 때문입니다.

지금 이 순간에도 많은 보험 가입자들이 같은 날 동일한 신체부위에 두 번의 수술을 받은 경우 각각 전신마취를 했음에도 불구하고 1회의 수술보험금만 지급받고 있습니다.

약관 읽어주는 남자의 한마디   각 보험회사들은 지금이라도 수술특약에 있어서 '동시에'라는 단어가 의미하는 바에 대해서 명확한 기준을 약관에 제시해야 합니다. 적어도 두 번의 수술이 각각 전신마취를 한 상태에서 진행된 것이라면 '동시에' 진행된 수술로 보지 않는다는 내용이라도 첨부하기를 촉구합니다.

그리고 보험 가입자들은 A씨와 유사한 상황에서 보험금을 청구하게 되면 '수술진단서'만 제출할 것이 아니라 각각의 수술이 전신마취 상태에서 진행된 것임을 확인할 수 있는 '수술기록지'를 첨부하기 바랍니다. 이 작은 차이로 인해 A씨는 1000만 원의 수술보험금(뇌수술에 대한 보험금이 수술 1회당 1000만 원인 보험회사도 많습니다)만 받을 뻔한 것을 총 2000만 원의 수술보험금을 받게 되었습니다.

요양병원에 입원해도 입원보험금을 받을 수 있나요?

입원보험금 지급 규정과 의료기관의 관계

생명보험에 가입한 A씨가 어느 날 교통사고를 당했습니다. 뇌수술을 받을 정도로 큰 사고를 당한 A씨는 처음 몇 달간의 치료가 끝난 뒤 원하지 않는 퇴원을 해야 했습니다. 스스로 보행을 하거나 음식을 먹기도 힘들어서 장기간의 재활 치료가 불가피했지만 대학병원 측에서는 계속해서 퇴원을 종용했습니다. 수술도 다 끝났는데 재활 치료만을 위한 장기간의 입원을 허락할 수 없다는 것이었습니다. 그 후 다른 병원을 3개월마다 옮겨 다니던 A씨는 결국 지방의 한 요양병원에 입원하게 되었습니다. 물리치료만 받으면서 요양병원에 입원해 있던 A씨가 생명보험회사에 입원보험금을 청구했습니다. 요양병원에 입원한 것도 입원보험금이 지급될까요?

A씨의 상황 정리

- 교통사고를 당해 심각한 장해 상태가 됨.
- 장기간의 재활 치료가 필요하지만 병원에서는 퇴원을 종용함.
- 병원을 옮겨 다니며 재활 치료를 받다가 결국 요양병원에 입원함.
- 요양병원에서는 물리치료만 받고 있음.
- 요양병원에 입원한 것도 입원보험금을 받을 수 있는지 궁금함.

 요양병원은 의료법 제3조에서 인정하는 의료기관으로, 그곳에서 의사의 관리 아래 물리치료를 받으면서 입원한 것이므로 입원보험금 지급 사유에 해당합니다.

 보험금 상식, 궁금타파!

생명보험의 입원보험금을 받기 위해서는 몇 가지 조건을 충족해야만 합니다. 생명보험 입원특약의 약관에는 다음과 같이 규정되어 있습니다.

〈입원의 정의와 장소〉
이 특약에 있어서 '입원'이라 함은 의사, 치과의사 또는 한의사의 자격을 가진 자(이하 '의사'라고 합니다)에 의하여 '질병 및 재해분류표'에서 정하는 질병 또는 재해로 인한 치료가 필요하다고 인정된 경우로서 자택 등에서의 치료가 곤란하여 의료법 제3조(의료기관)에서 정한 국내의 병원이나 의원 또는 국외의 의료관련법에서 정한 의료기관에 입실하여 의사의 관리하에 치료에 전념하는 것을 말합니다.

입원보험금이 지급되는 '입원'으로 인정되려면 첫째, 의사의 관리 아래 치료가 이루어져야 하며 둘째, 질병 및 재해로 인한 치료가 필요하다고 인정된 경우여야 하고 셋째, 의료법 제3조(별첨 ❶ 참조)에서 정한 국내의 병원·의원 또는 국외의 의료기관에 입실한 경우라야 합니다.

A씨의 경우는 교통사고라는 재해 때문에 치료를 받아야 하는 상황이므로 입원보험금을 받기 위해서는 '의료법 제3조(별표 2 참조)'에서 규정한 의료기관에서 의사의 관리 아래 치료를 받으면 됩니다. 의료법 제3조에서 규정한 의료기관은 다음과 같습니다.

① 의원, ② 치과의원, ③ 한의원, ④ 조산원, ⑤ 병원, ⑥ 치과병원, ⑦ 한방병원, ⑧ 요양병원, ⑨ 종합병원

A씨는 의료법 제3조에서 의료기관으로 인정하는 요양병원에 입원한 것이므로 일단 장소의 문제에 있어서는 입원보험금 지급 대상에 해당합니다.

그리고 요양병원은 노인 수발 제공을 목적으로 하는 요양원과 달리 의사가 의료행위를 하는 곳이며, 실제로 A씨는 물리치료를 받으면서 입원했기 때문에 입원보험금 지급 대상의 요건을 모두 충족하

고 있습니다.

그런데 만약 A씨가 요양병원에 입원했다고 하더라도 아무런 치료(의료행위)를 받지 않고 단순히 요양만 한 것이라면 입원보험금은 지급되지 않습니다.

 그렇다면 조산원에 입원한 것도 '입원보험금'을 받을 수 있나요?

조산원이 의료법 제3조에서 규정하는 의료기관인 것은 맞습니다. 그런데 일반적인 조산원에서는 근무하는 의사 없이 간호사 출신의 조산사가 산모의 산후조리를 돕는 경우가 많습니다. 게다가 입원특약 약관에서 인정하는 '입원'의 정의에 부합하려면 질병이나 재해의 치료를 목적으로 입원한 것이어야 하는데 조산원은 치료를 목적으로 하지 않고 대부분 자연분만을 한 산모들이 산후조리를 하는 곳이고, 자연분만은 질병이나 재해로 보지 않기 때문에 여러 가지로 '입원'의 정의에 부합하지 않습니다.

따라서 조산원에 입원한 경우에는 '입원보험금'이 지급되지 않습니다.

> **약관 읽어주는 남자의 한마디**

병원에 입원하면 병원비의 일부를 국민건강보험공단에서 대신 납부해줍니다. 그래서 우리나라 국민들은 상대적으로 적은 병원비만 납부하면 됩니다. 그런데 환자가 장기간 입원하는 경우에는 국민건강보험공단에서 병원에 대신 납부해주는 금액이 삭감됩니다. 15일까지는 삭감하지 않고 100퍼센트 지급해주지만 입원 기간이 16~30일이면 10퍼센트를 삭감해서 병원에 지불해줍니다. 31일 이후부터는 20퍼센트를 삭감해서 지급합니다. 이 때문에 병상을 차지하면서 수입은 적은 장기 입원환자를 병원은 꺼릴 수밖에 없습니다.

이 같은 제도는 국민건강보험제도를 이용해서 의료기관이 환자를 필요 이상으로 오랫동안 입원시키는 것을 막기 위한 것입니다. 그런데 바로 이 규정 때문에 병원은 장기 입원환자를 기피합니다. 그래서 그런지 유명 대학병원조차도 충분한 재활 치료시설을 갖추고 있지 않습니다. 환자들은 20~30분간의 재활 치료를 받기 위해 하루 종일 기다려야 합니다. 그나마도 충분한 기간 동안 입원하여 치료를 받는 것이 아니라 2~3개월에 한 번씩 병원을 옮겨 다녀야만 합니다. 사실상 쫓겨나는 것이죠.

일반 병원을 떠돌며 재활 치료를 받던 환자들은 나중에는 요양병원에 입원하게 됩니다.

요양병원은 일반 병원과 달라서 국민건강보험공단에서 입원비를 삭감하는 기준이 다릅니다.

180일까지는 전혀 삭감하지 않고, 181~360일은 5퍼센트만 삭감합니다. 361일부터는 10퍼센트만 삭감해서 입원비를 지급합니다. 일반 병원에 비하면 요양병원이 더 오래 환자를 입원시킬 수 있는 조건이 되는 셈입니다.

하지만 실제로 요양병원에 가보면 시설 수준도 천차만별이고 말이 요양병원이지 단순한 돌봄 서비스를 목적으로 하는 요양원과 다를 바 없는 곳이 많습니다.

사고나 질병으로 신체에 장해가 생겼을 때 재활 치료를 얼마나 제대로 받느냐에 따라 환자의 사회 복귀가 결정된다고 합니다.

그런데 일반 병원에서조차 쫓겨나야 할 정도로 재활 치료를 받기 힘든 의료 시스템이라면 장해를 입은 사람들이 사회로 복귀하는 일은 상상하기 힘듭니다. 그렇다면 그만큼 사회적 비용은 더 들어가지 않을까요? 국민건강보험공단에서 삭감해서 지급하는 입원비보다 더 크지 않을까요? 게다가 이것은 단순히 비용만의 문제가 아닙니다. 국민의 건강과 생명을 보호하기 위해 존재하는 국민건강보험이라는 제도가 병원에서 환자를 쫓아내는 이유가 된다면 이것은 제도의 존재 이유가 사라진 것입니다.

어느 누구도 본인이 원해서 장애인이 된 사람은 없습니다. 나에게 어느 날 장애가 찾아왔을 때 그것을 치료해주어야 할 병원이 나를 쫓아낸다면 과연 어떤 생각이 들까요?

09

디스크도 장해보험금을 받을 수 있나요?

'재해상해특약'과 장해분류표에 대한 이해

몇 년 전 생명보험에 가입한 A씨는 그 후 2012년 10월에 자동차 사고를 당했습니다. 심각한 사고는 아니었지만 병원에 갔더니 '추간판탈출(디스크)'이라는 진단을 받았습니다. A씨는 이틀 입원한 뒤 퇴원하여 일주일에 두 번씩 물리치료를 받으러 다녔습니다. A씨는 퇴원 후 바로 담당 보험설계사에게 어떤 보험금이 지급되는지 문의했지만 받을 수 있는 보험금이 없다는 답변을 들었습니다. 3일 이상 입원한 것도 아니고 수술한 것도 아니라서 보험금이 없다는 것이었습니다. 그런데 그로부터 6개월이 지난 어느 날 새로운 담당자라며 찾아온 보험설계사와 대화를 하던 중 A씨는 추간판탈출도 장해 관련 보험금을 받을 수 있다는 말을 듣고 깜짝 놀랐습니다. 입원도 안하고 수술도 안했는데 정말 장해 관련 보험금을 받을 수 있을까요?

A씨의 상황 정리
- 교통사고를 당해 '추간판탈출(디스크)' 진단을 받음.
- 이틀 동안 입원하고 수술은 받지 않았음.
- 사고일로부터 6개월이 지났을 때 새로운 보험설계사가 추간판탈출도 장해 관련 보험금을 받을 수 있다고 말함.

생명보험의 특약 중에 '재해상해특약'이 있습니다. 사고를 당한 A씨가 이 특약에 가입했다는 전제 아래, 다음 두 가지 조건만 충족되면 '재해장해급여금'을 받을 수 있습니다.

첫째, CT나 MRI 검사를 통해 추간판탈출증이라는 진단을 받아야 합니다.

둘째, 의학적으로 인정할 만한 하지방사통이 있어야 합니다.

 보험금 상식, 궁금타파!

A씨처럼 심하지 않은 교통사고를 당한 경우 대부분의 생명보험 가입자들은 보험금을 청구하지 않습니다. 입원도 4일 이상 하지 않았고 수술도 하지 않았기 때문에 보험금을 받을 수 없다고 생각하기 때문입니다. 실제로 담당 보험설계사에게 물어봐도 지급되는 보험금이 없다는 답변을 듣는 경우가 많습니다. 하지만 지금 이 순간에

도 어떤 보험 가입자들은 A씨와 똑같은 상황에서 몇백만 원의 '재해장해급여금'을 받고 있습니다.

일반적인 상식으로는 디스크 증상이 있다고 해서 '장해'라고 생각하지 않습니다. 하지만 보험약관에서는 장해로 인정해서 보험금을 지급합니다. 상식과는 다른 것입니다. 그러므로 보험약관에서 인정하는 '장해'라는 개념에 대해서 알아볼 필요가 있습니다. 생명보험 주계약 약관에 첨부된 장해분류표에는 다음과 같이 규정되어 있습니다(손해보험도 같은 장해분류표를 사용합니다).

〈장해분류표〉

1. 장해의 정의

    1) "장해"라 함은 상해 또는 질병에 대하여 치유된 후 신체에 남아 있는 영구적인 정신 또는 육체의 훼손 상태를 말한다. 다만, 질병과 부상의 주증상과 합병 증상 및 이에 대한 치료를 받는 과정에서 일시적으로 나타나는 증상은 장해에 포함되지 않는다.

    2) "영구적"이라 함은 원칙적으로 치유 시 장래 회복의 가망이 없는 상태로서 정신적 또는 육체적 훼손 상태임이 의학적으로 인정되는 경우를 말한다.

    3) "치유된 후"라 함은 상해 또는 질병에 대한 치료의 효과를 기대할 수 없게 되고 또한 그 증상이 고정된 상태를 말한다.

    4) 다만, 영구히 고정된 증상은 아니지만 치료 종결 후 한시적으로 나타나는 장해에 대하여는 그 기간이 5년 이상인 경우 해당 장해 지급률의 20%를 한시장해의 장해지급률로 정합니다.

즉 보험약관에서 인정하는 '장해'는 질병이나 재해 때문에 영구적으로 남아 있는 정신 또는 육체의 훼손 상태를 말하는데, 이것은 치료가 끝난 후에도 남아 있는 것이어야 합니다.

장해의 정의가 이렇다 보니 대부분의 사람들은 치료가 모두 끝난 뒤에 장해 정도를 보험회사가 평가해서 보험금 지급률을 결정한다고 생각합니다.

그런데 심각한 사고가 발생한 경우에는 단기간에 치료가 끝나지 않습니다. 재활 치료까지 포함하면 2~3년 이상 치료가 계속되기도 합니다. 이런 경우에도 무조건 치료가 끝나고 영구히 고정된 상태만 장해로 인정한다면 당장 보험금이 필요한 보험 가입자의 입장에서는 여간 곤혹스러운 일이 아닙니다.

그런데 만약 모든 치료가 끝났을 때가 아니라 사고가 발생한 날(질병은 진단일)로부터 180일밖에 지나지 않은 날에 장해 판정을 받아서 보험금 청구서를 제출한다면 보험회사가 인정할까요? 장해분류표에서 규정하고 있는 '장해'의 정의에도 맞지 않고 보험회사 입장에서는 더 많은 보험금을 지급해야만 하는데(사고일로부터 180일밖에 지나지 않은 날의 장해 상태와 2~3년에 걸쳐 모든 치료가 끝난 뒤의 장해 상태를 비교해보면 사고일로부터 180일밖에 지나지 않은 날의 장해 상태가 훨씬 더 심할 수밖에 없습니다. 충분히 치료한 상태가 아니기 때문입니다) 보험회사가 이것을 인정할 리가 없겠죠?

하지만 약관 때문에 인정해줍니다!

장해 관련 보험금을 지급해주는 '재해상해특약' 약관을 보면 다음과 같은 규정이 있습니다.

〈보험금 지급에 관한 세부 규정〉

장해지급률이 재해일 또는 질병의 진단 확정일부터 180일 이내에 확정되지 아니하는 경우에는 재해일 또는 진단 확정일부터 180일이 되는 날의 의사 진단에 기초하여 고정될 것으로 인정되는 상태를 장해지급률로 결정합니다. 다만, 장해분류표에 장해 판정 시기를 별도로 정한 경우에는 그에 따릅니다.

즉 계속된 치료 등으로 장해지급률이 재해일로부터 180일 이내에 확정되지 않을 경우에는 의사 진단에 기초하여 사고일로부터 180일 되는 날의 환자 상태를 가지고 앞으로 고정될 것으로 예상되는 장해 상태를 판단할 수 있고, 그 상태를 장해지급률로 결정해서 보험금을 지급한다는 것입니다. 이 규정 때문에 교통사고로 추간판탈출을 진단받고 사고일로부터 180일밖에 지나지 않은 A씨에게 보험설계사가 장해 관련 보험금(재해장해급여금)을 받을 수 있다고 말한 것입니다.

그렇다면 A씨의 경우 얼마의 '재해장해급여금'이 지급되는지 알아보겠습니다. 주계약 약관의 장해분류표를 보면 다음과 같은 규정이 있습니다.

〈척추(등뼈)의 장해〉
가. 장해의 분류

장해의 분류	지급률
1) 척추(등뼈)에 심한 운동장해를 남긴 때	40%
2) 척추(등뼈)에 뚜렷한 운동장해를 남긴 때	30%
3) 척추(등뼈)에 약간의 운동장해를 남긴 때	10%
4) 척추(등뼈)에 심한 기형을 남긴 때	50%
5) 척추(등뼈)에 뚜렷한 기형을 남긴 때	30%
6) 척추(등뼈)에 약간의 기형을 남긴 때	15%
7) 심한 추간판탈출증(속칭 디스크)	20%
8) 뚜렷한 추간판탈출증(속칭 디스크)	15%
9) 약간의 추간판탈출증(속칭 디스크)	10%

나. 장해 판정 기준

1) 척추(등뼈)는 경추(목뼈) 이하를 모두 동일 부위로 한다.

2) 척추(등뼈)의 장해는 퇴행성 기왕증 병변과 사고가 그 증상을 악화시킨 부분만큼, 즉 본 사고와의 관여도를 산정하여 평가한다.

(중략)

10) 뚜렷한 추간판탈출증(속칭 디스크)

추간판 1마디를 수술하여 신경증상이 뚜렷하고 특수 보조검사에서 이상이 있으며, 척추신경근의 불완전 마비가 인정되는 경우

11) 약간의 추간판탈출증(속칭 디스크)

특수검사(뇌전산화단층촬영(CT), 자기공명영상(MRI) 등)에서 추간판 병변이 확인되고 의학적으로 인정할 만한 하지방사통(통증이 주변 부위로 뻗치는 증상) 또는 감각 이상이 있는 경우

12) 추간판탈출증(속칭 디스크)으로 진단된 경우에는 수술 여부에 관

계없이 운동장해 및 기형장해로 평가하지 아니한다.

위 규정을 보면 '특수검사(CT, MRI 등)에서 추간판 병변이 확인되고 의학적으로 인정할 만한 하지방사통(통증이 주변 부위로 뻗치는 증상) 또는 감각 이상이 있는 경우'에는 '약간의 추간판탈출증'으로 인정되고, 이는 장해지급률 10퍼센트에 해당하는 것을 알 수 있습니다. 10퍼센트라고 하면 설정된 '재해상해특약'의 가입 금액 중 10퍼센트가 재해장해급여금으로 지급된다는 뜻입니다. 단, 사고와의 관여도를 평가하여 최종 보험금이 결정됩니다. 이것을 간단한 문제를 통해 표현하면 다음과 같습니다.

문제: A씨가 가입한 재해상해특약에 1억 원이 설정되어 있고, 사고로 인한 '약간의 추간판탈출증'으로 진단받았는데 사고와의 관여도가 40%라면 A씨가 지급받을 수 있는 재해장해급여금은?
풀이: 재해상해특약 설정 금액(1억 원)×약간의 추간판탈출증(장해지급률 10%)×사고 관여도(40%) = 400만 원

결론적으로 A씨는 생각지도 못했던 보험금 400만 원을 받을 수 있습니다.

약관 읽어주는 남자의 한마디

A씨처럼 재해로 인해 추간판탈출(디스크) 진단을 받는 보험 가입자들이 상당히 많습니다. 그런데 '재해'에는 교통사고만 해당하는 것이 아닙니다. 계단에서 넘어지면서 허리를 다치거나 운동을 하다가 심하게 부딪혀서 허리를 다칠 수도 있습니다. 생명보험에서는 이런 경우도 모두 '재해'에 해당합니다. 그런데 이것으로 재해장해급여금을 받을 수도 있다는 사실을 모르기 때문에 보험금 청구를 하지 않습니다. 하물며 대부분의 보험설계사들조차 이 규정을 모르는데 보험 가입자들은 어떻겠습니까.

이 책을 읽은 보험 가입자께서는 앞으로 재해로 인해 추간판탈출(디스크) 진단을 받으면 이렇게 하십시오.

우선 자신이 가입한 생명보험 또는 손해보험에 '재해상해특약(명칭이 조금씩 다를 수 있습니다)'이 들어 있는지 확인한 후 사고일로부터 180일이 지나서도 다리가 저리거나 통증이 남아 있다면(환자가 아프다고 하면 아픈 겁니다) 치료받았던 병원을 찾아가서 '후유장해진단서(진단서 한 장에 보통 15~17만 원 받습니다)'를 발급해달라고 하십시오. 이 진단서 한 장을 보험금청구서와 함께 보험회사에 제출하면 보험회사는 수백만 원(재해상해특약이 1억 원 설정되어 있다면)의 재해장해급여금을 보험금으로 지급합니다.

알면 받고 모르면 못 받는 대표적인 보험금입니다.

10

허리에 대해 **평생 보장받지 않는 조건**으로 보험에 가입한 후 **허리 수술**을 받으면 **보험금**을 받을 수 없나요?

'부담보특약'에 대한 오해와 이해

SOS Question

A씨는 2009년 어느 날 생명보험에 가입하면서 허리디스크가 있다는 사실을 보험회사에 알렸습니다. 그랬더니 보험회사는 '부담보동의서'라는 양식을 주면서 요추(허리뼈)부에 대해서는 종신토록 보장하지 않는다는 조건에 동의해줄 것을 요구했습니다. A씨는 보험회사의 부담보동의 요구를 받아들였고 보험 계약은 성립되었습니다. 그로부터 4년이 지나는 동안 꾸준히 수영을 했기 때문인지는 모르겠지만 어쨌든 A씨는 디스크 때문에 병원에 가는 일은 없었습니다.

그러던 어느 날 예전 직장 동료가 보험설계사가 되어 찾아왔습니다. 그는 A씨가 가입한 보험은 종신토록 허리에 대해서 보험금을 지급해주지 않으니 해약하고 자신이 판매하는 보험으로 갈아타기를 권했습니다. 물론 허리디스크가 있다는 사실을 숨기고 가입하라는 것이었습니다. A씨는 정말 보험을 갈아타는 것이 유리할까요? A씨가 가입한 보험으로는 죽을 때까지 요추에 대해서 보험금을 받을 수 없는 걸까요?

A씨의 상황 정리

- 요추에 대해 종신토록 보장받지 않는 조건('종신부담보')으로 보험에 가입함.
- 계약 체결 후 4년 동안 요추에 대해 아무런 치료와 추가 진단 없이 생활해 오고 있음.
- 최근 요추에 대해 보장받지 못하는 기존 보험을 해약하고 다른 보험으로 갈아타라는 권유를 받음.

A씨가 비록 '종신부담보' 조건으로 보험 계약을 체결했다 하더라도 보험 청약일로부터 5년이 지나는 동안 추가적인 진단이나 치료받은 사실이 없다면, 청약일로부터 5년이 지난 다음부터는 정상적으로 보험금을 지급받을 수 있습니다. 사실상 '부담보조건'이 소멸되는 것이죠.

 보험금 상식, 궁금타파!

보험회사는 건강이 많이 안 좋은 사람에 대해서는 보험 계약 체결을 거부하지만 그렇지 않은 경우는 가능한 한 보험 계약을 인수하고 싶어합니다. 다만, 보험회사 입장에서는 건강하지 않은 사람에게 건강한 사람과 똑같은 조건을 제공할 수는 없습니다.

이때 보험회사가 '부담보조건'을 부과해서 보험 계약을 인수하는 경우가 있습니다. '부담보'란 '보장하지 않는다'는 뜻입니다. 보험회사는 보험 가입을 희망하는 사람이 건강하지 않은 상태라면 그 부위 또는 그 질병에 대해 '부담보조건'을 설정해서 일정 기간 동안은 보험금을 지급하지 않는 조건으로 보험 계약을 인수하는 것입니다.

A씨처럼 생명보험에 가입한 시기가 2009년 4월 이후였다면 주계약 약관 또는 특약(특별약관)에 다음과 같은 규정이 들어 있을 가능성이 큽니다(개별 보험회사가 금융감독원의 표준약관을 적용하는 시기에 약간의 차이가 있을 수 있습니다).

〈보험금 지급에 관한 세부 규정〉
④ 청약서상 계약 전 알릴 의무(중요한 사항에 한합니다-필자)에 해당하는 질병으로 인하여 과거(청약서상 당해 질병의 고지 대상 기간을 말합니다-필자)에 진단 또는 치료를 받은 경우에는 질병과 관련한 보험금을 지급하지 아니합니다.
⑤ 제4항에도 불구하고 청약일 이후 5년이 지나는 동안(계약이 자동 갱신되어 5년을 지나는 경우를 포함합니다-필자) 그 질병으로 인하여 추가적인 진단(단순 건강검진 제외) 또는 치료 사실이 없을 경우, 청약일로부터 5년이 지난 이후에는 이 약관에 따라 보장하여드립니다.

과거에 특정 질병이나 재해로 치료받은 경험이 있는 보험 가입자가 '계약 전 알릴 의무'를 정상적으로 이행하였다면 보험회사는 과거의 질병 또는 그 치료 부위에 대해 부담보조건을 걸고 보험 계약을 인수하게 됩니다. 부담보조건의 기간은 '1년부터 5년' 또는 '주계약의 보험 기간'으로 설정되는데, 만약 주계약이 '종신보험'이고 부담보기간이 '주계약의 보험 기간'이라면 그 질병이나 특정 신체부위에 대해서는 사실상 죽을 때까지 보험금을 받을 수 없게 됩니다. 대부분의 보험 가입자와 보험설계사들이 여기까지는 알고 있습니다. 그런데 중요한 것은 ⑤번 규정입니다.

⑤번 규정이 들어 있는 생명보험에 가입한 사람이라면 계약 체결 당시 특정 질병이나 특정 신체부위에 대해서 죽을 때까지 보장을 받지 않겠다는 '종신부담보' 조건으로 계약을 체결하였다고 하더라도 보험 청약일로부터 5년이 지나는 동안 추가적인 진단이나 치료 사실이 없으면 청약일로부터 5년이 지난 이후에는 '부담보조건'이 소멸되어 정상적으로 보험금을 지급받을 수 있습니다.

문제는 이런 사실을 보험 가입자도 모르고 대부분의 보험설계사도 모른다는 것입니다.

모르니까 사실상 '부담보조건'이 소멸된 상황인데도 보험금을 청구하지 않는 일이 비일비재합니다. 보험 가입자 입장에서는 자신이 '종신부담보' 조건으로 보험 계약을 체결했다는 것만 기억하고서, 부담보조건이 걸린 질병이나 신체부위에 대해 5년 동안 어떤 치료나 진단을 받지 않았음에도 불구하고 그 후에도 보험금을 청구하지 않습니다. 종신토록 못 받는다고 생각하는 것입니다.

A씨는 기존의 보험을 잘 유지하는 것이 백번 유리합니다. 앞으로 1년만 아무 일이 없으면 요추부에 대해서 죽을 때까지 보장받지 못하는 '종신부담보' 조건이 소멸되니까요.

'부담보기간' 안에 '부담보부위'에 발생한 질병으로 사망한 경우

어떤 여성이 유방에 양성종양이 있는 사실을 보험회사에 알리고 보험에 가입했습니다.

보험회사는 양성종양이 있는 유방 부위에 대해서는 종신토록 보험금을 지급하지 않는 조건으로 보험 계약을 인수했습니다.

그런데 이 여성이 보험에 가입한 지 4년 만에 유방암 진단을 받았습니다. 수술을 받고 퇴원한 후 혹시나 하고 보험금을 청구했지만 수술보험금도, 입원보험금도, 암진단보험금도 지급되지 않았습니다. 보험회사로부터 '부담보기간' 중에 '부담보부위'에 질병이 발생했기 때문에 보험금이 지급되지 않는다는 설명만 들었습니다. 그 후 얼마 지나지 않아 불행히도 그 여성은 유방암으로 사망했습니다. 이 경우 사망보험금마저 지급되지 않을까요?

중병에 걸렸는데 부담보조건 때문에 아무런 보험금도 지급받지 못하게 되면 대부분의 가입자는 그 보험을 해약합니다. 무용지물이라고 생각하기 때문이죠. 단 한 푼의 보험금도 지급받지 못하는 보험 계약을 위해 계속해서 보험료를 납입할 사람은 없을 것입니다.

하지만 이 여성과 같은 경우는 가족을 위해서라도 보험 계약을 유지하는 것이 좋습니다.

부담보기간 중에 부담보부위에 발생한 질병이기에 다른 보험금은 한 푼도 지급되지 않지만 '사망보험금'만은 지급되기 때문입니다.

생명보험 〈특정부위·질병부담보특약〉에는 다음과 같은 규정이 있습니다.

> 〈특약면책조건의 내용〉
> 이 특약에서 정한 '보험회사가 보험금을 지급하지 않는 기간' 중에 다음 각 호의 질병을 직접적인 원인으로 주계약 및 특약에서 정한 보험금의 지급 사유가 발생한 경우에는 회사는 보험금을 지급하지 아니하거나 보험료 납입을 면제하지 아니합니다.
> 다만, 피보험자(보험대상자)의 사망으로 인하여 보험금 등의 지급 사유가 발생한 경우에는 그러지 아니합니다.
> 1. '특정부위분류표' 중에서 회사가 지정한 부위
> 2. '특정질병분류표' 중에서 회사가 지정한 질병

즉 부담보기간 중에 '부담보대상'인 특정 질병이나 특정 부위에 보험금 지급 사유가 생기면 보험회사는 보험금을 지급하지 않습니다. 단, 피보험자(보험대상자)가 사망한 경우에는 사망보험금을 지급합니다.

약관 읽어주는 남자의 한마디

금융감독원에 제안합니다. 각 보험회사로 하여금 '종신부담보' 조건으로 보험 계약을 체결한 고객들에게만이라도 보험 계약을 체결한 날로부터 5년이 경과하면 의무적으로 다음과 같은 안내장을 보내게 하는 겁니다.

"고객님께서 보험 청약일로부터 5년이 경과하는 동안 부담보대상인 특정 질병이나 특정 부위에 추가적인 진단이나 치료를 받은 사실이 없는 경우 고객님의 '종신부담보' 조건은 소멸되므로 이후부터는 정상적인 보장을 받을 수 있습니다."

이렇게만 해도 수많은 종신부담보 조건의 보험 가입자들이 정당한 권리를 찾을 수 있을 것입니다.

11

'재해사망특약'의 보험료 납입이 끝난 후 '주계약' 보험료를 미납해 보험 계약이 실효된 상태에서 보험대상자가 재해로 사망했다면 사망보험금은 지급될까요?

보험료 납입이 완료된 특약의 효력 유지

사업을 하는 A씨는 암진단특약, 재해사망특약 등이 들어있는 생명보험에 가입했습니다. 보험료를 짧게 납입하는 것을 선호하는 A씨는 모든 특약의 보험료 납입 기간을 5년으로 설정하고 주계약 보험료만 10년 동안 납입하는 조건으로 보험 계약을 체결했습니다. 그런데 보험에 가입하고 6년이 된 시점에 사업에 실패하면서 보험료를 납입하지 못하여 보험 계약이 해지(실효)되었습니다. 보험 계약을 한 지 6년쯤 지났을 때라 모든 특약의 보험료는 납입이 끝났고 주계약의 보험료만 납입하고 있었는데 그만 2개월분의 보험료를 납입하지 못해서 보험 계약이 해지(실효)되고 말았습니다. A씨는 조만간 재기할 것이라고 믿었기 때문에 그때 가서 부활시킬 생각으로 보험 계약을 해약하지 않고 해지(실효)된 상태로 두었습니다. 그런데 보험 계약이 해지된 지 채 1년도 지나지 않아서 A씨는 교통사고로 사망했습니다. 이때 보험회사는 재해사망보험금을 지급할까요?

A씨의 상황 정리
- 재해사망특약 등이 들어 있는 생명보험에 가입함.
- 모든 특약의 보험료 납입 기간은 5년으로 하고 주계약의 보험료 납입 기간은 10년으로 설정하여 보험 계약을 체결함.
- 모든 특약의 보험료 납입이 끝난 뒤 주계약 보험료를 납입하지 못하여 보험 계약이 해지(실효)된 상태에서 교통사고로 사망함.

2010년 이전에 가입한 생명보험이었다면 A씨가 교통사고로 사망하였다고 하더라도 재해사망보험금은 지급되지 않습니다. 왜냐하면 2010년 이전의 생명보험 약관에서는 주계약이 효력을 상실하면 나머지 모든 특약의 효력도 상실되기 때문입니다. 하지만 2010년 이후에 가입한 생명보험이라면 A씨의 경우에도 재해사망보험금이 지급됩니다.

 보험금 상식, 궁금타파!

　보험은 주요 보장 내용을 담은 보통약관(흔히 '주계약'이라고 부릅니다)과 특별약관('특약')으로 나누어져 있습니다. 특약은 통상 보험 가입자의 선택에 의하여 주계약에 덧붙여지게 됩니다. 그래서 보험 계약에 있어서 주계약과 특약의 관계는 봉건시대의 주종(主從)관계와 같습니다. 보험약관에서는 이 같은 내용을 다음과 같이 규정하고 있습니다.

〈특약의 체결〉
이 특약은 주된 보험 계약을 체결할 때 보험 계약자의 청약과 보험회사의 승낙으로 주된 보험 계약에 부가하여 이루어집니다.

〈특약의 소멸〉
주계약의 해지 및 기타 사유에 의하여 효력을 가지지 아니하게 된 경우 또는 피보험자(보험대상자)가 사망하였을 경우 이 특약은 그때부터 효력을 가지지 아니합니다.

상황이 이렇다 보니 가입자는 물론이고 보험설계사들조차 주계약의 보험료가 납입되지 않아서 보험 계약이 해지(실효)된 후에는 어떠한 사고나 질병에 대해서도 보험금을 지급받을 수 없다고 알고 있습니다. 보험 계약에 있어서는 상식처럼 여겨지는 내용입니다.

그러나 보험 계약이 2010년 이후에 체결되었다면 '상식'이라고 믿고 있는 내용이 '상식'은 고사하고 '사실'이 아닐 수도 있습니다.

금융감독원은 보험 가입자를 보호하기 위해 필요하다고 판단될 때 표준약관을 개정하여 각 보험회사로 하여금 이를 따르게 하거나 특약 내용의 변경을 권고합니다. 그런데 금융감독원의 변경된 표준약관이나 권고를 각 보험회사가 받아들여 자신들의 보험약관에 반영하는 시기는 조금씩 차이가 날 수 있습니다.

2010년에 생명보험에 가입한 고객이라면 보험약관을 잘 살펴보아야 합니다. 보험 계약을 체결할 때 보험설계사로부터 받은 약관에 다음과 같은 규정이 첨부되어 있는지 확인해보세요.

<특약의 소멸>
주계약의 해지 및 기타 사유에 의하여 효력을 가지지 아니하게 된 경우 또는 피보험자(보험대상자)가 사망하였을 경우 이 특약은 그때부터 효력을 가지지 아니합니다.
다만, 이 특약의 보험료 납입이 완료된 이후에 주계약의 보험료를 납입하지 않아 주계약이 해지되었으나 해지환급금을 받지 아니한 경우에는 그러하지 아니합니다.

밑줄 친 부분이 2010년 생명보험 약관에 추가된 규정입니다.

즉 재해사망특약, 재해상해특약, 암진단특약, 입원특약, 수술특약 등의 특약에 대해서 보험료 납입을 완료했다면 그 후 주계약의 보험료를 납입하지 못하여 보험 계약이 해지(실효)된 상태에서 해당 특약의 보장 내용에 부합하는 보험사고가 발생하였다 하더라도 해당 보험금을 지급한다는 것입니다.

따라서 A씨의 경우 보험회사는 당연히 수억 원이 될 수도 있는 재해사망보험금을 수익자(보험금을 받는 사람)에게 지급해야 합니다.

물론 이 보험금도 지급되지 않을 거라고 생각하고 청구조차 하지 않으면 당연히 받을 수 없습니다.

재해가 아니라 질병인 경우에도 마찬가지일까요?

2011년에 '암진단특약'이 들어 있는 보험 계약을 체결한 보험 가입자가 있었습니다. 그로부터 몇 년 후 암진단특약에 대한 보험료 납입은 완료했으나 그 후 주계약 보험료를 납입하지 못해 보험 계약이 해지(실효)되었습니다. 보험 계약이 해지된 후 1년이 넘도록 '해지환급금(보험 계약을 해약해야지만 지급받을 수 있습니다)'을 찾아가지 않고 있었는데 그러다가 어느 날 위암 진단을 받았습니다. 이럴 경우 보험회사는 보험 계약이 해지(실효)된 상태임에도 불구하고 암진단보험금을 지급할까요?

그렇습니다. 보험회사는 암진단보험금을 지급해야만 합니다.

약관 읽어주는 남자의 한마디
"보험료 납입이 완료된 특약은 그 후 주계약의 보험료 납입이 이루어지지 않아서 보험 계약 전체가 해지(실효)된 후라도 보험 가입자가 해지환급금을 찾아가지 않았다면 특약의 효력은 유효하다"라는 간단한 규정을 알고 있는 것과 모르는 것은 보험금을 받는 입장에서는 엄청난 차이를 만들게 됩니다.

이 규정을 아는 사람은 당연히 해당 보험금을 청구할 것이고, 모르는 사람은 보험금을 청구조차 하지 않을 것이며 청구하지 않은 보험금을 지급하는 보험회사는 없기 때문입니다.

보험약관은 계속 변하고 있습니다. 위의 규정은 보험 가입자의 권리를 더 확대하고자 보험약관을 바꾼 것입니다. 그런데 문제는 약관이 변경된 사실을 보험 가입자뿐만 아니라 보험설계사도 모르고 있다는 것입니다. (대부분의 보험회사가 적극적으로 알려주지 않습니다) 약관이 바뀐 줄도 모르고 예전의 상식만으로 판단하다가 보험 가입자의 당연한 권리마저 지켜주지 못하는 일은 없어야 하겠습니다.

12

A형 간염으로 사망한 것과 사스로 사망한 것 중 어떤 경우를 재해에 의한 사망으로 인정하나요?

'감염병의 예방 및 관리에 관한 법률'과 보험약관에서의 '재해사망'에 대한 규정

SOS Question

2011년 1월 1일 생명보험회사의 종신보험에 가입한 A씨는 2012년에 급성A형 간염으로 사망했습니다. 그 후 A씨의 가족은 보험회사에 보험금을 청구했는데 보험회사는 일반사망보험금(재해 이외의 원인으로 사망하면 지급하는 보험금) 1억 원을 지급했습니다. 그런데 담당 보험설계사가 찾아와서 A형 간염은 '재해'로 분류되는데도 보험회사가 '일반사망보험금'만 지급한 것은 잘못이므로 이의를 제기하라고 권했습니다. 그러면 재해사망보험금 2억 원을 추가로 받을 수 있다고 하는데 사실일까요? (A씨는 주계약 1억 원, 재해사망특약 2억 원이 설계된 종신보험에 가입한 상태였습니다.)

A씨의 상황 정리

- 2011년 1월 1일 종신보험에 가입함.
- 2012년 급성A형 간염으로 사망함.
- 보험회사는 일반사망보험금 1억 원을 지급함.
- 보험설계사는 A형 간염이 '재해'이므로 재해사망보험금도 추가로 지급받을 수 있다고 주장함.

 기존 생명보험 약관은 '전염병 예방법 제2조 제1항 제1호에 규정한 전염병'도 재해로 인정하고 있었습니다. 그런데 2010년 12월 30일 '전염병 예방법'이 '감염병의 예방 및 관리에 관한 법률'로 개정되면서 보험약관에서 '재해'로 인정하는 항목에 'A형 간염'이 포함되었습니다.

그런데 A씨가 보험에 가입한 시기는 법 개정이 이루어진 다음이므로 'A형 간염'으로 사망한 A씨의 경우에는 '재해사망'이 인정됩니다. 재해사망이 인정될 경우 생명보험 계약에서는 일반사망보험금 외에 재해사망보험금을 추가로 지급합니다.

 보험금 상식, 궁금타파!

2010년 12월 30일 '기생충질환 예방법'과 '전염병 예방법'을 통합한 '감염병의 예방 및 관리에 관한 법률'이 시행되었습니다. 개정된 법률에서는 '전염병이라는 용어를 사람들 사이에 전파되지 않는 질환을 포괄할 수 있는 감염병이라는 용어로 정비'하였습니다. 이와 같은 법 개정은 '신종 감염병 및 생물테러 감염병 등에 효율적으로 대응할 수 있도록 하는' 취지에서 이루어졌습니다. 이 책이 법을 공부하기 위한 것이 아님에도 불구하고 법률의 개정에 주목하는 이유가 있습니다. 이 개정 때문에 보험약관에도 중요한 변화가 생겼기 때문입니다.

'감염병의 예방 및 관리에 관한 법률'로 개정된 2010년 12월 30일 이전까지의 생명보험 약관 재해분류표에서는 보장 대상이 되는 재해를 다음과 같이 규정하고 있었습니다.

〈재해분류표〉

1. 보장 대상이 되는 재해

다음 각 호에 해당하는 재해는 이 보험의 약관에 따라 보험금을 지급하여드립니다.

① 한국표준질병·사인분류상의 (S00~Y84)에 해당하는 우발적인 외래의 사고

② 전염병 예방법 제2조 제1항 제1호에 규정한 전염병

2010년 12월 30일 이전까지의 생명보험 약관에서는 당시 시행되고 있던 전염병 예방법의 '제2조 제1항 제1호에 규정한 전염병'을 재해로 인정했습니다. 대부분의 보험 가입자들은 놀라실 겁니다. 전염병도 보험 계약에서 재해로 인정된다는 것을 알고 있는 사람은 거

의 없기 때문입니다.

생명보험 계약에서는 입원하거나 수술한 원인이 '질병'이건 '재해'건 간에 대부분의 경우 별 차이 없이 보험금을 지급합니다. 입원 일수와 수술 명칭에 따라 보험금을 지급하기 때문입니다. 그런데 사망보험금에 있어서만큼은 사정이 다릅니다. 보험 계약에 '재해사망 특약'이 들어 있는 경우 사망의 원인이 '질병'이냐 '재해'냐에 따라 보험 수익자(보험금을 받는 사람)는 많게는 수억 원의 사망보험금을 더 받을 수도 있고 덜 받을 수도 있기 때문입니다.

재해로 인해 사망한 경우에는 재해 이외의 원인으로 사망한 경우 (통상 '일반사망'이라고 부릅니다) 지급하는 보험금에 '재해사망보험금 (보통 '일반사망보험금'에 비해 2~3배의 금액으로 설계됩니다)'을 더해서 지급합니다. 따라서 사망보험금 지급에 있어서 '전염병 예방법 제2조 제1항 제1호에 규정한 전염병'이 무엇이냐가 굉장히 중요해집니다.

콜레라, 페스트, 장티푸스, 파라티푸스, 세균성이질, 장출혈성대장균감염증. 이렇게 6개의 전염병이 전염병 예방법 제2조 제1항 제1호에서 규정한 전염병입니다. 그러므로 만약 전염병 예방법이 '감염병의 예방 및 관리에 관한 법률'로 개정되기 전에 생명보험에 가입한 사람이 위의 6개 전염병 중 하나로 인해 사망한 경우 보험회사는 '일반사망(재해가 원인이 아닌 모든 사망)보험금'에 '재해사망보험금'을 더해서 사망보험금을 지급해야 합니다.

그런데 6개의 전염병 중에서 페스트는 현재 아시아, 아프리카, 아메리카 대륙의 일부 지역에만 나타나고, 한국에서는 근래에 발병이 보고된 바가 없다고 합니다. 그래서인지 2010년 12월 30일 '기생충

질환 예방법'과 '전염병 예방법'을 통합한 '감염병의 예방 및 관리에 관한 법률'이 시행되면서 페스트가 빠지고, 그 자리에 'A형 간염'이 들어왔습니다.

〈감염병의 예방 및 관리에 관한 법률〉

제2조(정의) 이 법에서 사용하는 용어의 뜻은 다음과 같다.

1. '감염병'이란 제1군 감염병, 제2군 감염병, 제3군 감염병, 제4군 감염병, 제5군 감염병, 지정 감염병, 세계보건기구 감시 대상 감염병, 생물테러 감염병, 성매개 감염병, 인수(人獸) 공통 감염병 및 의료 관련 감염병을 말한다.
2. '제1군 감염병'이란 마시는 물 또는 식품을 매개로 발생하고 집단 발생의 우려가 커서 발생 또는 유행 즉시 방역대책을 수립하여야 하는 다음 각 목의 감염병을 말한다.

　　가. 콜레라　나. 장티푸스　다. 파라티푸스　라. 세균성이질
　　마. 장출혈성대장균감염증　바. A형 간염

— 법제처 국가법령정보센터(www.law.go.kr)

약관의 근거가 되는 관련 법률이 개정되었으니 당연히 약관의 규정도 바뀌어야 합니다. 그래서 2010년 12월 30일 이후에 만들어진 생명보험 약관의 재해분류표는 다음과 같이 변경되었습니다.

〈재해분류표〉

1. 보장 대상이 되는 재해

다음 각 호에 해당하는 재해는 이 보험의 약관에 따라 보험금을 지급하여드립니다.
① 한국표준질병·사인분류상의 (S00~Y84)에 해당하는 우발적인 외래의 사고
② 감염병의 예방 및 관리에 관한 법률 제2조 제2호에 규정한 감염병

A형 간염은 20세 이상의 성인이 감염됐을 때 급성으로 진행되는 등 심각한 증상을 나타내는 경우가 많고, 최악의 경우 사망하는 사람도 있다고 합니다. 만약 2010년 12월 30일 이전에 생명보험에 가입한 사람이 A형 간염으로 사망하였다면 '일반사망(재해가 원인이 아닌 모든 사망)보험금'이 지급됩니다.

그런데 2010년 12월 30일 이후에 생명보험에 가입한 사람이 A형 간염으로 사망하였다면 '재해사망보험금'을 받을 수 있습니다. 이 경우 생명보험 계약에 '재해사망특약'을 설정했다면 '일반사망보험금'보다 통상 2~3배 더 많은 사망보험금을 지급받게 됩니다. 2010년 12월 30일부터 하루 차이 때문에 많게는 수억 원의 보험금이 오가는 문제라서 보험회사의 입장에서도, 보험금을 받는 사람의 입장에서도 굉장히 민감할 수밖에 없습니다.

하지만 현실에서는 보험회사만 민감하게 대응합니다. 보험 가입자들은 결코 민감할 수가 없습니다. 보험약관이 변경되었다는 사실을 모르기 때문입니다. 가입자가 어떻게 그런 내용까지 알 수 있으며 굳이 알 필요가 없다고 생각하는 사람도 있을 겁니다. 보험회사

가 알아서 정확하게 보험금을 지급해줄 거라고 믿고서 말입니다. 하지만 보험금 지급 실무에서 경험한 바로는 보험금 심사 담당자의 '실수'인지, 보험회사의 '의도적인 방침'인지 알 수 없지만 보험금이 잘못 지급되는 경우가 종종 있습니다. 그런데다 A형 간염의 경우는 보험회사가 가입자에게 제공하는 보험약관마저 해당 규정이 잘못 기재된 것이 많습니다.

'감염병의 예방 및 관리에 관한 법률'로 개정된 2010년 12월 30일 이후에도 많은 보험회사들은 한동안 '전염병 예방법 제2조 제1항 제1호에 규정한 전염병'을 재해로 인정한다는 내용이 그대로 들어 있는 보험약관을 가입자들에게 제공했습니다. 그래서 이 시기에 보험계약을 체결한 가입자 중 많은 수가 개정 전의 법률을 기준으로 만들어진 잘못된 약관을 가지고 있습니다. 그런데 만약 그들 중 한 사람이 A형 간염으로 사망하는 일이 벌어졌을 때, 보험금 심사 담당자가 A형 간염을 정확히 '재해'로 인정하고 보험금을 지급할지는 솔직히 의문입니다. 왜냐하면 보험금 심사 담당자는 해당 보험대상자(피보험자)가 가입한 보험 계약의 약관을 검색해서 그것을 기준으로 보험금 지급을 판단하는데, 그가 검색한 약관에는 '전염병 예방법 제2조 제1항 제1호에 규정한 전염병'이라고 적혀 있기 때문입니다.

만약 보험금 심사 담당자가 A형 감염으로 사망한 사람에 대해 실수로 재해사망보험금은 빼고 일반사망보험금만 지급한다고 하더라도 이의를 제기할 보험 수익자(보험금을 받는 사람)는 거의 없을 겁니다. 모르니까요. 게다가 약관을 살펴봐도 '전염병 예방법 제2조 제1항 제1호에 규정한 전염병'으로 되어 있으니까요.

사스로 사망하면 '재해사망보험금'이 지급되나요?

중증급성호흡기증후군(사스 SARS)로 사망하면 '재해사망'이 인정되는가 하는 문제는 약관의 재해분류표와 '감염병의 예방 및 관리에 관한 법률 제2조 제2호에 규정한 감염병'에 어떤 감염병이 해당하는지를 알면 쉽게 해결할 수 있습니다.

재해분류표에서는 '우발적인 외래의 사고'와 '감염병의 예방 및 관리에 관한 법률 제2조 제2호에 규정한 감염병'을 '재해'로 인정합니다. 그 감염병은 콜레라, 장티푸스, 파라티푸스, 세균성이질, 장출혈성대장균감염증, A형 간염 이렇게 6개뿐입니다. 그러므로 사스는 생명보험 약관에서 인정하는 '재해'가 아닙니다.

생명보험약관의 재해분류표에는 '보험금을 지급하지 아니하는 재해'라는 규정이 있습니다. 세부 내용을 보면 그중에 '한국표준질병·사인분류상의 (U00~U99)에 해당하는 질병'이라는 것이 있습니다. 즉 한국표준질병·사인분류 중 코드번호가 U00~U99에 해당하는 질병은 '보험금을 지급하지 아니하는 재해'라는 것입니다. 그런데 사스의 질병 코드는 'U04'입니다. 그러므로 사스로 사망한 경우는 '재해사망'으로 인정되지 않습니다. 질병에 의한 사망으로 인정되어 '일반사망보험금'만 받을 수 있습니다.

약관 읽어주는 남자의 한마디

보험회사는 보험 가입자 개인에 비해서 우월한 지위에 있습니다. 경제적인 면에서도 그렇고, 여러 명의 의사(자문의)와 변호사들이 보험회사 뒤에 있다는 점에서도 그렇습니다. 그래서 보험 가입자 개인은 억울한 게 있어도 보험회사를 상대로 이의를 제기하기 힘든 게 사실입니다.

그래서일까요? 보험회사들은 간혹 기본적인 도리를 지키지 않을 때가 있습니다. 기본적인 도리 중에서도 가장 중요한 것이 '보험약관'을 제대로 만드는 것입니다. 적어도 현행 법률에 부합하게 만들어야 합니다.

법이 개정되기 전에 만든 보험약관이 너무 많아서 폐기하고 새로 만들면 막대한 비용이 들어가기 때문에 어쩔 수 없다는 논리는 구차합니다. 정말 비용을 부담하기 힘들어서라면 적어도 각 보험회사의 홈페이지에 있는 상품공시실의 보험약관만이라도 제대로 수정해서 올려야 합니다. 그런 기본적인 도리도 지키지 않으면서 '고객과의 약속'을 운운하는 것은 옳지 않습니다.

13

우울증으로 자살한 경우에도 사망보험금이 지급되나요?

자살에 대한 보험금 지급 규정

2011년에 1월 종신보험에 가입한 A씨는 2011년 5월부터 우울증 증세를 보이기 시작했습니다. 2~3주에 한 번씩 상담클리닉에 갔는데 의사는 자살충동이 심하다며 약물치료까지 권했습니다. 하지만 A씨는 결국 2011년 10월 아파트에서 뛰어내려 스스로 목숨을 끊었습니다. 장례를 치르고 한 달쯤 지난 뒤 A씨의 가족은 보험회사에 사망보험금을 청구했습니다. 보험 계약을 한 지 1년도 채 지나지 않은 상태에서 자살한 경우에도 사망보험금이 지급될까요? (A씨의 종신보험은 주계약 1억 원, 재해사망특약 2억 원으로 가입되어 있었습니다.)

A씨의 상황 정리
- 2011년 1월 생명보험회사의 종신보험에 가입.
- 2011년 5월부터 우울증으로 치료를 받기 시작함.
- 2011년 10월 자살함.
- 가입한 종신보험은 주계약 1억 원과 재해사망특약 2억 원이었음.
- A씨의 가족은 보험회사에 사망보험금을 청구함.

 통상 자살은 보험금 지급 대상이 아닙니다. 하지만 생명보험에서는 계약한 지 2년이 지나면 자살에 대해서도 사망보험금을 지급합니다. 그런데 자살의 원인이 정신병이나 정신지체(정신박약), 심한 의식장애로 인해 '심신상실' 상태에서 자신을 해친 것이라고 인정되면 '재해사망'으로 인정하고 일반사망보험금에 재해사망보험금을 더해서 지급합니다.

보험금 상식, 궁금타파!

요즘 자살한 사람들의 이야기가 연일 쏟아지듯이 보도되고 있습니다. 몇 년 전에는 연예인이 자살하는 경우에만 신문과 방송에 떠들썩하게 보도가 되더니 최근에는 일반인의 자살도 보도되고 있습니다. 최근 들어 연예인이 아닌 사람의 자살이 늘어났기 때문일까요? 그렇지는 않습니다. 대한민국에서 자살하는 사람들을 직업군으로 나눠보면 아마도 연예인이 가장 적지 않을까 싶을 정도로 연예인이 아닌 사람의 자살이 월등히 많습니다. 그리고 OECD 가입국 중 유일하게 자살률이 해마다 증가하고 있는 나라가 대한민국입니다.

> 지난 10년간 경제협력개발기구(OECD) 국가의 자살률은 대체로 감소했지만 우리나라는 전 연령층에서 증가한 것으로 나타났다. 특히 경제활동인구의 자살률은 2배나 증가했다.
>
> 29일 한국보건사회연구원이 발표한 'OECD 국가와 비교한 한국의 인구 집단별 자살률 동향과 정책 제언' 보고서에 따르면 2000~2010년 우리나라에서 경제활동이 가능한 15~64세의 자살률(인구 10만 명당 자살자 수)은 15.6명(17위)에서 30.9명으로 2배나 증가해 OECD 국가 중 가장 높았다. OECD 31개국 평균은 2000년 17.2명에서 2010년 약 89% 수준인 15.3명으로 감소했지만 우리나라만 유독 급증한 것이다.
>
> — 〈한국일보〉, 2013년 1월 30일

대한민국은 이제 하루 평균 42.6명이 자살하는 나라가 되었습니다. 2010년 기준으로 우리나라에서 자살은 사망 원인 3위를 차지할 정도로 흔한 일이 되었습니다.

사망 원인 중 자살이 차지하는 비중이 높고, 게다가 자살하는 사람이 계속 늘어난다는 것은 사망보험금을 지급하는 보험회사의 입장에서도 매우 민감한 문제일 수밖에 없습니다. 그런데 대부분의 보험 가입자들은 자살하면 사망보험금을 받지 못한다고 알고 있기 때문에 보험회사들의 고민을 이해하기 힘들 겁니다. 생명보험 표준약관의 '주계약'에서는 자살에 대한 보험금 지급 규정을 다음과 같이 설명하고 있습니다.

〈보험금을 지급하지 아니하는 보험사고〉
회사는 다음 중 어느 한 가지의 경우에 의하여 보험금 지급 사유가 발생한 때에는 보험금을 드리지 아니하거나 보험료의 납입을 면제하여 드리지 아니합니다.
1. 피보험자(보험대상자)가 고의로 자신을 해친 경우
다만, 다음 각 목의 경우에는 그러하지 아니합니다.
　가. 피보험자(보험대상자)가 심신상실 등으로 자유로운 의사결정을 할 수 없는 상태에서 자신을 해친 경우. 피보험자(보험대상자)가 심신상실 등으로 자유로운 의사결정을 할 수 없는 상태에서 자신을 해침으로써 사망에 이르게 된 경우에는 사망보험금을 지급합니다.
　나. 계약의 보장 개시일부터 2년이 경과된 후에 자살한 경우에는 사망보험금을 지급합니다.
2. 보험 수익자(보험금을 받는 자)가 고의로 피보험자(보험대상자)를 해친 경우
3. 계약자가 고의로 피보험자(보험대상자)를 해친 경우

즉 피보험자(보험대상자)가 스스로 목숨을 끊은 경우 보험회사는 원칙적으로 보험금을 지급하지 않습니다. 다만, 주계약 약관 중

〈보험금을 지급하지 아니하는 보험사고〉 1의 나에서 보듯이 생명보험에 가입한 피보험자(보험대상자)가 보험에 가입한 날로부터 2년이 지난 뒤에 자살을 한 경우에는 사망보험금을 지급합니다.

그런데 만약 A씨처럼 보험에 가입하고 1년도 채 지나기 전에 우울증으로 자살한 경우에는 어떻게 될까요? 보험에 가입한 지 2년이 지나지 않았기 때문에 보험회사는 사망보험금을 지급하지 않을까요?

〈보험금을 지급하지 아니하는 보험사고〉 1의 가를 보면 '심신상실 등으로 자유로운 의사결정을 할 수 없는 상태에서 자신을 해친 경우'에는 사망보험금을 지급한다고 되어 있습니다. 이 경우에는 2년이 지나야 한다는 단서 조항도 없습니다. 만약 A씨처럼 우울증으로 인해 스스로 목숨을 끊은 것도 '심신상실의 상태에서 자신을 해친 경우'로 인정된다면 보험회사는 사망보험금을 지급해야 하는 것입니다. 그러므로 '심신상실'이 어떤 상태를 의미하는지가 중요합니다.

> 심신상실(心神喪失)
> 심신장애로 사물에 대한 변별력이 없거나 의사를 전혀 결정하지 못하는 상태를 말한다. 심신상실의 요인으로는 정신병이나 정신지체(정신박약), 심한 의식장애나 중증의 심신장애적 이상 등을 들 수 있다. 이 같은 심신상실로 인해 사물에 대한 식별력과 의사결정력이 있는지의 여부는 전문가의 도움으로 판단할 수 있지만, 이를 결정하는 것은 법관의 재량이다. 즉 심신상실은 의학상의 개념이 아니라 법률학상의 개념인 것이다. 따라서 심신상실의 여부는 의학상의 정도에 따라 결

정되는 것이 아니며, 전문가의 감정을 토대로 법관이 결정해야 할 법적·규범적 문제에 속한다.

- 《두산백과》

즉 '심신상실'이란 사물에 대한 변별력이 없어서 스스로 의사결정을 할 수 없는 상태를 말합니다. 이런 상태가 되는 원인으로는 정신질환, 의식장애, 만취한 상태 등이 인정될 수 있는데, 문제는 심신상실에 대한 판단은 의학적으로 결정하는 것이 아니라는 점입니다. 심신상실에 대한 판단은 의사 등 전문가의 감정을 토대로 법관이 결정하는 법률적인 행위입니다. 그래서 다음과 같은 일이 생깁니다.

불륜 현장을 남편에게 들킨 직후 수치심 때문에 주부가 한강에 몸을 던져 스스로 목숨을 끊었다면 유족에게 사망보험금을 지급해야 할까. 자살의 경우엔 보험금을 못 받는 것이 상식이지만 이 사건에서는 다른 판결이 나왔다. 남편에게 불륜을 들킨 주부의 심리상태를 법원이 '심신상실'로 인정했기 때문이다. 심신상실이란 사물에 대한 변별력이 없거나 의사를 결정하지 못하는 상태다. 예를 들어 기억을 전혀 못할 정도로 술에 취한 상태, 사물에 대한 분별 자체가 불가능한 지적장애 상태 등이 심신상실에 속한다.

(중략)

서울중앙지법 민사합의25부(부장판사 조윤신)는 "상법엔 자살한 경우 보험금을 지급하지 않아도 된다고 규정하고 있지만 보험사 약관에 심신상실, 정신질환 등으로 스스로 의사결정을 할 수 없는 경우는 자살이라고 해도 보험금을 지급할 수 있다는 예외조항이 있다"며 남편에게 보험금 2억 5000만 원을 지급하라고 판결했다. 그러면서 "가정과 직장에서 아무런 문제가 없었던 A씨의 평소 상황을 미뤄봤을 때 불륜 현장을 들킨 A씨가 극도의 수치심과 흥분에 휩싸여 제대로 의사결정을 할 수 없는 상태에서 우발적으로 자살한 것으로 보인다"고 설명했다.

법원은 자살 유족에게 보험금을 지급하는 문제를 놓고 사안별로 다른 판단을 내렸다. 2003년 부부싸움을 하던 중 베란다 창문으로 뛰어내려 숨진 주부 C씨에게는 보험금이 지급됐다. C씨는 빚보증 문제로 남편과 다투던 중 몇 차례 뺨을 맞고 남편이 '같이 죽자'며 베란다로 밀치자 갑자기 뛰어내려 숨졌다. 당시 법원은 "매우 흥분된 상태에서 싸우다 C씨가 자살한 것은 극도의 흥분과 심리불안을 이기지 못해 심신상실 상태에서 벌어진 일로 판단된다"며 보험금 1억 5000만 원을 유족에게 지급하라고 판결했다.

반면 남편의 실직으로 우울증 등에 시달리다 2004년 아파트 비상계단 창문으로 몸을 던져 숨진 D씨에 대해 법원은 "남편의 실직으로 경제적인 어려움에 처해 정신과 치료를 받은 사실이 있지만 이것만으로 심신상실의 상태였다고 보기 어렵다"며 원고 패소 판결했다.

– 〈동아일보〉, 2013년 1월 10일

이처럼 법원은 심신상실 상태에 대해서 사안마다 다른 판단을 내리고 있습니다. 심지어 우울증을 앓다가 자살한 경우에도 심신상실 상태로 판단하지 않는 일도 있습니다.

상황이 이렇기 때문에 피보험자(보험대상자)가 자살한 경우 보험회사는 일단 자살한 사람이 보험에 가입한 지 2년이 지났는지를 확인합니다. 그래서 2년이 지났다면 '주계약'에서 지급하는 사망보험금(일반사망보험금)을 바로 지급합니다. 자살이 심신상실로 인한 것이 아니었다고 하더라도 계약한 지 2년이 지났기 때문에 어차피 지급해야 할 보험금이니까요.

그런데 만약 계약한 지 2년이 안 되었다면 바로 '조사'에 들어갑니다(보험금을 지급하기 전에 조사를 하는 것은 보험회사의 적법한 권한입니다).

A씨처럼 우울증으로 치료받다가 자살한 경우에는 보험회사의 조사과 직원 또는 보험회사로부터 외주를 받은 손해사정법인의 직원이 피보험자가 우울증을 치료받았던 병원으로 찾아가 담당 의사를 만납니다. 그리고 질의서를 한 장 꺼냅니다. '앓고 있던 우울증 때문에 A씨가 자살했다고 단정할 수 있느냐'는 내용입니다. 많은 경우 의사들은 '단정'하지 않습니다. 만약 A씨를 치료한 의사가 보험회사의 질의서에 '단정할 수는 없지만……'과 같이 답변을 하면 보험회사는 그것을 근거로 사망보험금을 지급하지 않습니다. A씨가 앓고 있던 우울증으로 인한 '심신상실' 상태에서 자살했다고 볼 근거가 없다는 것입니다.

A씨의 가족이 보험회사의 주장을 받아들이지 못하는 경우에는 결국 법원에서 그 판단을 가리게 됩니다. 그렇게 되면 신문에 보도된 것처럼 어떤 판결이 날지 아무도 예측할 수 없습니다.

그런데 보험회사가 왜 이렇게 보험금을 지급하지 않기 위해 애를

쓰는 것일까요?

그것은 피보험자(보험대상자)가 심신상실 상태에서 자살한 것으로 인정될 경우 단순히 '주계약'에서 지급되는 사망보험금(일반사망보험금)뿐만 아니라 '재해사망특약'에서 지급되는 '재해사망보험금'까지 더해서 지급해야 하기 때문입니다(일반사망보험금이 1억 원, 재해사망보험금이 2억 원이라면 보험회사는 총 3억 원의 사망보험금을 지급해야 합니다).

재해사망특약 약관을 보면 다음과 같은 규정이 있습니다.

〈보험금을 지급하지 아니하는 보험사고〉
회사는 다음 중 어느 한 가지의 경우에 의하여 보험금 지급 사유가 발생한 때에는 보험금을 드리지 아니하거나 보험료의 납입을 면제하여 드리지 아니합니다.
1. 피보험자(보험대상자)가 고의로 자신을 해친 경우
   다만, 피보험자(보험대상자)가 심신상실 등으로 자유로운 의사결정을 할 수 없는 상태에서 자신을 해친 경우에는 그러하지 아니하며, 피보험자(보험대상자)가 심신상실 등으로 자유로운 의사결정을 할 수 없는 상태에서 자신을 해침으로써 사망에 이르게 된 경우에는 재해사망보험금을 지급합니다.

그래서 A씨와 같은 일이 발생할 경우 보험회사는 법정공방까지 불사하는 것입니다.

결국 돈 때문입니다.

자녀가 자살한 경우에도 사망보험금이 지급되나요?

　부모가 자녀를 위해 가입하는 보험, 즉 자녀를 피보험자(보험대상자)로 설정하는 보험에서 사망보험금은 매우 민감한 요소입니다. 범죄에 악용될 수도 있기 때문입니다. 가끔 상상하기 힘든 끔찍한 사건 사고가 언론을 통해 알려집니다. 그중에는 사망보험금을 노리고 부모가 자식을 해쳤다는 이야기도 등장합니다. 자녀가 어리면 성인의 물리력을 감당할 수 없습니다. 자신의 안전을 지킬 수 없죠. 그래서 보험약관에서는 범죄 예방 차원에서 자녀가 어릴 때 사망하면 사망보험금을 지급하지 않습니다. '어릴 때'의 기준을 약관에서는 다음과 같이 규정하고 있습니다.

> 피보험자(보험대상자)가 만 15세 이내에 사망할 경우는 사망보험금을 지급하지 아니합니다. 이미 납입한 보험료와 사망 당시의 적립액 중 큰 금액을 지급합니다. 피보험자(보험대상자)가 만 15세 이후에 사망할 경우는 사망보험금을 지급합니다.

　따라서 자녀를 피보험자(보험대상자)로 설정하는 보험에서는 '자살'을 포함한 그 어떠한 사망도 자녀가 만 15세가 안 된 시점에 발생했다면 사망보험금을 지급하지 않습니다.
　그렇다면, 자녀가 만 15세 이후에 자살했다면 어떻게 될까요?
　이때는 앞서 살펴보았던 〈보험금을 지급하지 아니하는 보험사고〉와 그 예외규정을 적용해서 판단하면 됩니다. 즉 '단순 자살'인 경우는 사망보험금이 지급되지 않습니다. 그러나 우울증이나 정신질환 등 '심신상실' 상태에서 일어난 자살로 인정되면 생명보험에서는 일반사망보험금과 함께 재해사망보험금(재해사망특약이 있다면)도 지급합니다.

그리고 이 사망보험금은 당연히 보험 계약의 수익자(보험금을 받는 사람)에게 지급됩니다. 만약 수익자가 부모로 지정되어 있다면 부모가 사망보험금을 수령하게 됩니다.

약관 읽어주는 남자의 한마디

최근 들어 많은 사람들이 국가로부터, 사회로부터 벼랑 끝으로 내몰리고 있습니다. 어떤 회사의 노동자들은 해고되고 나서 24명이나 죽었습니다. 그중에는 돌연사나 질병에 의한 사망도 있지만 자살도 있습니다. 어떤 편의점의 점주는 편의점 본사의 가혹한 계약조건에 절망하여 스스로 목숨을 끊었습니다. 어린 학생들은 성적을 비관하여 자살합니다. 경제적 어려움에 허덕이다가 스스로 목숨을 끊는 노인도 많습니다. 매일 자살하는 사람들의 이야기가 인터넷 포털에 올라옵니다. 대한민국은 이제 매일 40여 명의 사람이 스스로 목숨을 끊는 나라가 되었습니다. 그들의 자살을 '사회적 타살'이라고 받아들이는 사람들이 많습니다. 대한민국이라는 나라 전체가 '특별재난지역'이 되었습니다.

보험은 '자살'한 사람을 살려낼 수 없습니다. 다만, 가족들에게 망자가 남기고 간 정당한 권리, '재해사망보험금'을 지급해드릴 수는 있습니다. 하지만 보험약관을 이해하지 못하는 유가족이 보험금을 청구조차 하지 않거나,

일반사망보험금만 받고 더 이상 보험금 청구를 하지 않는다면 재해사망보험금은 받을 수 없습니다.

보험설계사의 역할이 중요한 이유입니다.

2장

당신의 보험이 위험해요

보험 계약에 압류가 들어올 것 같은데 피할 방법은 없나요?

보험 계약 압류에 대처하는 방법

A씨는 사업에 문제가 생겼습니다. 오랫동안 신뢰를 쌓아온 거래처들이 불황의 여파 속에서 속속 부도가 나다 보니 물품 판매대금을 회수하지 못한 A씨의 회사도 조만간 최종 부도가 예고되었습니다. 부채는 당연히 갚아야 한다고 생각하는 A씨였기에 채권단의 압류는 기정사실로 받아들이고 있었습니다. 하지만 10년 전에 가입한 종신보험, 암보험, 실손의료보험 등 보장성 보험들만은 압류를 피하고 싶었습니다. 빚을 갚기 위해서라도 건강해야 할 텐데 만약 건강에 이상이 생기면 보험이라도 있어야지 위기를 넘길 거라는 생각이 들었습니다. 게다가 아이들은 아직 너무 어렸습니다. A씨가 보험설계사에게 전화를 걸어 물어보았더니, 보험 계약의 '계약자'를 다른 사람으로 바꾸면 압류를 피할 수 있다고 했습니다. 정말 그럴까요?

A씨의 상황 정리

- 오래전에 가입한 보험들이 있음.
- 부도 여파로 A씨 명의의 재산에 압류가 예상됨.
- 보험 계약만큼은 압류를 피하고 싶어함.

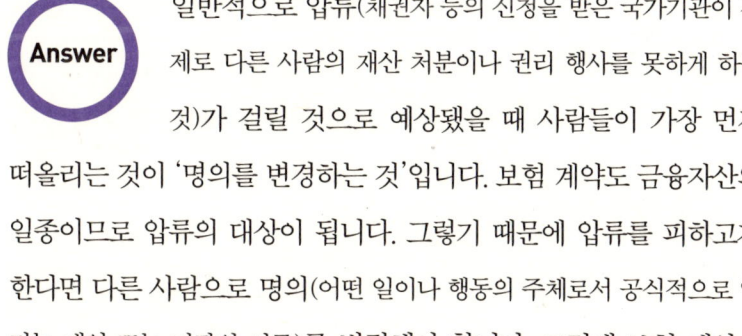 일반적으로 압류(채권자 등의 신청을 받은 국가기관이 강제로 다른 사람의 재산 처분이나 권리 행사를 못하게 하는 것)가 걸릴 것으로 예상됐을 때 사람들이 가장 먼저 떠올리는 것이 '명의를 변경하는 것'입니다. 보험 계약도 금융자산의 일종이므로 압류의 대상이 됩니다. 그렇기 때문에 압류를 피하고자 한다면 다른 사람으로 명의(어떤 일이나 행동의 주체로서 공식적으로 알리는 개인 또는 기관의 이름)를 변경해야 합니다. 그런데 보험 계약은 다른 금융자산과 달리 한 계약에 복수의 명의가 존재할 수 있습니다(계약자, 피보험자, 수익자가 모두 다를 수 있습니다).

그중에서 계약자와 수익자를 다른 사람으로 변경해야만 압류를 피할 수 있습니다.

 **보험금 상식, 궁금타파!**

적립금이 상대적으로 더 많이 쌓이는 연금보험 같은 '저축성 보험'이 아닌, 다치거나 병이 들었을 때 보험금을 지급해주는 '보장성

보험'에까지 압류를 걸어서 채권을 회수하는 행위에 고통을 받는 사람들은 대부분 악의적으로 빚을 갚지 않으려는 것이 아닙니다. 열심히 살려고 했으나 자신의 실수든 사회 시스템의 불안정이든 예상치 못한 일로 인해 어느 날 갑자기 채무자가 되고 신용불량자가 된 사람들입니다. 이런 사람들의 '보장성 보험'에 압류를 건다는 것은 채무자를 심리적으로 압박할 수는 있지만 채권을 회수하려는 압류의 본래 목적에 비추었을 때 실효성은 적으면서도 매우 비인도적인 처사라는 비난을 면하기 어렵습니다. 정부 역시 이런 문제점을 인식하고, 국세징수법 조항(별첨 ❷ 참조)을 개정하여 1000만 원 이하의 사망보험금 또는 해약환급금이 150만 원 이하인 보험 계약은 압류를 금지하는 대책을 마련해놓고 있습니다.

하지만 생명보험의 경우 보험 계약을 체결하고 몇 년만 지나도 해약환급금이 150만 원을 초과하는 경우가 많고, 사망보험금도 대부분 1000만 원 넘게 설정되어 있습니다. 또한 '실손의료비에 해당하는 보험금'은 국세징수법 개정을 통해 압류 금지 대상으로 분류되었지만 정액보험금(실제 의료비와 상관없이 사전에 약속된 금액을 지급하는 보험금)은 2분의 1에 해당하는 금액이 여전히 압류 대상입니다. 따라서 법 개정에도 불구하고 보험 계약에 대한 압류를 완전히 피하기 위해서는 계약자와 수익자를 다른 사람으로 바꾸어야 합니다.

보험 계약에는 다른 금융상품의 계약과는 다르게 세 가지 명의가 존재합니다.

- 계약자: 보험회사와 계약을 체결하고 보험료 납입 의무를 지며 보험 계약을 해약할 수 있는 권리를 가진 사람. 따라서 해약환급금을 수령할 수도 있습니다.
- 피보험자(보장 대상자): 보험사고 발생의 대상이 되는 사람. 이 사람이 아프거나 다치면 보험회사가 보험금을 수익자에게 지급합니다.
- 수익자: 보험회사가 지급하는 보험금을 받는 사람.

보험 계약에서 발생할 수 있는 금전적 이익(보험 계약을 해약했을 때 받게 되는 '해약환급금'. 또는 보험금 지급 사유가 발생했을 때 받게 되는 '보험금')을 원래 계약자나 수익자가 가져가지 못하게 하는 것이 압류의 목적이므로 채무자가 '피보험자(보험대상자)'인 것은 맞지만 계약자나 수익자로 설정되어 있지 않은 보험 계약이라면 채권자는 압류를 걸 수 없습니다.

그런데 보험설계사조차 '계약자'만 변경하면 압류를 피할 수 있다고 알고 있는 경우가 많습니다. 그렇게 알고 있다가는 낭패를 당하기 십상입니다. 왜냐하면 채무자가 '피보험자(보장 대상자)'이면서 보험금을 받는 '수익자'로 설정되어 있는 경우가 많기 때문입니다. 피보험자(보장 대상자) 자신의 사망보험금에 대해서는 본인이 수익자가 될 수 없지만 그 외에 '입원, 수술, 각종 진단자금, 장해급여금' 등에 대해서는 수익자가 될 수 있으니까요. 따라서 보험 계약에 대한 압류를 피하기 위해서는 '계약자'뿐만 아니라 모든 보험금(사망보험금, 입원보험금, 수술보험금 등의 모든 보험금)의 '수익자'도 변경해야만 하는 것입니다.

이런 사례도 있습니다!

　실제로 계약자와 수익자를 변경하려고 하면 보험약관의 내용과 각 보험회사의 내부 규정이 다른 경우가 있습니다. 이렇게 되면 보험 가입자로서는 압류를 피할 수 있는 방법의 범위가 협소해질 수 있습니다. 보험회사들이 약관의 내용과 다르게 보험 가입자들의 권리를 임의적으로 제한하는 행위는 시정되어야 합니다.

　변경할 수 있는 '계약자'와 '수익자'의 범위에 대해 보험약관에서는 다음과 같이 규정하고 있습니다.

　〈계약 내용의 변경〉
　① 계약자는 회사의 승낙을 얻어 다음의 사항을 변경할 수 있습니다. 이 경우 승낙을 서면으로 알리거나 보험증권(보험가입증서)의 뒷면에 기재하여드립니다.
　　1. 보험료의 납입 주기, 수금 방법 및 납입 기간
　　2. 보험 가입금액
　　3. 계약자
　　4. 기타 계약의 내용
　② 계약자는 보험 수익자(보험금을 받는 자)를 변경할 수 있으며 이 경우에는 회사의 승낙을 요하지 아니합니다. 다만, 계약자가 보험 수익자(보험금을 받는 자)를 변경하는 경우 회사에 통지하지 아니하면 변경 후 보험 수익자(보험금을 받는 자)는 권리로써 회사에 대항하지 못합니다.

위 약관을 보면 "②보험 수익자를 변경할 수 있으며 이 경우에는 회사의 승낙을 요하지 아니한다"라고 되어 있습니다. 즉 계약자가 보험 수익자를 변경하는 데에는 아무런 제한이 없다는 뜻입니다. 계약자가 지정하고 싶으면 그 대상자가 직계혈족이든 아니든, 설사 아무 혈연관계가 없는 타인도 보험 계약의 '수익자'로 변경할 수 있다는 뜻입니다. 다만, 변경 사실을 회사에 알리기만 하면 됩니다.

그런데 ①에서 계약자는 계약자를 변경할 수도 있는데, 단 "(보험)회사의 승낙을 얻어야 한다"라고 되어 있습니다. '(보험)회사의 승낙'이 무엇을 의미하는지는 약관에 나와 있지 않습니다. '회사의 승낙'이 의미하는 것은 '변경할 수 있는 계약자의 범위'입니다.

실제로 계약자를 변경하기 위해서는 보험회사가 소정의 양식을 보험 계약자에게 제공하고 그곳에 서명이나 인감날인을 요구합니다. 그 양식에 다음과 같은 내용이 첨부되어 있습니다.

〈유의사항〉
계약자 변경은 '피보험자(보장 대상자)'의 직계존비속 및 배우자, 형제자매 또는 배우자의 직계존속에 한합니다.

결국 수익자를 변경하는 데는 그 대상에 아무런 제약이 없는 반면, 계약자를 변경하는 경우에는 그 대상을 엄격히 제한하고 있음을 알 수 있습니다.

보험회사가 규정하고 있는 계약자 변경의 범위가 이렇기 때문에 압류를 피하기 위해 계약자를 변경하려는 경우 대부분 피보험자(보장 대상자)의 배우자, 형제자매 등으로 계약자를 변경하게 됩니다. 그런데 압류 대상인 계약의 피보험자(보장 대상자)가 형제자매도 없고 미혼인 경우에는 이래저래 참 서글퍼집니다. 변경할 수 있는 대상이 부모님으로 한정되기 때문이지요.

약관 읽어주는 남자의 한마디   계약자와 수익자를 변경하려고 할 때 '계약자 변경'은 보험회사의 내부 규정을 따라야 하는 것이 맞지만, '수익자 변경'은 위에서 확인한 바와 같이 보험회사의 내부 규정을 따를 필요가 없습니다. 약관에서 규정한 대로 누구든지 계약자가 원하는 사람으로 지정하면 됩니다.

그런데 보험회사 중에는 변경을 희망하는 '수익자'와 '피보험자(보험대상자)' 간의 관계를 증명할 수 있는 '관계확인서류(가족관계증명서 등)'를 첨부해달라고 요구하는 경우가 있습니다. 이와 같은 요구는 결국 '피보험자(보험대상자)'의 수익자로 타인을 설정할 수 없게 합니다.

보험회사가 관계확인서류를 요구하는 것은 혹시 발생할지 모르는 보험사고를 예방하기 위해서입니다. 즉 보험금을 노리고 수익자가 피보험자(보장 대상자)를 해치는 것을 막기 위한 것이죠. 아무래도 타인보다는 가족이나 친족이 '피보험자'를 해칠 염려가 적은 게 사실일 겁니다. 하지만 이런 보험회사의 내부 규정도 약관에 위배되는 것이라면 효력이 없습니다. 보험계약자가 수익자를 변경하면서 관계확인서류를 제출할 수 없다 하더라도 보험회사는 수익자 변경을 받아들여야만 합니다.

　원칙은 변하지 않는 것이고, 보험 계약에 있어서의 원칙은 보험약관이니까요.

15

카드사가 **보험**을 **해지**시키고 환급금을 가져갔어요. 보험 계약을 살릴 수는 없나요?

'강제집행'으로 해지당한 보험 계약의 '특별부활'

SOS Question

보험 가입자 A씨는 어느 날 회사에서 정리해고를 당했습니다. 30대 후반의 A씨는 수없이 이력서를 쓰고 면접을 봤지만 불황의 여파로 재취업을 하지 못했습니다. 1년 정도는 적금 등을 깨면서 버텼지만 수입은 없고 취업은 안 되는 상황이 지속되면서 금융거래에 문제가 생기기 시작했습니다. 결국 카드 연체대금을 해소하지 못하자 카드사는 A씨의 보험 계약에 압류를 걸었습니다. 그리고 얼마 후 A씨는 카드사가 자신의 보험 계약을 강제로 해지(해약)시키고 해지환급금을 가져갔다는 안내문을 보험회사로부터 받았습니다. A씨는 얼마 전부터 고혈압 약을 복용하고 있어 앞으로는 보험 가입도 쉽지 않은 상황인데 어떻게 해야 할까요? 이미 해지(해약)된 보험 계약을 살릴 방법은 없을까요?

A씨의 상황 정리

- 카드사가 보험 계약에 압류를 건 뒤 강제해지(해약)하고 해지(해약)환급금을 가져감.
- A씨는 고혈압 약을 복용하고 있기 때문에 새로운 보험 가입에 제약이 있음.
- 강제해지(해약) 처리된 보험 계약을 되살리고 싶어함.

 보험 계약이 압류되면 보험 계약자는 해지(해약)조차 마음대로 할 수가 없습니다. 계약자가 갖고 있던 '해지환급금 청구권'의 효력이 정지되기 때문입니다. 만약 채권자가 '해지환급금 청구권'에 대한 강제집행을 통해 보험 계약을 해지(해약)하고 해지환급금을 가져간 경우 보험회사는 '수익자'의 권리를 보호하기 위해 '특별부활'이라는 제도를 운영합니다.

보험 계약의 계약자 명의를 보험 수익자로 변경하여 보험 계약의 특별부활(효력 회복)을 인정하는 것입니다. A씨는 보험약관의 '특별부활' 규정을 활용하면 보험 계약을 되살릴 수 있습니다.

 보험금 상식, 궁금타파!

요즘 장기 불황의 여파로 자영업자가 몰락하고 있는 실정입니다. 그런데 재취업도 힘든 현실이기에 한순간에 경제적 위기로 내몰리는 사람이 많습니다. 누구나 겪을 수 있는 일이지요. 그런데, 이렇게 어려운 사람들을 법을 이용해 사지로 내모는 일이 보험에서도 생겨나고 있습니다. 채권을 회수하기 위해 '보장성 보험'에 압류를 걸고 결국 그 계약을 강제로 해지시켜서 채권자가 '해지환급금(보험 계약을 해지했을 때 보험회사가 계약자에게 지급하는 해지 당시의 적립금)'을 가져가는 것입니다. 이렇게 되면 보험 계약이 해지되었기 때문에 이후로는 보험대상자가 아프거나 다쳤을 때 심지어 사망했을 때에도 보험금은 지급되지 않습니다.

보장성 보험에 압류를 거는 것도 받아들이기 힘들지만 보험 계약을 아예 '강제해지'시켜서 채권을 회수하는 것은 개인적으로도 동의할 수 없습니다. A씨처럼 건강상의 이유로 향후 보험 가입 자체가 불가능한 사람도 있기 때문입니다. 다행히 보험약관에는 보험 계약이 '강제해지'된 사람들을 위한 안전판을 마련하고 있습니다.

〈강제집행 등으로 인한 해지계약의 특별부활(효력 회복)〉
① 보험회사는 계약자의 해지환급금 청구권에 대한 강제집행, 담보권 실행, 국세 및 지방세 체납처분 절차에 의해 계약이 해지된 경우 해지 당시의 보험 수익자가 계약자의 동의를 얻어 계약 해지로 보험회사가 채권자에게 지급한 금액을 보험회사에게 지급하고 〈계약 내용의 변경〉 절차에 따라 계약자 명의를 보험 수익자로 변경하여 계약의 특별부활(효력 회복)을 청약할 수 있음을 보험 수익자에게 통지하여야 합니다.
② 보험회사는 제1항에 의한 계약자 명의 변경 신청 및 계약의 특별부활(효력 회복) 청약을 승낙합니다.

③ 보험회사는 제1항의 통지를 지정한 보험 수익자에게 하여야 합니다. 다만, 회사는 법정상속인이 보험 수익자로 지정된 경우에는 제1항의 통지를 계약자에게 할 수 있습니다.
④ 보험회사는 제1항의 통지를 계약이 해지된 날부터 7일 이내에 하여야 합니다.
⑤ 보험 수익자는 통지를 받은 날(제3항에 의해 계약자에게 통지된 경우에는 계약자가 통지를 받은 날을 말합니다)부터 15일 이내에 제1항의 절차를 이행할 수 있습니다.

약관에 따르면 A씨의 경우, 해지 당시의 보험 수익자가 만약 A씨의 아내(아내가 아니어도 상관없습니다)라면 계약자인 A씨의 동의를 얻어 보험회사가 채권자에게 지급한 해지(해약)환급금을 A씨의 아내가 보험회사에 납부한 후 계약자 명의를 A씨의 아내로 변경하여 '특별부활'을 요청하면 보험회사는 이를 받아들여야 합니다.

그런데 일반적인 경우라면 해지(실효)된 보험 계약의 부활 시점에 피보험자(보험대상자)의 건강 상태가 보험회사의 기준에 못 미칠 경우 보험 계약의 부활(효력 회복)은 거절됩니다. 건강하지 않으면 보험을 되살릴 수도 없는 것이죠. 하지만 '특별부활'에 있어서만큼은 피보험자(보험대상자)의 건강 상태를 이유로 보험회사가 보험 계약의 부활(효력 회복)을 거절할 수 없습니다.

단지, 보험회사로부터 계약이 '강제해지'되었다는 통지를 받은 날로부터 15일 이내에 '특별부활'을 청약(계약 체결을 요청하는 일)하기만 하면 됩니다.

약관 읽어주는 남자의 한마디

A씨와 같은 일을 겪고 있는 분들, 특히 보험에 가입할 때와 달리 건강이 좋지 못한 상태에서 '강제해지'를 당한 분들은 '특별부활제도'를 꼭 기억하기 바랍니다. 절대로 포기하면 안 됩니다.

16

남편에게 사고가 발생한 사실을 모르고 아내가 보험 청약을 취소한 경우에도 보험금이 지급될까요?

'청약철회'의 효력 상실

SOS Question

A씨 부부는 어느 날 A씨를 피보험자(보험대상자)로, 아내를 계약자로 하는 생명보험에 가입했습니다. 그로부터 열흘 후 아침 일찍 보험설계사인 A씨의 여동생이 찾아왔습니다. A씨의 여동생은 A씨 부부가 최근 보험에 가입했다는 말을 듣고 그 보험을 취소한 후 자신에게 다시 가입해줄 것을 요청했습니다. 마침 A씨는 며칠 전부터 지방 출장 중이었고, 계약자인 A씨의 아내는 계속된 권유에 못 이겨 열흘 전에 가입한 보험 청약을 취소했습니다. 그렇게 보험 계약을 취소한 지 몇 시간 지나지 않아 경찰서에서 전화가 걸려왔습니다. 어젯밤 A씨가 출장지에서 교통사고를 당해서 많이 다쳤다는 것이었습니다. A씨는 아내가 취소한 보험을 통해 보험금을 받을 수 있을까요?

A씨의 상황 정리

- A씨의 아내를 계약자로, A씨를 피보험자(보험대상자)로 하는 생명보험에 가입함.
- 보험 계약을 체결한 지 15일 이내에 A씨가 교통사고를 당한 사실을 모른 채 A씨의 아내가 보험 청약(請約, 승낙과 함께 일정한 내용의 계약을 성립시킬 것을 목적으로 하는 일방적 의사 표시. 보험 계약에 있어서 '청약'은 보험 청약서를 작성하고 1회 보험료를 납부하는 행위를 말합니다)을 취소함.

이미 피보험자(보험대상자)에게 보험금 지급 사유(사고나 질병이 발생해서 보험회사가 보험금을 지급해야 할 사유)가 발생한 것을 모르고 보험 계약자가 보험 계약의 청약을 철회한 경우에는 청약 철회의 효력이 없으므로 수익자가 보험금을 청구하면 보험회사는 보험금을 지급해야 합니다.

 보험금 상식, 궁금타파!

보험실무를 하다 보면 TV 드라마에서나 나올 법한 상황을 겪기도 합니다. A씨와 같은 상황이 벌어지면 대부분의 보험 계약자들은 자신의 불운을 탓하며 보험금을 청구할 생각조차 하지 않습니다. 하지만 생명보험 약관에는 다음과 같은 규정이 있습니다.

〈청약의 철회〉

① 계약자는 청약을 한 날부터 15일 이내에 그 청약을 철회할 수 있습니다.

② 계약자가 청약을 철회한 때에는 회사는 청약의 철회를 접수한 날부터 3일 이내에 납입한 보험료를 돌려드리며, 보험료 반환이 늦어진 기간에 대하여는 이 계약의 보험 계약대출 이율을 연단위 복리로 계산한 금액을 더하여 지급합니다.

③ 청약을 철회할 당시에 이미 보험금 지급 사유가 발생하였으나 계약자가 그 보험금 지급 사유의 발생 사실을 알지 못한 경우에는 청약 철회의 효력은 발생하지 않습니다.

계약자인 A씨 아내는 전날 밤 피보험자(보험대상자)인 A씨가 교통사고를 당한 사실을 알지 못했습니다. 그 상태에서 다음 날 아침에 보험 청약을 취소한 것이기 때문에 약관 규정에 의해 청약 철회 행위는 효력이 발생하지 않습니다. 그러므로 보험회사는 '청약 철회'를 무효로 하고 보험금을 지급해야 합니다.

또한 이 보험 계약이 계약자의 '청약'에 이은 보험회사의 심사 단계에서 아직 '승낙'이 나지 않은 상태였다고 하더라도 보험회사는 보험금을 지급해야 합니다. 이 부분은 생명보험 약관에 다음과 같이 규정되어 있습니다.

〈제1회 보험료 및 회사의 보장 개시일〉

① 회사는 계약의 청약을 승낙하고 제1회 보험료를 받은 때부터 이 약

관이 정한 바에 따라 보장을 합니다. 그러나 회사가 청약 시에 제1회 보험료를 받고 청약을 승낙한 경우에는 제1회 보험료를 받은 때부터 이 약관이 정한 바에 따라 보장을 합니다(이하 제1회 보험료를 받은 날을 '보장 개시일'이라 하며, 보장 개시일을 '보험 계약일'로 봅니다).

② 회사가 청약 시에 제1회 보험료를 받고 청약을 승낙하기 전에 보험금 지급 사유가 발생하였을 때에도 보장 개시일부터 이 약관이 정하는 바에 따라 보장을 합니다.

 대장내시경 검사에서 다발성 용종이 발견되었다면?

A씨의 경우처럼 사고를 당하거나 아니면 심각한 질병으로 진단받거나 하면 적어도 담당 보험설계사에게는 물어보게 됩니다. 청약은 철회했지만 혹시나 보험금이 지급되는지 말입니다.

그런데 만약 A씨가 일상적인 건강검진을 받던 중 대장내시경 검사에서 다발성 용종(2개 이상의 용종)이 발견되었다면 어땠을까요? 조직 검사 결과 양성으로 판명나면 별다른 치료를 받지 않기 때문에 대부분 심각하게 받아들이지 않습니다. 그래서 보험금이 지급될 거라고는 생각도 하지 못하기 때문에 그 직전에 청약을 철회하였다면 당연히 보험금이 지급되는지에 대해서도 알아보지 않을 것입니다.

하지만 생명보험에서는 건강검진을 받다가 용종을 제거한 것에도 수술보험금을 지급합니다.

또 다발성 용종은 그렇지 않은 경우에 비해 대장암 발병 확률이 높기 때문에 용종을 제거했다 하더라도 향후 보험에 가입하려고 할 때 많은 제약을 받게 됩니다. 이런 경우 기껏 체결했던 보험 계약의 청약을 철회하게 되면 여간 낭패가 아닙니다.

그러니 꼭 기억하기 바랍니다. 보험 계약의 청약을 철회했다 하더라도 그전에 어떤 이유로든 의료 행위를 받았다면 그 의료 행위에 대해 보험회사에서 보험금을 지급하는지를 확인해봐야 합니다. 만약 그렇다면 보험 계약자가 원하면 청약의 철회를 무효로 하고 보험금도 지급받을 수 있습니다.

약관 읽어주는 남자의 한마디

보험의 세계에서도 역시 아는 것이 힘입니다. 그렇다고 보험 가입자가 보험에 대해 많이 공부해야 한다는 얘기는 아닙니다. 보험약관과 지급 규정에 대해 잘 알고 있는 보험설계사를 곁에 두거나 그도 아니라면 이런 책 한 권이라도 갖고 있으면 훨씬 도움이 될 겁니다.

17

'계약 전 알릴 의무'를 위반하면 무조건 보험금을 받을 수 없나요?

알릴(고지) 의무 위반에 대한 벌칙과 면책조건

2011년에 첫아이를 임신한 A씨는 산부인과 검진에서 자궁에 혹이 있다는 것을 알았습니다. 의사는 크기도 아주 작고 위험한 것이 아니니 그냥 두었다가 나중에 더 커지면 그때 가서 제거 수술을 받으라고 권했습니다. 그 후 A씨는 생명보험에 가입하려고 했는데 자궁에 혹이 있다는 것을 보험회사에 알리면 그 혹을 제거하기 전에는 보험 계약을 할 수 없다는 것을 알게 됐습니다. 고민하던 A씨는 위험한 것이 아니라는 의사의 말이 생각나서 자궁에 혹이 있다는 사실을 보험회사에 알리지 않은 채 보험 계약을 했습니다. 보험 계약을 체결할 때 간단한 건강검진도 문제없이 통과하였고, 그 후에도 보험금을 청구할 일은 전혀 발생하지 않았습니다. 그런데 보험에 가입한 지 채 2년도 지나지 않은 2013년 어느 날 A씨는 초기 자궁암 진단을 받았습니다. 주변 사람들에게 물어보니 보험 계약을 한 지 2년 또는 5년이 지나지 않았기 때문에 '계약 전 알릴 의무'를 위반한 것으로 인정되어 보험 계약도 강제해지되고 보험금도 받을 수 없다고 했습니다. A씨는 어떻게 해야 할까요?

A씨의 상황 정리

- 2011년 자궁에 혹이 있다는 사실을 숨기고 생명보험에 가입.
- 생명보험에 가입할 당시 보험회사가 실시한 건강검진을 통과함.
- 보험 계약을 한 후 다른 '보험금 지급 사유'는 발생하지 않았으나 계약일로부터 채 2년이 지나지 않은 2013년에 자궁암 진단을 받음.
- '계약 전 알릴 의무'를 위반한 것이므로 암진단보험금은커녕 강제해지되는지 궁금함.

A씨와 같은 일이 벌어지면 보험 가입자나 담당 보험설계사는 당황하게 됩니다. 암진단을 받은 것도 청천벽력이지만 자칫하면 보험금은 고사하고 보험 계약 자체가 강제로 해지될 수 있기 때문입니다. 그래서 일부러 보험금 청구를 포기하는 일도 발생합니다.

그런데 A씨는 될 대로 되라는 심정으로 보험금 청구를 했고, 보험회사는 '암진단보험금'을 지급했습니다. 또한 A씨는 보험 계약을 강제해지당하지도 않았습니다.

A씨가 보험 계약을 체결할 때 자궁에 혹이 있다는 사실을 숨김으로써 '계약 전 알릴 의무'를 위반한 것은 맞지만 보험 계약을 체결하면서 건강검진을 통과하였고 보험 계약 체결 이후 1년이 지나는 기간 동안 보험금 지급 사유가 발생하지 않았기 때문입니다.

 **보험금 상식, 궁금타파!**

　건강과 생명에 관련된 보험 계약을 체결할 때 보험대상자는 자신의 직업과 과거 병력을 보험회사에 알려야 합니다. 공적(公的) 보험인 국민건강보험과 달리 ○○생명, ○○화재 같은 사적(私的) 보험회사는 건강한 사람과 그렇지 않은 사람을 동일한 조건으로 대우하지 않습니다. 건강하지 않은 사람이 보험 계약을 체결하려고 하면 보험금을 지급하는 조건을 제한하거나 보험료를 인상하고, 심한 경우 보험 계약 체결을 거절합니다. 영리를 추구하는 보험회사의 입장에서는 어찌 보면 당연한 일입니다.

　이러다 보니 완전히(?) 건강한 사람을 제외하고는 대부분 자신의 병력을 보험회사에 알리고 싶어하지 않습니다. 보험 계약을 할 때 불이익을 받을 거라고 생각하기 때문입니다. 또 과거 병력에 대해서 어떤 것까지 보험회사에 알려야 하는지도 명확하지 않다 보니 본의 아니게 '계약 전 알릴 의무'를 위반하는 경우도 생깁니다.

　또 보험회사 입장에서는 가입자들이 병력을 감추려 한다는 것을 알기 때문에 '보험금 청구서'가 접수되면 우선 의심부터 하고 봅니다. 보험 계약이 체결된 지 2~3년도 안 된 계약의 경우, 그리고 오래 전부터 발생했을 것으로 의심되는 질병이거나, 보험금이 상대적으로 큰 경우 보험회사는 '조사'를 진행합니다. 가입자의 보험금 청구에 대해 조사하는 것은 보험회사의 적법한 권리입니다.

　그렇다면 보험회사는 조사를 통해서 무엇을 확인하려는 것일까요? 보험회사는 보험 가입자가 '계약 전 알릴 의무'를 위반한 사실이 있는지를 조사합니다. 보험금 청구에 해당하는 질병을 보험 계약 이전부터 앓고 있었던 것은 아닌지, 또는 지금의 보험금 청구에 영향을 미쳤을 보험 계약 체결 이전의 어떤 요인을 찾아내려는 것입니다. 그 증거를 찾아내면 보험회사는 다음과 같은 약관의 규정을 근거로 보험금을 지급하지 않거나 보험 계약을 해지할 수 있으며, 경우에 따라서는 이 두 가지 제재가 한꺼번에 이루어지기도 합니다.

〈계약 전 알릴 의무 위반의 효과〉
회사는 계약자 또는 보험대상자(피보험자)가 고의 또는 중대한 과실로 '중요한 사항'에 대하여 사실과 다르게 알린 경우에는 회사가 별도로 정하는 방법에 따라 계약을 해지하거나 보장을 제한할 수 있습니다. '중요한 사항'이라 함은 회사가 그 사실을 알았더라면 계약의 청약을 거절하거나 보험 가입금액 한도 제한, 일부 보장 제외, 보험금 삭감, 보험료 할증과 같이 조건부로 인수하는 등 계약 인수에 영향을 미칠 수 있는 사항을 말합니다.

보험금 지급 실무에서는 '계약 전 알릴 의무'를 위반했다며 보험금 지급이 거절되거나 보험 계약이 해지되는 경우를 가끔 보게 됩니다.
그런데 보험 가입자 입장에서는 굉장히 억울할 수도 있습니다. 고의로 '계약 전 알릴 의무'를 위반했다면 몰라도 보험약관에서 말하는 '중요한 사항'이 뭔지 몰라서 '계약 전 알릴 의무'를 위반하는 경우도 있을 수 있습니다.

그래서일까요? 비록 계약자 또는 보험대상자(피보험자)가 '계약 전 알릴 의무'를 위반했다고 하더라도 다음 중 어느 한 가지에 해당하면 보험회사는 보험금을 지급해야 하고 보험 계약도 해지할 수 없습니다.

〈계약 전 알릴 의무 위반의 효과〉

회사는 계약자 또는 보험대상자(피보험자)가 고의 또는 중대한 과실로 '중요한 사항'에 대하여 사실과 다르게 알린 경우에는 회사가 별도로 정하는 방법에 따라 계약을 해지하거나 보장을 제한할 수 있습니다. 그러나 다음 중 한 가지의 경우에 해당되는 때에는 그러하지 아니합니다.

1. (보험)회사가 계약 당시에 그 사실을 알았거나 과실로 인하여 알지 못하였을 때
2. (보험)회사가 그 사실을 안 날부터 1개월 이상 지났거나 또는 '보장개시일'부터 보험금 지급 사유가 발생하지 아니하고 2년(진단 계약의 경우 질병에 대하여는 1년)이 지났을 때
3. 계약 체결일부터 3년이 지났을 때
4. (보험)회사가 이 계약의 청약 시 보험대상자(피보험자)의 건강 상태를 판단할 수 있는 기초 자료(건강진단서 사본 등)에 의하여 승낙한 경우에 건강진단서 사본 등에 명기되어 있는 사항으로 보험금 지급 사유가 발생하였을 때
5. 보험설계사 등이 계약자 또는 피보험자(보험대상자)에게 고지할 기회를 부여하지 아니하였거나 계약자 또는 피보험자(보험대상자)가

사실대로 고지하는 것을 방해한 경우, 계약자 또는 피보험자(보험대상자)에 대해 사실대로 고지하지 않게 하였거나 부실한 고지를 권유했을 때

A씨는 보험 계약을 체결할 때 자궁에 혹이 있다는 사실을 보험회사에 알리지 않았기 때문에 '계약 전 알릴 의무'를 위반한 것은 사실입니다. 하지만 보험 계약을 체결할 때 건강검진을 통과하였고, 보험 계약 체결 이후 1년이 지나는 기간 동안 보험금 지급 사유가 발생하지 않았기 때문에 약관의 규정 〈계약 전 알릴 의무 위반의 효과〉에서 보험회사가 계약을 해지하거나 보장을 제한할 수 없는 2번 경우에 해당합니다.

그런데 2번 규정은 '또는'이라는 표현을 사용하여 마치 '계약 전 알릴 의무'를 위반한 사실을 보험회사가 안 지 1개월이 지나지 않은 시점이라면 그것이 보험 계약일로부터 2년이 지났다 하더라도 언제라도 보험금을 지급하지 않거나 보험 계약을 해지할 수 있는 것으로도 해석될 수 있습니다. 약관이 이렇게 모호하게 만들어져 있으면 보험 가입자들은 자신 있게 보험금을 청구할 수 없습니다. 잠재적으로 피해를 입고 있는 것이죠.

이 부분에 대한 정확한 해석은 '상법 제651조'를 근거로 이루어져야 합니다. 왜냐하면 보험약관의 '계약 전 알릴 의무'란 '상법 제651조(고지 위반으로 인한 계약 해지)에서 정하고 있는 의무'를 말하기 때문입니다.

〈상법 제651조(고지 의무 위반으로 인한 계약 해지)〉

보험 계약 당시에 보험 계약자 또는 피보험자가 고의 또는 중대한 과실로 인하여 중요한 사항을 고지하지 아니하거나 부실의 고지를 한 때에는 보험자는 그 사실을 안 날로부터 1월 내에, 계약을 체결한 날로부터 3년 내에 한하여 계약을 해지할 수 있다. 그러나 보험자가 계약 당시에 그 사실을 알았거나 중대한 과실로 인하여 알지 못한 때에는 그러하지 아니하다.

— 법제처 국가법령정보센터(www.law.go.kr)

상법에서 '보험자'는 보험회사를 말합니다. 상법에는 보험 계약자 또는 피보험자가 고지 의무(계약 전 알릴 의무)를 위반한 사실을 보험회사가 알면 계약을 해지할 수 있다고 되어 있습니다. 그러나 보험 계약의 해지는 보험회사가 아무 때나 할 수 있는 것이 아니고 '그 사실(보험 가입자가 고지 의무를 위반한 사실)을 안 날로부터 1개월 이내에, 그리고(and) 계약을 체결한 날로부터 3년 이내에만' 할 수 있도록 제한하고 있습니다. 즉 보험 가입자의 고지 의무 위반을 보험회사가 인지한 지 1개월 이내라고 하더라도 그 시점이 보험 계약을 체결한 지 3년이 지났다면 보험회사는 보험 계약을 해지할 수 없다는 뜻입니다.

그런데 보험약관에서는 '그 사실을 안 날부터 1개월 이상 지났거나 또는(or) 보장 개시일부터 보험금 지급 사유가 발생하지 아니하고 2년(진단 계약의 경우 질병에 대하여는 1년)이 지났을 때'라고 명시해놓았기 때문에 상법 제651조와 상반되는 해석이 가능해지는 것입니다. 안타깝게도 이런('그리고'를 '또는'으로 바꿔놓는) 어이없는 표현은 보험회사를 관리 감독할 책임이 있는 금융감독원의 '표준약관'에 들어 있는 내용입니다. 각 보험회사들은 이 표준약관을 기준으로 약관을 만들어서 사용하고 있고요.

상법에는 명확하게 기술되어 있는 규정이 약관에는 이렇게 모호하게 표현되다 보니 보험 가입자들은 보험회사가 '조사'한다고 하면 지레 겁먹게 됩니다. 물론 보험 가입자가 고의로 '계약 전 알릴 의무'를 위반하는 것은 잘못된 일입니다. 하지만 보험 계약에 대해 정확한 설명을 제공해야 할 보험약관이 오히려 보험 가입자의 권리를 이해하기 어렵게 만드는 통에 가입자가 보험금 청구마저 망설여야 한다는 것은 매우 유감스러운 일입니다.

> **약관 읽어주는 남자의 한마디**
>
> '계약 전 알릴 의무(상법의 고지 의무)'를 위반했다 하더라도 보험금을 지급받을 수 있는 조건이 많이 있습니다. 이 조건들은 보험약관에도 명시되어 있으므로 보험 가입자의 정당한 권리입니다. 지레 포기하지 말고 당당하게 보험금을 청구하기 바랍니다.

18

약물을 복용하는 방법으로 진단 절차를 통과해서 보험에 가입한 것이 밝혀지면 보험금을 받을 수 없나요?

'사기에 의한 계약'에 대한 불이익과 면책조건

A씨는 2008년에 생명보험에 가입했습니다. 평소 특별한 병이 있는 것은 아니었지만 직장 건강검진에서 간 기능에 이상이 있다는 것을 알고 있던 A씨는 보험 계약을 체결하기 위해 건강검진 일주일 전부터 간수치를 정상으로 만드는 데 도움이 되는 약물을 복용했습니다. A씨는 약물 덕분에 보험회사의 검진을 무사히 통과할 수 있었습니다. 그러다가 2012년에 간암 진단을 받게 되자 보험회사에 보험금을 청구했습니다. 검진을 통과하여 보험에 가입한 지 1년이 훨씬 넘었고 그동안 보험금을 청구할 일이 전혀 없었기 때문에 당연히 보험금이 지급될 거라고 생각했습니다. 그런데 A씨의 보험금 청구를 조사한 보험회사는 A씨가 계약 당시 약물을 복용해서 진단을 통과한 사실을 밝혀냈습니다. A씨는 보험금을 받을 수 있을까요?

A씨의 상황 정리

- 2008년에 간 기능에 이상이 있는 것을 숨기고 약물을 복용하는 방법으로 보험회사의 건강진단을 통과하여 보험에 가입함.
- 4년 뒤인 2012년에 간암 진단을 받음.
- 보험회사의 조사를 통해 A씨가 약물을 복용하여 건강진단을 통과한 사실이 드러남.

 A씨는 자신이 '계약 전 알릴 의무'를 위반한 것은 사실이지만 그럼에도 불구하고 보험 계약이 해지되거나 보험금 지급이 제한되지는 않을 거라고 생각했습니다. 보험약관의 〈계약 전 알릴 의무 위반의 효과〉에 나오는 예외적으로 과실이 면책되는 경우에 해당한다고 판단했기 때문입니다.

하지만 A씨는 보험회사로부터 어떤 보험금도 받을 수 없었습니다. 게다가 보험 계약도 '취소'되었습니다. 계약한 지 5년이 지나지 않았기 때문입니다.

 보험금 상식, 궁금타파!

A씨는 자신이 약물을 복용하는 방법으로 진단 절차를 통과하고 보험 계약을 체결한 것을 '계약 전 알릴 의무'를 위반한 것으로 판단했고, 이럴 경우 보험회사의 검진을 통과해서 보험 계약이 체결됐다

면 계약한 지 1년만 지나면 보험회사가 계약을 해지하거나 보험금 지급을 거절할 수 없다고 알고 있었습니다. 하지만 보험회사는 A씨의 행위를 '사기에 의한 계약'으로 판단했습니다. 약관에는 다음과 같이 규정되어 있습니다.

〈사기에 의한 계약〉
계약자 또는 보험대상자(피보험자)가 대리 진단, 약물 복용을 수단으로 진단 절차를 통과하거나 진단서 위·변조 또는 청약일 이전에 암 또는 에이즈의 진단 확정을 받은 후 이를 숨기고 가입하는 등의 뚜렷한 사기의사에 의하여 계약이 성립되었음을 회사가 증명하는 경우에는 보장 개시일부터 5년 이내(사기 사실을 안 날부터는 1개월 이내)에 계약을 취소할 수 있습니다.

보험약관에서는 약물 복용의 방법으로 진단 절차를 통과하여 체결된 보험 계약을 '사기에 의한 계약'으로 규정합니다. 그리고 보장 개시일(대부분의 경우 보험 계약을 체결하고 맨 처음 보험료를 납입한 날)로부터 5년이 지나지 않은 시점에 보험회사가 이 사실을 알게 되면 보험 계약을 취소할 수 있습니다. 그러니 당연히 보험회사는 보험금을 지급해야 할 의무가 없습니다. 단지 계약을 취소하면서 가입자가 그동안 납부한 보험료를 되돌려주기만 하면 됩니다.

A씨는 '계약 전 알릴 의무의 위반'과 '사기에 의한 계약'이라는 개념을 혼동했기 때문에 아무 의심 없이 보험금을 청구했다가, 보험금 지급이 거절되고 보험 계약마저 강제로 해지당했습니다.

면책 조건에 해당하는 기간이란?

'계약 전 알릴 의무'의 면책조건('계약 전 알릴 의무'를 위반했음에도 불구하고 보험 계약이 강제로 해지당하지 않을 수 있는 조건)에 대해 보험설계사를 포함하여 많은 사람들이 정확하게 알고 있지 못합니다. 그래서 보험 계약 체결일부터 "2년만 지나면 괜찮다", "3년만 지나면 괜찮다", "5년만 지나면 괜찮다"고 말하면서 계약을 합니다. 기준은 명확한데 몇 가지 개념을 혼동하다 보니 각자 원하는 대로 상상하는 것입니다. 혼동하기 쉬운 개념 세 가지를 정리해보겠습니다.

보험 계약을 체결할 때의 문제	계약 전 알릴 의무 위반	면책 기간	진단 계약	보장개시일부터 보험금 지급사유가 발생하지 않고 1년이 지났을 때부터 면책
			무(無)진단 계약	보장개시일부터 보험금 지급사유가 발생하지 않고 2년이 지났을 때부터 면책
			보장개시일로부터 3년이 지났을 때는 무조건 면책	
		면책 기간 전에 적발되면	계약 해지	
	사기에 의한 계약	면책 기간	보장개시일로부터 5년이 지났을 때부터 면책	
		면책 기간 전에 적발되면	계약 취소	
보험금을 청구할 때의 문제	중대 사유로 인한 해지	면책 기간	면책 기간 없음	
		적발되면	언제든지 계약을 해지할 수 있음	

표에서 '중대 사유로 인한 해지'라는 것은 보험 계약을 체결한 후 보험금을 노리고 고의로 사고 등을 일으켰을 경우에 해당합니다. 약관에서는 다음과 같이 규정하고 있습니다.

〈중대 사유로 인한 해지〉

(보험)회사는 아래와 같은 사실이 있을 경우에는 그 사실을 안 날부터 1개월 이내에 계약을 해지할 수 있습니다.

1. 계약자, 보험대상자(피보험자) 또는 보험 수익자(보험금을 받는 자)가 고의로 보험금 지급 사유를 발생시킨 사유

2. 계약자, 보험대상자(피보험자) 또는 보험 수익자(보험금을 받는 자)가 보험금 청구에 관한 서류에 고의로 사실과 다른 것을 기재하였거나 그 서류 또는 증거를 위조 또는 변조한 경우. 다만, 이미 보험금 지급 사유가 발생한 경우에는 보험금 지급에 영향을 미치지 않습니다.

회사가 제1항에 따라 계약을 해지한 경우 회사는 그 취지를 계약자에게 통지하고 해지환급금을 지급합니다.

약관 읽어주는 남자의 한마디

고의였건 몰라서 그랬건 '계약 전 알릴 의무(상법의 고지의무)'를 위반하였다 하더라도 보험계약이 해지당하지 않을 수 있

는 면책조건이 약관에 명시되어 있습니다. 주의할 점은 보험계약이 해지되지 않는 것과 보험금이 지급되는 것은 서로 별개일수 있다는 것입니다. 즉, 보험회사가 밝혀낸 보험가입자의 고지의무 위반이 이번에 보험금을 청구한 일과 상관관계가 있다면 보험회사는 계약을 해지할 수는 없는 상황이라도 보험금은 지급하지 않을 수 있습니다.

 예를 들면 이런 겁니다. 보험에 가입하기 4년 전에 고혈압진단을 받은 사람이 이 사실을 숨기고 보험에 가입했습니다. 그 후 보험금을 청구할 일이 전혀 발생하지 않았는데 계약일로부터 3년이 지난 뒤 뇌출혈진단을 받고 보험금을 청구했습니다. 고지의무 위반을 밝혀낸 보험회사는 이 계약이 이미 3년이 지났기 때문에 계약을 해지시킬 수는 없습니다. 하지만 뇌출혈과 고혈압은 높은 상관관계가 있기 때문에 보험금은 지급하지 않습니다.

19

보험금을 청구했더니
보험회사 직원이 집으로 찾아오겠다고 합니다.
꼭 만나야 하나요?

보험금 지급 사유 조사와 조사 담당자의 편법행위

SOS Question

A씨는 얼마 전 보험회사 두 곳에 보험금을 청구했습니다. 한 보험회사는 청구한 지 사흘 만에 보험금이 지급되었습니다. 그런데 다른 보험회사는 보험금을 청구하고 이틀이 지난 뒤 담당 보험설계사가 '조사동의서'라는 걸 가지고 와서 A씨의 서명을 받아갔습니다. 보험회사가 보험금 청구에 대해서 조사를 하기 위해 동의를 구하는 절차라고 했습니다. 며칠 후 보험금 지급부서 담당자에게서 전화가 걸려왔습니다. 이번에 A씨가 청구한 보험금을 지급하기 위해서 몇 가지 확인할 사항이 있으니 집으로 찾아오겠다는 것이었습니다. 보험금을 지급하기 위해서라는 말에 A씨는 보험회사 직원의 방문을 수락했고, 집으로 찾아온 보험회사 직원은 A씨 집에 있는 컴퓨터로 국민건강보험공단의 홈페이지에 접속해줄 것을 요청했습니다. 왜 그래야 하는지 물어보니 이번에도 보험금을 제대로 지급하기 위해서라고 말합니다. A씨는 국민건강보험공단의 홈페이지에 접속해야만 할까요? 보험회사 직원은 왜 이런 요구를 하는 걸까요?

A씨의 상황 정리
- A씨가 보험금을 청구하자 보험설계사가 조사동의서를 받아감.
- 보험금 지급부서 담당자가 집으로 찾아와서 A씨에게 국민건강보험공단 홈페이지에 접속해줄 것을 요구함.
- 보험회사 직원의 요구에 꼭 응해야 하는지 궁금함.

 국민건강보험공단의 홈페이지에 있는 사이버민원센터에 공인인증서로 로그인을 하고 들어가면, 자신이 이용한 병원·의원 등의 진료 내역을 열람할 수 있습니다. 보험회사 직원이 A씨 집을 방문한 데는 당연히 이유가 있습니다. A씨의 컴퓨터에는 당연히 공인인증서가 있을 테니 그것을 이용해 A씨의 진료 기록을 열람하기 위해서입니다. 그렇게 해서 보험에 가입하기 전 A씨의 병력을 확인해서 A씨가 '계약 전 알릴 의무(고지의무)'를 위반한 사실이 있는지 확인하려는 것입니다. 만약 위반 사실이 있으면 보험금을 지급하지 않거나 보험 계약을 강제로 해지시킬 수 있기 때문입니다.

 보험금 상식, 궁금타파!

어떤 사람이 보험에 가입한 후 1~2년도 안 되어 보험금을 청구하면 보험회사는 바로 보험금을 지급하지 않고 '조사'를 한 후 보험금 지급 여부를 결정합니다. 혹시라도 이미 병이 있거나 다친 사실을 숨기고 보험에 가입한 후 보험금을 청구하는 것은 아닌지 확인하려는 것입니다. 보험약관을 보면 보험금 지급 사유와 관련한 보험회사의 조사는 정당합니다.

〈보험금 등의 지급〉
계약자, 피보험자(보험대상자) 또는 보험 수익자(보험금을 받는 자)는 보험금 지급 사유 조사와 관련하여 의료기관 또는 국민건강보험공단, 경찰서 등 관공서에 대한 회사의 서면에 의한 조사 요청에 동의하여야 합니다.

약관에는 의료기관뿐만 아니라 국민건강보험공단에 있는 보험 가입자의 정보(병원·의원 이용 기록 등)도 조사할 수 있는 것처럼 규정되어 있습니다. 하지만 이것은 사실이 아닙니다.

보험 가입자에 대한 보험회사의 무분별한 사생활 침해를 막기 위해 보험 가입자가 동의했다고 하더라도 국민건강보험공단은 보험 가입자의 병력 기록을 보험회사에 제공하지 않습니다. 그런데도 마치 국민건강보험공단에 있는 보험 가입자의 병력 기록을 보험회사가 열람할 수 있는 것인 양 약관(금융감독원 표준약관)에 명시해놓는 바람에 보험 가입자들이 피해를 보는 일이 종종 벌어집니다.

보험회사는 보험금 지급 사유를 조사할 때 가입자에게 조사동의서를 받아서 보험 가입자가 치료받았거나 그랬을 것이라고 추측되는 의료기관에 그 동의서를 제출한 후 보험 가입자의 의무기록을 가져갑니다. 다만, 보험 가입자에게 조사동의서를 3부 정도 받아가기 때문에 의료기관을 세 곳밖에 조사할 수 없습니다. 그러니 보험회사는 우선 보험 가입자가 치료받은 의료기관에 조사를 나가고, 치료를 받았을 것으로 추정되는 의료기관 두 군데의 병력 기록을 열람할 수 있을 뿐입니다. 하지만 서울 같은 대도시에는 의료기관이 한두 군데가 아니라서 보험 가입자가 예전에 치료받았을 것으로 의심되는 의료기관을 콕 집어내서 조사하기란 사실상 불가능합니다. '서울에서 김서방 찾기'지요.

상황이 이렇다 보니 간혹 정직하지 못한 조사 담당자(대부분 보험회사 직원이 아니라 보험회사로부터 조사 업무를 요청받는 손해사정회사의 직원입니다)는 보험 가입자의 집을 방문해서 그 집 컴퓨터에 있는 공인인증서로 국민건강보험공단 홈페이지에 접속한 다음 가입자의 병력 기록을 열람하는 경우가 있습니다. 이는 명백한 불법행위입니다.

보험 가입자는 보험금을 지급받기 위해서 보험회사가 조사가 필요하다고 판단했을 때 그 조사에 응할 의무가 있고, 그 의무를 이행하는 방법은 조사동의서에 서명을 해주는 것, 단지 그것뿐입니다.

조사동의서에 서명을 해서 보험회사에 제출했다면 그 후 보험 가입자는 보험회사의 조사 담당자를 만날 필요도 없고 그와 통화해야 할 의무도 없습니다. 그런데도 보험회사로부터 조사 업무를 위탁받은 손해사정회사 직원들 중 일부는 보험 가입자들이 보험금 지급 규정과 약관을 잘 모른다는 점을 악용해서 집까지 찾아와 개인정보를 뒤지는 불법행위를 저지르고 있습니다.

약관 읽어주는 남자의 한마디

병력을 숨기고 보험에 가입하는 것도 잘못이지만, 현행 법률상 허용되지 않는 방법으로 개인의 병력을 조사하는 것 역시 잘못입니다. 굳이 따지자면 보험회사들이 약관을 만들 때 기준으로 삼는 '표준약관(금융감독원에서 만듭니다)'에 국민건강보험공단에 있는 개인 기록을 보험회사가 조사할 수 있는 것처럼 규정해놓은 금융감독원의 잘못이 가장 큽니다.

20

복통으로 **검사**받고 특별한 **치료 없이** **귀가**한 경우 **보험금**을 **지급**하지 않는 **생명보험**은 **해약**하는 것이 좋을까요?

'실손의료비보험(또는 실손의료비특약)'과 '생명보험'의 차이점

SOS Question

생명보험과 '실손의료비보험(약칭 '실비보험')'에 가입한 A씨는 어느 날 새벽에 배가 너무 아파서 병원에 갔습니다. 의사의 권유로 CT(컴퓨터 단층촬영)도 찍었는데 의사는 단순 복통이라며 주사와 약만 처방해주었습니다. 별다른 치료를 받지 않았는데도 CT 촬영 때문에 병원비가 23만 원이나 나왔습니다. 생명보험회사와 손해보험회사 두 곳 모두에 보험금을 청구했더니 손해보험회사에서만 보험금이 지급됐습니다. 화가 난 A씨는 생명보험을 해약하려고 합니다. A씨의 판단은 적절한 것일까요?

A씨의 상황 정리

- 새벽에 배가 아파서 병원에 감.
- CT 검사 결과 별다른 이상이 없어 주사와 약만 처방받고 귀가함.
- 23만 원의 병원비가 발생함.
- 생명보험회사와 손해보험회사에 보험금을 청구했더니 손해보험회사만 보험금을 지급함.
- 생명보험을 해약하려고 함.

실손의료비보험은 실제 지출한 의료비의 일부를 보상해주기 때문에 보험 가입자들은 이 보험이 모든 의료비에 대해 보험금을 지급해준다고 생각합니다. A씨처럼 특별한 질병이나 사고가 아니라 검사만 받아도(물론 통증 등 증상이 전제되어야 합니다) 보험금을 지급하기 때문에 '실손의료비보험'을 만능이라고 생각하기 쉽습니다. 하지만 꼼꼼히 약관을 확인해보면 생명보험에서는 보험금을 지급하는데 실손의료비보험에서는 보험금을 지급하지 않는 항목도 많습니다. 그렇기 때문에 어떤 한 가지 사안에 대해 보험금이 지급되지 않았다고 생명보험을 해약하는 것은 옳은 판단이 아닙니다.

💣 보험금 상식, 궁금타파!

　몇 년 전부터 실손의료비보험의 인기가 매우 높습니다. 그 이유는 실손의료비보험에 가입하면 생명보험과 달리 3일 이상 입원을 하지 않아도, 수술을 받지 않아도 심지어 병원 진료 결과 이상이 없다고 판명된 경우에도 보험금을 받을 수 있기 때문입니다.

　경제가 긴 불황의 터널 속에 들어가면서 '실손의료비특약'이 포함된 실손의료비보험의 인기가 더 치솟았습니다. 병원이나 의원에서 치료를 받았을 때 그 비용이 많든 적든 의료비 영수증만 팩스로 보내주면 바로 보험금을 지급해주는 실손의료비보험을 선호하게 된 것입니다.

　이 같은 흐름을 반영해서 얼마 전부터 대부분의 생명보험회사들은 예전에는 손해보험회사만 판매하던 실손의료비보험의 핵심 특약인 '실손의료비특약'을 생명보험에 추가한 보험상품을 판매할 정도로 실손의료비보험 또는 실손의료비특약의 인기가 높습니다.

　그렇다면 실손의료비특약은 어떤 것일까요? 정말 만능 보험일까요? 실손의료비특약은 '실제로 손해 본 의료비를 보상해주는 특약'입니다. 우리나라 사람들은 조금만 아프거나 다쳐도 병원, 의원, 한의원, 한방병원에 갑니다. 이들 의료기관에서 진료와 치료를 받고 의료비를 지불하게 됩니다. 그렇게 보험 가입자가 의료기관에 실제로 지불한 의료비의 일부를 보험회사가 보상해주는 것이 실손의료비특약입니다.

　실손의료비특약의 이러한 보험금 지급 방식 때문에 많은 사람들이 실손의료비특약은 의료기관에서 치료받으면 무조건 보험금을 지급한다고 알고 있습니다. 이렇다 보니 급기야 가입했던 생명보험을 해약하고 실손의료비특약이 들어 있는 실손의료비보험으로 바꾸는 일까지 생겨나고 있습니다.

하지만 저는 생명보험을 해약하고 실손의료비보험으로 바꾸거나 생명보험에 '실손의료비특약'을 추가해서 계약하는 방식을 권하고 싶지 않습니다. 왜냐하면 생명보험 상품에 '실손의료비특약'을 추가하면 그 대신 생명보험의 핵심적인 특약인 '수술특약'을 통째로 빼야 하거나 '입원특약'의 가입마저도 제한받는 경우가 많기 때문입니다.

어차피 실손의료비특약만 있으면 지출한 병원비의 90%까지(입원한 경우) 되돌려받을 수 있으니, 수술특약이나 입원특약쯤은 없어도 된다고 생각할지 모르지만 사실은 그렇게 간단하지가 않습니다. '실손의료비특약'에서 보상하지 않는 항목이 의외로 많기 때문입니다.

많은 사람들이 실손의료비특약에 가입하면서 당연히 교통사고에 대해서도 보상받을 수 있다고 생각하는데, 그렇지 않습니다. 2009년 8월부터 판매된 모든 '실손의료비특약'에서는 교통사고나 산재가 발생한 경우 자동차보험회사로부터 보상받거나 산재처리가 되어 의료비를 보상받는 부분에 대해서는 한 푼의 보험금도 지급하지 않습니다(단, 본인 부담 의료비는 보상합니다).(별첨 ❸ 참조) 반면 생명보험의 '수술특약', '입원특약'에서는 그 사고에 대해 자동차보험회사나 산재보험에서 의료비를 보상받는 것과 무관하게 수술보험금과 입원보험금을 지급합니다.

또 실손의료비특약에서는 제왕절개수술처럼 임신·출산과 관련한 수술은 보험금을 지급하지 않습니다. 반면 생명보험의 '수술특약'에서 제왕절개수술(산모가 원해서 수술하는 경우는 제외)은 수술보험금 지급 대상입니다. 또 임신 초기에 유산기가 있는 경우 의사는 입원을 권유합니다. 길게는 한 달 이상 입원하는 경우도 있습니다(진단명 '절박유산', 질병코드 O20). 이 입원의 경우에도 실손의료비특약에서는 보험금이 지급되지 않습니다. 임신·출산과 관련한 항목은 보험금을 지급하지 않기 때문입니다. 하지만 '입원특약'에서는 이 경우에도 입원보험금을 지급합니다. 예를 들어 3일 초과 1일당 6만 원의 입원보험금을 지급하는 입원특약이고 33일 입원했다면, 입원보험금만 180만 원을 받을 수 있습니다.

게다가 재해의 원인이 '전쟁, 외국의 무력행사, 혁명, 내란, 사변, 폭동'인 경우에도 실손의료비특약에서는 보험금을 지급하지 않습니다. 사고를 당한 사람들은 말할 것도 없지만 국가적, 민족적 입장에서도 매우 불행한 사건인 '연평도 포격사건(2010년 11월 23일 북한이 서해 연평도에 포격을 가해 군인, 민간인 사상자가 발생한 사건)'이 발생했을 때 그로 인해 다친 사람도 있었고 심지어 사망한 사람도 있었습니다. 실손의료비특약에서는 이 경우에도 보험금을 지급하지 않습니다. '외국의 무력행사'에 의한 것이기 때문입니다(실손의료비특약 같은 일부 '특약'뿐만 아니라 손해보험 계약 모두 보상하지 않습니다).

하지만 생명보험에서는 그와 같은 사고에 대해서도 수술보험금(수술특약), 입원보험금(입원특약), 사망보험금(주계약), 재해사망보험금(재해사망특약) 등을 지급합니다.

위 사례 외에도 생명보험의 수술특약과 입원특약에서는 당연히 보험금이 지급되는 항목인데도 '실손의료비특약'에서는 보험금을 지급하지 않는 항목이 상당히 많습니다(별첨 ❸ 참조). 물론 반대로 실손의료비특약에서는 보험금을 지급하는데, 수술특약이나 입원특약에서는 보험금을 지급하지 않는 사항도 많습니다. 실손의료비특약의 보험금 지급 방식이 생명보험의 방식인 열거주의와 대비되는 포괄주의이기 때문입니다. 실손의료비특약의 약관에는 다음과 같이 규정되어 있습니다.

〈담보 종목〉

회사가 판매하는 실손의료보험 상품은 종합(질병과 상해를 말합니다-필자)입원형, 종합통원형, 질병입원형, 질병통원형, 상해입원형, 상해통원형 등 총 6개의 담보종목으로 구성되어 있으며, 계약자는 이들 6개 담보 종목 중 한 가지 이상을 선택하여 가입할 수 있습니다.

담보 종목		보상하는 내용
종합	입원	피보험자(보험대상자)가 질병 또는 상해로 인하여 병원에 입원하여 치료를 받은 경우에 보상
	통원	피보험자(보험대상자)가 질병 또는 상해로 인하여 병원에 통원하여 치료를 받은 경우에 보상
질병	입원	피보험자(보험대상자)가 질병으로 인하여 병원에 입원하여 치료를 받은 경우에 보상
	통원	피보험자(보험대상자)가 질병으로 인하여 병원에 통원하여 치료를 받은 경우에 보상

상해	입원	피보험자(보험대상자)가 상해로 인하여 병원에 입원하여 치료를 받은 경우에 보상
	통원	피보험자(보험대상자)가 상해로 인하여 병원에 통원하여 치료를 받은 경우에 보상

* 여기서 '병원'이라 함은 국민건강보험법 제40조(요양기관)에서 정하는 국내의 병원 또는 의원(조산원은 제외)을 말합니다.

즉 '보험금을 지급하는 수술에는 어떤 것이 있고, 어떤 질병이나 재해로 입원하면 입원보험금을 지급한다'라는 식으로 보험금 지급 대상을 열거하고 있지 않습니다. 그저 "질병 또는 상해로 인하여 병원에 입원(또는 통원)하여 치료를 받은 경우"에 보상한다고 되어 있습니다. 보험금 지급 대상을 '병원에서 치료를 받은 경우'라는 포괄적인 개념으로 규정한 것입니다.

이렇듯 포괄적인 개념만으로 보험금을 지급해준다면 보험회사는 아마도 파산할 것입니다. 그래서 보상하지 않는 사항을 다음과 같이 열거하고 있습니다.

〈회사가 보상하지 않는 사항〉

질병입원형

① 회사는 아래의 사유를 원인으로 하여 생긴 입원의료비는 보상하여 드리지 아니합니다.

    1. 보험 수익자의 고의

    2. 계약자의 고의

    3. 피보험자(보험대상자)의 고의

다만, 피보험자(보험대상자)가 심신상실 등으로 자유로운 의사결정을 할 수 없는 상태에서 자신을 해친 사실이 증명되는 경우에는 보상하여드립니다.

4. 피보험자(보험대상자)가 정당한 이유 없이 입원 기간 중 의사의 지시를 따르지 아니한 때에 그로 인하여 악화된 부분

② 회사는 제6차 한국표준질병사인분류(KCD : 통계청 고시 제2020-150호, 2011. 1 .1 시행)에 있어서 아래의 입원의료비에 대하여는 보상하여드리지 아니합니다. 제7차 개정 이후 한국표준질병사인분류에서 아래 질병 이외에 추가로 아래의 분류번호에 해당하는 질병이 있는 경우에는 그 질병도 포함하는 것으로 합니다.

1. 정신과질환 및 행동장해((F04~F99)
2. 여성생식기의 비염증성 장애로 인한 습관성 유산, 불임 및 인공수정 관련 합병증(N96~N98)
3. 피보험자(보험대상자)가 임신, 출산(제왕절개를 포함합니다), 산후기(O00~O99)로 입원한 경우
4. 선천성 뇌질환(Q00~Q04)
5. 비만(E66)
6. 비뇨기계 장애(N39, R32)
7. 직장 또는 항문질환 중 국민건강보험법상 요양급여에 해당하지 않는 부분(I84, K60~K62)

③ 회사는 아래의 입원의료비에 대하여는 보상하여드리지 아니합니다.

1. 치과 치료, 한방 치료에서 발생한 국민건강보험법상 요양급여에 해당하지 않는 비급여 의료비

(이하 생략. 나머지는 갖고 있는 '실손의료비보험'의 해당 약관을 참고하세요.)

가입한 실손의료비보험 약관을 확인해보면 '실손의료비특약'에서 보상하지 않는 항목이 얼마나 많은지 알 수 있습니다. 물론 생명보험도 보험금을 지급하지 않는 재해와 질병이 있기는 합니다. 하지만 그 수는 실손의료비특약에 비하면 비교가 안 될 정도로 적습니다(별첨 ❸ 참조).

그렇기 때문에 '생명보험'의 특약들과 '실손의료비특약'은 대체재가 아니라 서로에 대한 보완재의 성격을 가집니다. 즉 모두 있어야 좋은 것이지 어느 하나만으로 두 가지 기능을 커버할 수는 없습니다. 따라서 일부 보험금을 받지 못했다는 이유로 기존의 생명보험을 해약하고 실손의료비보험으로 바꾸는 것은 현명한 선택이 아닙니다.

약관 읽어주는 남자의 한마디

보험은 '국민건강보험'이라는 공적 보험을 제외하면 모두 '사적 보험'입니다. 사적 보험은 보험회사가 이윤을 남기기 위해 만든 것입니다. 그렇다고 무조건 나쁘다고 할 수는 없습니다. 대한민국은 국민건강보험 하나만으로는 질병이나 사고에 대한 안전장치가 충분한 나라가 아니기 때문에 사람들은 적지 않은 보험료를 납입하면서 사적 보험에 가입합니다.

이렇게 사적 보험에 가입하는 것이 어쩔 수 없는 현실이라면, 그것이 꼭 필요한 것인지 아닌지 논쟁하기에 앞서 해당 보험에 대해 잘 이해하고 있어야 합니다.

하지만 현실은 그 반대입니다. 어쩔 수 없이 가입하는 것이기 때문에 마지못해 가입하고, 기왕에는 아는 보험설계사를 통해 가입하기 때문에 정작 자신이 가입한 보험의 내용에 대해서는 잘 모릅니다.

자신이 가입한 보험에 대해서 잘 알고 있다면 활용도도 높을 테니 그 보험에 대한 만족도도 올라갈 수밖에 없습니다. 그런데 자신이 가입한 보험에 대해 잘 모르는 경우에는 근거 없는 불신과 불만만 품고 있다가 어느 날 해약해버리고 비슷한 보험에 다시 가입하는 일이 많습니다. 악순환이 반복되는 것이죠.

21

이사한 사실을 **보험회사**에 알리지 않았다고 보험금 지급을 거절당할 수도 있나요?

보험 계약자의 주소 변경 통지 의무

보험 계약자 A씨는 몇 달 전부터 이사 문제로 정신이 없었습니다. 그래서 한동안 보험료가 통장에서 빠져나가지 않고 있다는 것도 몰랐습니다. 이사하고 몇 달 후 A씨가 교통사고를 당했는데, 그때 보험 계약은 이미 해지(실효)된 지 두 달이나 지난 시점이었습니다. 혹시나 하는 마음으로 보험금을 청구해봤지만 보험회사로부터 보험금을 지급할 수 없다는 답변을 받았습니다. 난감해하던 A씨는 보험료가 연체 중인 사실을 안내받지 못했으니 보험회사는 보험금을 지급하라며 보험회사에 민원을 접수했습니다. A씨는 보험금을 받을 수 있을까요?

A씨의 상황 정리

- 이사한 사실을 보험회사에 알리지 않았음.
- 보험료가 납입되지 않아서 보험 계약이 해지(실효)됨.
- 보험 계약이 해지(실효)되고 몇 달이나 지난 상태에서 교통사고를 당함.
- 보험금 지급이 거절되자 보험회사에 민원을 접수함.

 안타깝지만 A씨는 보험금을 받을 수 없습니다.

보험 계약자가 이사를 해서 주소지가 변경되면 그 사실을 보험회사에 알릴 의무는 보험 계약자에게 있습니다. 만약 보험 계약자가 주소지가 변경된 사실을 보험 계약이 해지(실효)되기 전에 보험회사에 알렸음에도 불구하고 보험회사가 변경 전 주소지로 해지(실효) 안내문을 발송하였다면 A씨는 보험금을 받을 수 있습니다. A씨가 해지(실효) 안내문을 보고 바로 보험 계약을 부활(효력 회복)시킬 수 있는 기회를 보험회사의 과실로 인해 빼앗긴 것이니까요.

 보험금 상식, 궁금타파!

보험 계약을 할 때 계약자는 보험 청약서에 우편물 수령을 희망하는 주소지를 기록합니다. 보험회사는 보험 계약과 관련해서 보험 계약자에게 알려야 할 사항이 있는 경우 보험 계약자의 주소지로 우편물을 보내서 알리게 됩니다.

그런데 계약자가 이사를 가면서 주소지가 변경되는 경우가 발생할 수 있습니다. 이때 변경된 주소를 보험 계약자가 보험회사에 알리는 행위는 보험 계약을 유지하는 데 매우 중요합니다. A씨와 유사한 일이 발생할 수 있기 때문입니다. 그래서 약관에는 다음과 같이 그 기준을 명시해놓고 있습니다.

〈주소 변경 통지〉
1. 계약자 또는 보험 수익자(보험금을 받는 자)는 주소 또는 연락처가 변경된 경우에는 지체 없이 그 변경 내용을 (보험)회사에 알려야 합니다.
2. 제1항에서 정한 대로 계약자가 알리지 않은 경우에는 계약자가 회사에 알린 최종의 주소 또는 연락처로 알린 사항은 일반적으로 도달에 필요한 시일이 지난 때에 계약자에게 도달된 것으로 봅니다.

보험회사는 A씨의 보험 계약이 해지(실효)되자 보험회사에 등록되어 있는 A씨의 주소지에 등기우편으로 해지(실효) 안내문을 보냈습니다. 하지만 A씨는 변경된 주소지를 보험회사에 알리지 않았기 때문에 보험회사가 이전 주소지로 보낸 등기우편을 받지 못했습니다. 이때 보험회사는 아무런 과실이 없는 것으로 인정됩니다.

위의 약관에서 보다시피 계약자가 회사에 알린 최종의 주소로 보험회사가 알린 사항은 일반적으로 도달에 필요한 시일이 지난 때에 계약자에게 도달된 것으로 보기 때문입니다.

그렇기 때문에 보험 계약 후 이사를 하게 되면 변경된 주소지를 빠른 시일 안에 보험회사에 알려야 합니다.

약관 읽어주는 남자의 한마디
이사했을 때 꼭 기억해야 할 상식 중의 하나가 전입신고입니다. 그리고 세입자의 경우는 확정일자를 받는 것입니다. 이제는 한 가지 더 기억해주세요. '주소 변경 통지', 즉 보험회사에 변경된 주소를 알려야만 만약에 있을 보험 계약의 해지(실효)로 인한 불이익을 예방할 수 있습니다.

22

보험료 납입을 면제받는 경우도 있나요?

보험료 납입 면제 제도

SOS Question

A씨는 얼마 전 한쪽 난소에 양성종양이 발견되어 수술을 받았습니다. 다행히 악성은 아니었지만 의사는 다른 쪽 난소에도 종양이 전이될 가능성이 높다고 판단해서 양쪽 난소를 모두 제거했습니다. 퇴원 후 A씨는 담당 보험설계사에게 알리지 않고 직접 생명보험회사에 보험금을 청구했습니다. 다행히도 보험회사는 바로 다음 날 수술보험금을 지급했습니다.

그로부터 1년이 지난 뒤 실손의료보험에 가입하기 위해 손해보험 설계사와 상담을 하던 중 놀라운 사실을 알게 되었습니다. 보험에 가입하기 위해서는 지금으로부터 5년 이내의 병력을 보험회사에 알려야 했는데 작년에 양쪽 난소를 제거한 사실을 말하자 보험설계사는 보험료 납입도 면제되었냐고 물었습니다.

양쪽 난소를 제거하면 보험료 납입을 면제받을 수 있을까요? 그렇다면 A씨는 그 후 1년 동안 계속 납입한 보험료를 지금이라도 돌려받을 수 있을까요?

A씨의 상황 정리
- 종양 때문에 양쪽 난소를 제거한 A씨는 보험회사로부터 수술보험금을 받았음.
- 난소 제거 수술을 받은 후에도 1년 동안이나 보험료를 납입하다가 뒤늦게야 보험료 납입이 면제된다는 것을 알게 됨.
- 수술 후 납입한 보험료를 돌려받을 수 있는지 궁금함.

보험 가입자가 사고나 질병으로 인해 보험약관의 장해분류표에서 정한 장해지급률 50퍼센트 이상인 장해 상태가 되면 보험회사는 이후의 보험료 납입을 면제해줍니다.

A씨처럼 '양쪽 난소를 모두 잃었을 때' 장해분류표에서는 50퍼센트의 장해지급률을 인정합니다.

따라서 A씨는 수술보험금만이 아니라 '보험료 납입 면제' 혜택도 받아야 합니다. 또한 보험회사는 A씨가 양쪽 난소 제거 수술을 받은 후 납부해온 보험료도 반환해야 합니다.

 보험금 상식, 궁금타파!

생명보험 주계약 약관에서 〈보험금 지급에 관한 세부 규정〉을 보면 다음과 같은 내용이 있습니다.

보험료 납입 기간 중 피보험자(보험대상자)가 장해분류표 중 동일한 재해 또는 재해 이외의 동일한 원인으로 여러 신체부위의 장해지급률을 더하여 50% 이상인 장해 상태가 되었거나 CI보험금의 지급 사유가 발생한 경우에는 차회 이후의 보험료 납입을 면제하여드립니다.

또 '실손의료비특약'을 제외한 모든 특약의 약관을 보면 〈보험금 지급에 관한 세부 규정〉에서 다음과 같이 설명하고 있습니다.

주계약의 보험료 납입이 면제되었거나 이 특약의 피보험자(보험대상자)가 장해분류표 중 동일한 재해 또는 재해 이외의 동일한 원인으로 여러 신체부위의 장해지급률을 더하여 50% 이상인 장해 상태가 되었을 경우에는 이 특약의 차회 이후 보험료 납입을 면제하여드리며, 보험료 납입이 면제된 이후 특약이 갱신되는 경우에도 보험료 납입을 면제하여드립니다.

보험금 심사 담당자뿐만 아니라 보험설계사조차 착각하기 쉬운 것이 납입 면제 조항입니다. 특히 '재해 이외의 원인으로 50퍼센트 이상의 장해 상태가 된 경우'는 더 그렇습니다.

장해의 원인이 재해였다면 재해상해특약이 들어 있는 경우 재해장해보험금을 지급받을 수 있습니다. 그런데 원인이 재해가 아니라 질병이었다면 재해장해보험금은 지급되지 않습니다. 이렇다 보니 보험설계사조차 원인이 재해일 때만 장해 관련 보험금도 지급되고 보험료 납입도 면제된다고 착각하는 것입니다. 하지만 약관에서 볼 수 있듯이 50퍼센트 이상의 장해 상태가 되었을 때 보험회사가 가입자의 보험료 납입을 면제해주는 것은 장해의 원인이 재해냐 질병이냐를 따지지 않습니다.

그러면, 양쪽 난소를 잃으면 왜 50퍼센트의 장해가 인정되는지, 약관에 있는 장해분류표를 통해 확인해보겠습니다.

〈흉복부장기 및 비뇨생식기의 장해〉

가. 장해의 분류

장해의 분류	지급률
1) 흉복부장기 또는 비뇨생식기 기능에 심한 장해를 남긴 때	75%
2) 흉복부장기 또는 비뇨생식기 기능에 뚜렷한 장해를 남긴 때	50%
3) 흉복부장기 또는 비뇨생식기 기능에 약간의 장해를 남긴 때	20%

나. 장해의 판정 기준

1) "흉복부장기 또는 비뇨생식기 기능에 심한 장해를 남긴 때"라 함은

① 심장, 폐, 신장, 또는 간장의 장기이식을 한 경우

② 장기이식을 하지 않고서는 생명 유지가 불가능하여 혈액투석 등 의료 처치를 평생토록 받아야 할 때

③ 방광의 기능이 완전히 없어진 때

2) "흉복부장기 또는 비뇨생식기 기능에 뚜렷한 장해를 남긴 때"라 함은

① 위, 대장 또는 췌장의 전부를 잘라내었을 때

② 소장 또는 간장의 3/4 이상을 잘라내었을 때

③ 양쪽 고환 또는 양쪽 난소를 모두 잃었을 때

그런데 주의할 점이 있습니다. 50퍼센트 이상의 장해 상태가 되면 보험료 납입이 면제되는 것은 맞지만 한 가지 전제조건을 충족해야 합니다. 장해 상태가 되는 시점이 주계약의 보험료 납입 기간 중이어야 한다는 것입니다.

보험 계약에 있어서 '주계약'과 '특약'들의 보험료 납입 기간이 모두 같을 수도 있지만 그렇지 않을 수도 있습니다. 주계약 보험료의 납입 기간이 짧고(10년), 특약들의 보험료 납입 기간은 긴(40년) 보험 계약을 체결한 사람이 있다고 가정해보겠습니다. 이 가입자가 주계약의 보험료 납입이 끝나고 1년쯤 지나서 50퍼센트 이상의 장해 상태가 되었다면 보험료 납입은 면제되지 않습니다.

주계약과 특약의 〈보험금 지급에 관한 세부 규정〉을 종합해서 해석해보면, 주계약의 보험료 납입이 면제되면 특약의 보험료 납입도 면제되는데 '납입 면제'라는 것은 당연히 납입하고 있는 것을 면제해주는 것이니 납입이 이미 끝난 상태에서는 면제해줄 것도 없다는 것입니다. 그러니 주계약 보험료의 납입이 끝난 상태에서는 아무리 50퍼센트 이상의 장해가 발생했다 하더라도 보험료 납입은 면제되지 않습니다.

 납입 면제가 되는 또 다른 사례들

종합병원에 가보면 신장 이상으로 혈액투석을 하는 분들을 쉽게 볼 수 있습니다. 거의 이틀에 한 번꼴로 병원에 가서 혈액투석을 해야 하는 경우가 많습니다.

그런데 그분들 중 생명보험에 가입한 분이 있다면 보험료가 전액 면제될 수 있다는 사실을 아는 분은 얼마나 될까요? 아마 거의 없을 겁니다.

앞에서 본 장해분류표의 규정에는 혈액투석을 하는 경우 75퍼센트의 장해지급률이 인정된다는 조항도 들어 있습니다. 만약 혈액투석의 원인이 사고로 인한 신장 기능의 상실이라면, 재해상해특약이 들어 있는 보험 계약인 경우 재해장해보험금(재해상해특약의 설정 금액이 1억 원이라면 7500만 원의 보험금)이 지급됩니다. 하지만 원인이 질병이라면 보험금은 지급되지 않지만 50퍼센트 이상의 장해 상태가 될 경우 보험료 납입 면제 혜택을 받을 수는 있습니다.

녹내장 등으로 한쪽 눈의 시력을 상실했을 때도 보험료 납입이 면제됩니다. 장해분류표에 보면 다음과 같이 규정되어 있습니다.

눈의 장해

장해의 분류	지급률
1) 두 눈이 멀었을 때	100%
2) 한 눈이 멀었을 때	50%
3) 한 눈의 교정 시력이 0.02 이하로 된 때	35%

이렇게 장해분류표에는 50퍼센트 이상의 장해지급률이 인정되는 조항이 상당히 많습니다. 개별 항목만으로도 50퍼센트 이상의 장해지급률이 인정되는 조항이 많지만 장해지급률의 판정 기준 때문에

50퍼센트 이상의 장해지급률이 인정되는 상황은 무궁무진할 수밖에 없습니다.

〈재해상해특약〉
동일한 재해 또는 재해 이외의 동일한 원인으로 두 가지 이상의 장해가 생긴 때에는 각각에 해당하는 장해지급률을 더하여 최종 장해지급률을 결정합니다. 다만, 장해분류표의 각 신체부위별 판정 기준에서 별도로 정한 경우에는 그 기준을 따릅니다.

여러 종류의 장해가 동시에 발생하면 해당 장해지급률을 더해서 최종 장해지급률을 결정하기 때문에 50퍼센트 이상의 장해가 인정되는 상황이 많을 수밖에 없는 것이죠.

약관 읽어주는 남자의 한마디
약관에 들어 있는 장해분류표를 찾아보면 많이 놀라실 겁니다. 상상을 초월할 정도로 많은 종류의 장해를 인정하고 있기 때문입니다. 게다가 일반인의 상식으로는 장해라고 생각하기 어려운 상태도 장해로 인정하고 있습니다. 하지만 이렇게 보험금을 지급받을 수 있는 조항이 아무리 많다고 하더라도 모르고 청구하지 않으면 받을 수 없는 것이 보험금입니다. 보험약관 전체를 읽기는 힘들지라도 재해분류표만은 꼭 한 번 읽어볼 것을 권합니다.

실종된 경우에도 사망보험금을 받을 수 있나요?

실종에 대한 사망보험금 지급 규정

2010년 초에 생명보험회사의 '종신보험'과 손해보험회사의 '실손의료비보험'에 각각 가입한 A씨는 같은 해 여름, 자살하려는 사람을 구하기 위해 바다에 뛰어들었다가 실종됐습니다. 경찰의 수색작업에도 불구하고 A씨의 시신은 끝내 찾지 못했습니다. 이 경우 A씨의 유가족은 두 보험회사로부터 사망보험금을 받을 수 있을까요? (실손의료비보험에는 '일반상해사망보장특약'이 있었고, 생명보험에는 '재해사망특약'이 있었습니다.)

A씨의 상황 정리
- 2010년 초 종신보험과 실손의료비보험에 가입함.
- 바다에 빠져 실종됨.
- 두 보험회사에서 사망보험금이 지급되는지 궁금함.

 사망의 원인이 될 위험한 재난을 당한 사람의 생사가, 재난이 종료한 후 1년간 분명하지 않으면 법원에서 실종선고를 내리게 됩니다. 이럴 경우 실종된 사람이 사망했다고 간주하고, 보험회사는 사망보험금을 지급합니다. 손해보험회사는 '일반상해사망보험금'을 지급하고, 생명보험회사는 '일반사망보험금'에 '재해사망보험금'을 더해서 지급합니다. 실종을 재해사망으로 규정하는 것입니다.

 보험금 상식, 궁금타파!

다른 사람의 생명을 구하려다 자신이 희생되는 경우가 있습니다. 그중에는 실종되어 시신마저 찾지 못하는 안타까운 일도 있습니다.

> 자살하려고 바다에 뛰어든 남성을 구하려다가 실종된 인천 강화경찰서 ○(46) 경위가 4월 1일 실종 한 달을 맞는다.
> ○경위는 지난 1일 오후 11시 25분께 강화군 내가면 외포리 선착장에

서 자살하려고 물에 뛰어든 김모(45) 씨를 구하려 바다에 몸을 던졌다가 실종됐다. 경찰은 이후 해양경찰·소방·해병대 등과 협력해 강화도 일대 해역에서 한 달 가까이 대대적인 수색작업을 벌였지만 ○경위를 찾지 못했다. 당시 자살을 시도한 김씨의 시신만 지난 3일 투신지점에서 북쪽으로 30킬로미터 떨어진 강화도 해안에서 발견됐을 뿐이다. 경찰은 조류의 세기와 방향을 분석, 강화도 해역을 중점 수색하고 있지만 ○경위가 숨졌다면 시신이 이미 먼 바다로 휩쓸려갔을 가능성도 있을 것으로 보고 있다. 또 무전기, 수갑, 소총 등 5킬로그램이 넘는 장비를 착용한 채 물에 빠진 점을 고려할 때 갯벌에 파묻혀 있을 가능성도 배제하지 않고 있다.

경찰은 더 이상의 수색작업이 큰 의미가 없다고 보고 수색 중단을 조심스럽게 검토하고 있다. ○경위의 부인도 최근 "남편이 국민에게 의로운 경찰로 기억될 수 있길 바란다"며 장례 희망 의사를 밝힌 것으로 전해졌다. 경찰은 우선 4월 초까지는 수색을 이어가고 가족 모두가 장례를 원할 경우 시신 없이 ○경위의 영결식을 엄수한다는 방침이다. 영결식은 인천경찰청장장(葬)으로 강화경찰서에서 거행될 예정이다. 또 가족관계등록 등에 관한 법률의 '인정사망' 제도를 적용하고 ○경위를 국가 유공자로 지정할 계획이다. 인정사망은 각종 재난으로 사망 확률이 매우 높은 경우 시신이 확인되지 않았더라도 관공서의 보고만으로 사망한 것으로 추정하는 제도다.

(이하 생략)

— 〈연합뉴스〉, 2013년 3월 29일

위 경우처럼 사람이 실종되면 보험회사는 어떻게 보험금을 지급할까요?

생명보험 상품 중 하나인 '종신보험'의 약관과 손해보험 상품 중 하나인 '실손의료비보험'의 약관 모두에 다음과 같은 규정이 들어 있습니다.

> 〈보험금의 종류 및 지급 사유〉
> 제1호(피보험자가 사망하였을 경우 사망보험금을 지급한다)에는 보험 기간 중 피보험자(보험대상자)의 생사가 분명하지 아니하여 실종선고를 받은 경우를 포함하며, 선박의 침몰, 항공기의 추락 등 민법 제27조(실종의 선고) 제2항의 규정에 준하는 사유 또는 재해로 인하여 사망한 것으로 정부기관이 인정하여 관공서의 사망 보고에 따라 가족관계등록부에 기재된 경우에는 그러한 사고가 발생한 때를 사망한 것으로 인정합니다.

즉 '실종선고를 받은 경우'도 사망한 것으로 간주하여 사망보험금을 지급한다는 뜻입니다. 그런데 이 경우 생명보험 계약에 '재해사망특약'도 들어 있다면 일반사망보험금뿐만 아니라 재해사망보험금도 지급됩니다. 실종선고를 받은 경우 재해에 의한 사망으로 간주하기 때문입니다.

'재해사망특약'의 〈보험금 지급에 관한 세부 규정〉
'보험금의 종류 및 지급 사유'에는 이 특약의 보험 기간 중 피보험자

(보험대상자)의 생사가 분명하지 아니하여 실종선고를 받은 경우를 포함하며, 선박의 침몰, 항공기의 추락 등 민법 제27조(실종의 선고) 제2항의 규정에 준하는 사유 또는 재해로 인하여 사망한 것으로 정부기관이 인정하여 관공서의 사망 보고에 따라 가족관계등록부에 기재된 경우에는 그러한 사고가 발생한 때를 사망한 것으로 인정합니다.

그런데 재해사망이 인정될 경우 '일반사망보험금'에 '재해사망보험금'까지 더해져서 지급되기 때문에 보험금의 액수가 클 수밖에 없습니다. 따라서 보험금을 받는 수익자의 입장에서든, 보험금을 지급하는 보험회사의 입장에서든 실종선고는 매우 민감한 일입니다.

보험약관에는 위에 인용한 것처럼 민법에 규정되어 있는 실종선고에 대한 대략적인 내용만 소개되어 있습니다. 물론 최근에는 관련 법 조항을 보험약관에 별도로 첨부하고 있지만 해당 법 조항의 일부만 첨부하다 보니 그 뜻을 이해하기 어려운 부분이 있습니다. 실종선고 또한 마찬가지입니다. 민법 제27조는 다음과 같습니다.

제27조(실종의 선고)
① 부재자의 생사가 5년간 분명하지 아니한 때에는 법원은 이해관계인이나 검사의 청구에 의하여 실종선고를 하여야 한다.
② 전지에 임한 자, 침몰한 선박 중에 있던 자, 추락한 항공기 중에 있던 자 기타 사망의 원인이 될 위난을 당한 자의 생사가 전쟁 종지 후 또는 선박의 침몰, 항공기의 추락 기타 위난이 종료한 후 1년간

분명하지 아니한 때에도 제1항과 같다.

— 법제처 국가법령정보센터(www.law.go.kr)

보험약관과 민법을 종합적으로 해석해보면, 가출처럼 '단순 부재자 실종'인 경우는 부재자의 생사가 5년간 분명하지 않은 경우에 실종선고를 받을 수 있습니다. 그런데 '전지에 임한 자, 침몰한 선박 중에 있던 자' 또는 '기타 사망의 원인이 될 위난을 당한 자'가 실종된 경우에는 1년간 생사가 분명하지 않으면 실종선고를 받을 수 있습니다.

그런데 A씨는 다른 사람의 생명을 살리기 위해 바다에 뛰어들었다가 실종된 경우이므로 '기타 사망의 원인이 될 위난을 당한 자'로 볼 수 있습니다. 그러므로 실종일로부터 1년만 지나면 실종선고를 받을 수 있고, 그렇게 되면 보험회사에서는 재해에 의한 사망으로 간주하고 사망보험금을 지급합니다. 손해보험회사는 일반상해사망보험금을 지급하고, 생명보험회사는 일반사망보험금에 재해사망보험금을 더해서 지급합니다.

 다른 나라의 무력행위로 배가 침몰해 실종된 경우에도 사망보험금을 받을 수 있나요?

2010년 3월 26일 대한민국 군함이 침몰하는 사고가 발생했습니다. 정부는 천안함의 침몰이 북한의 공격에 의한 것이라고 발표했습니다. 이 사고로 인해 많은 장병들이 사망했고, 그중 6명은 끝내 시신조차 찾지 못했습니다. 실종자들을 수색하던 군인과 민간인들마저 사망하거나 실종되는 일도 발생했습니다. 많은 사람들이 사랑하는 가족을 잃은 비극적인 사건이었습니다. 당시 사망하거나 실종된 장병들 중에는 생명보험회사의 상품에 가입한 사람도 있었고, 손해보험회사의 상품에 가입한 사람도 있었습니다. 이 경우 두 보험회사 모두 사망보험금을 지급했을까요?

생명보험회사는 '재해사망'을 인정하고 보험금을 지급했지만, 손해보험회사는 사망보험금을 지급하지 않았습니다. 시신이 확인된 경우에도 사망보험금을 지급하지 않았고, 끝내 시신을 찾지 못한 경우에도 손해보험회사는 사망보험금을 지급하지 않았습니다. '손해보험'의 약관에도 생명보험의 약관과 마찬가지로 실종선고를 받은 경우 재해에 의한 사망으로 간주한다는 규정이 있음에도 불구하고 사망보험금을 지급하지 않았습니다.

정부 발표에 따르면 천안함 침몰 당시 실종된 장병들은 군인으로서 다른 나라의 공격을 받고 선박이 침몰하면서 실종된 경우이므로 '민법 제27조(실종의 선고)'에 의거해 실종일로부터 1년만 지나면 실종선고를 받을 수 있습니다. 그러므로 실종선고를 받고 '관공서의 사망 보고에 따라 가족관계등록부에 기재된 경우에는 그러한 사고가 발생한 때를 사망한 것으로 인정'되어 재해사망에 해당하는 보험금을 받을 수 있습니다. 그런데도 손해보험회사는 사망보험금을 지급하지 않았습니다.

손해보험회사가 사망보험금 지급을 거절한 것은 '북한의 공격 때문에 천안함이 침몰됐다'는 정부의 발표 때문입니다. 손해보험 약관에는 다음과 같은 규정이 있습니다.

〈보험금을 지급하지 아니하는 사유〉
회사는 다음 중 어느 한 가지의 경우에 의하여 보험금 지급 사유가 발생한 때에는 보험금을 드리지 아니합니다.
① 피보험자(보험대상자)의 고의
② 보험 수익자의 고의
③ 계약자의 고의
④ 피보험자(보험대상자)의 임신, 출산, 산후기
⑤ 전쟁, 외국의 무력행사, 혁명, 내란, 사변, 폭동

천안함 사건으로 실종된 장병의 경우 손해보험 약관에서도 사망으로 간주하는 실종선고를 받을 수 있는 것은 맞지만, '보험금을 지급하지 아니하는 사유'에 해당하기 때문에 사망보험금을 받을 수 없는 것입니다. 북한이라는 외국의 무력행사 때문에 사망한 것으로 대한민국 정부가 공식 발표한 사건이므로 손해보험회사는 어떤 보험금도 지급할 필요가 없었던 것입니다.
이에 반해 생명보험은 손해보험과 달리 '전쟁, 외국의 무력행사, 혁명, 내란, 사변, 폭동'에 의해 보험금 지급 사유가 발생한다 하더라도 보험금을 지급하기 때문에 재해에 해당하는 사망보험금을 지급한 것입니다.

실종선고만 받으면 보험 계약이 해지(실효)된 상태라고 하더라도 사망보험금을 받을 수 있나요?

어떤 사정으로든 피보험자(보험대상자)가 실종되어 1년 또는 5년 이상 생사가 불분명한 경우, 해당 보험 계약은 유지되기 힘들 것입니다. 보험료가 미납되어 '해지'될 수도 있고 '실종선고'라는 내용을 모르는 실종자의 가족이 보험 계약을 해약할 수도 있습니다. 그렇다면, 만약 보험 계약이 해지(실효)되거나 해약되고 난 후 실종선고를 받으면 사망보험금을 받을 수 있을까요?

이 경우 '단순 부재자 실종'과 '선박의 침몰, 항공기의 추락 등 민법 제27조(실종의 선고) 제2항의 규정에 준하는 사유 또는 재해로 인하여 사망한 것으로 정부기관이 인정하여 관공서의 사망 보고에 따라 가족관계등록부에 기재된 경우'가 다릅니다.

민법에 따르면 '단순 부재자 실종'의 경우 실종신고를 하고 5년의 기간이 만료한 때 사망한 것으로 간주하여 실종선고가 내려집니다. 그러므로 실종되고 5년이 지나기 전까지는 생존한 것으로 간주하므로 실종된 자가 보험 계약자라면 보험료 납입의 의무가 있습니다. 그런데 현실적으로 실종된 사람이 보험료를 납입할 수는 없겠지요. 이 경우 보험회사는 보험금을 받는 수익자에게 보험 계약을 유지할 의사가 있는지 확인합니다. 유지할 의사가 있다면 수익자가 대신 보험료를 납입해서 계약을 유지할 수 있게 합니다.

이렇게 수익자가 계속 보험료를 납입했다면 실종선고가 내려진 후 사망보험금을 받는 데 아무 문제가 없겠지만, 5년이 경과하는 동안 보험료를 납입하지 않아서 보험 계약이 해지된 후 실종선고가 내려진다면 사망보험금은 받을 수 없습니다.

그런데 '선박의 침몰, 항공기의 추락 등 민법 제27조(실종의 선고) 제2항의 규정에 준하는 사유 또는 재해로 인하여 사망한 것으로 정부기관이 인정하여 관공서의 사망 보고에 따라 가족관계등록부에 기재된 경우' 보험약관에서는 그러한 사고가 발생한 때를 사망한 시점으로 인정합니다. 그러므로 비록 실종사고가 발생한 뒤 보험료를 납입하지 않아 보험 계약이 해지되었다 하더라도 사고 발생 후 1년이 지나서 실종선고가 내려지면 '사고 당시'에 이미 사망한 것으로 간주되므로 '사망'한 사람에게는 더 이상의 보험료 납입 의무가 존재하지 않게 됩니다. 따라서 보험 계약을 해지 처리한 것은 잘못이므로 사망보험금은 지급하고, 사망 시점 이후에 해지될 때까지 납입한 보험료는 돌려주어야 합니다.

그런데 2014년 1월 금융감독원 표준약관이 개정되면서 이 부분에 큰 변화가 생겼습니다. 금융감독원은 표준약관(보험회사들은 이 표준약관의 규정을 준용해서 약관을 만듭니다)에서 사고에 의한 실종의 경우 사망한 것으로 인정하는 시기를 '사고가 발생한 때'에서 '사망한 것으로 정부기관이 인정하여 관공서의 사망 보고에 따라 가족관계등록부에 기재된 사망연월일'로 변경했습니다. 이렇게 되면 사망간주시점이 사고일로부터 1년이 지난 날이 되므로 유족이 사망보험금을 받기 위해서는 사고일로부터 최소 1년간은 보험료를 계속 납부해서 보험계약을 유지해야만 합니다. 보험소비자의 입장에서는 많이 불리해진 것이죠.

> **약관 읽어주는 남자의 한마디**

현재 대한민국은 '자살'과 함께 '실종'에도 관심을 가질 수밖에 없는 사회가 되었습니다.

천안함 사건처럼 특수한 경우가 아니더라도 대한민국에서 사람이 실종되는 일은 많습니다. 어린아이가 납치된 후 생사를 알 수 없는 경우도 있고 인신매매 또는 장기매매 같은 범죄에 희생되어 실종되는 경우도 있으며, 실직하거나 사업에 실패한 후 부채를 감당할 수 없어 가출한 후 소식이 끊긴 경우도 있습니다.

실종된 가족이 무사히 돌아올 수 있다면 그보다 더 기쁜 일은 없을 것입니다. 하지만 가족의 간절한 바람에도 불구하고 끝내 돌아오지 못하는 경우가 많습니다. 실종선고를 받고 사망한 것으로 인정하는 일은 가족으로서 차마 하기 힘든 일입니다. 하지만 '산 사람은 살아야' 합니다. 그러기 위해서 실종된 가족이 남긴 사망보험금이 꼭 필요할 수도 있습니다. '단순 부재자 실종'인 경우에도 보험료를 납입하지 않아서 사망보험금을 받지 못하는 일은 없었으면 좋겠습니다.

24

직계가족이 아닌 사람(타인)이 사망보험금을 수령할 수도 있나요?

보험수익자 변경

낙지를 먹다 질식사한 것처럼 가장해 여자친구 A씨를 살해하고 보험금을 타낸 혐의로 기소된 김모(32)씨에게 얼마 전 무죄가 선고되었습니다. 1심에서는 무기징역이 선고되고 2심에서는 무죄가 선고되면서 세간의 이목을 집중시켰던 이 사건은 결국 대법원에서 무죄가 확정되었습니다. 세상의 관심은 보험금을 노린 살인사건이냐, 정말 낙지로 인한 단순 질식사냐 하는 것이었지만 대부분의 보험설계사들은 이 사건 자체를 이해할 수 없었습니다.

보험계약을 체결할 때는 특수한 경우(사망보험금을 비영리단체에 기부하기로 약정하는 경우 등)가 아니면 배우자나 직계가족이 아닌 타인은 절대로 사망보험금 수령인이 될 수 없는데 김모씨는 어떻게 여자친구의 사망보험금을 수령할 수 있었을까요?

A씨의 상황 정리

- 김모씨의 여자친구 A씨는 사망하기 얼마 전 보험에 가입함.
- 김모씨와 함께 투숙한 모텔에서 A씨가 낙지를 먹다가 질식한 것으로 신고됨.
- A씨가 사망하기 보름 전에 남자친구인 김모씨를 사망보험금 수익자로 변경한 사실이 밝혀짐.
- A씨가 사망한 후 김모씨는 사망보험금 2억 원을 보험회사로부터 수령함.

A씨가 사망하기 보름 전 자신의 사망보험금 수익자를 남자친구인 김모씨로 변경하겠다는 신청서가 보험회사에 접수되었고, 보험회사는 이를 받아들였기 때문에 김모씨는 A씨의 직계가족이 아니지만 사망보험금을 수령할 수 있었습니다.

보험계약자는 보험금 수익자를 변경할 수 있고 보험회사는 이를 거부할 수 없기 때문입니다.

 보험금 상식, 궁금타파!

일반인뿐만 아니라 많은 보험설계사들의 관심이 집중되었던 일명 '낙지살인사건'은 대법원에서 김모씨에게 무죄가 선고되며 일단락되었습니다.

의문만 남긴 채… 무죄로 끝난 '낙지 살인사건'
인천에서 발생한 이른바 '낙지 살인사건'의 피고인이 결국 살인혐의에 대해 무죄를 확정받았다. 세간의 많은 관심을 모았던 이 사건은 수많은 의문점만 남긴 채 일단락됐다.
대법원 1부(주심 고영한 대법관)는 12일 낙지를 먹다 질식사한 것처럼 가장해 여자친구를 살해하고 보험금을 타낸 혐의(살인) 등으로 기소된 김모(32)씨에 대한 상고심에서 살인 혐의에 대해 무죄를 선고한 원심을 확정했다. 다만 절도 등 김씨의 다른 혐의에 대해서는 징역 1년 6개월을 선고한 원심을 유지했다.
대법원은 "직접적인 증거가 없는 상황에서 제출된 간접 증거만으로는 김씨가 여자 친구를 강제로 질식시켜 숨지게 했다고 볼 수 없다고 판단한 원심은 정당하다"면서 "공소사실에 대한 증명 책임은 검사에게 있고 피고인의 주장이나 변명에 석연치 않은 점이 있어 의심이 가더라도 피고인에게 불리하게 판단할 수는 없다"고 밝혔다. 형사재판에서 유죄 판결이 내려지려면 합리적 의심을 할 여지가 없을 정도로 증명력 있는 증거가 뒷받침돼야 한다. 이번 사건은 간접 증거에 비춰 보더라도 김씨의 살인 혐의는 명백히 입증되지 않는다는 게 대법원의 판단이다.
김씨는 2010년 4월 19일 새벽 인천의 한 모텔에서 여자 친구 A(당시 22세)씨를 질식시켜 숨지게 한 뒤 A씨가 낙지를 먹다 사망했다고 속여 보험금 2억 원을 챙긴 혐의 등으로 기소됐다. 당시 경찰은 단순 사고사로 처리했고 시신은 사망 이틀 뒤 화장됐다. 이 때문에 이후 재수사에서는 직접적인 증거를 찾을 수 없었다.

— 〈서울신문〉, 2013년 9월 13일

이 사건을 보면서 대부분의 보험설계사들은 남편도 아닌 남자친구가 사망보험금을 받았다는 사실이 이해되지 않았습니다. 하지만 보험약관을 보면 남자친구가 아니라 전혀 모르는 타인이라고 하더라도 보험금 수익자가 될 수 있음을 알 수 있습니다.

〈계약내용의 변경〉

계약자는 보험수익자(보험금을 받는 자)를 변경할 수 있으며 이 경우에는 회사의 승낙을 요하지 아니합니다. 다만, 계약자가 보험수익자(보험금을 받는 자)를 변경하는 경우 회사에 통지하지 아니하면 변경 후 보험수익자(보험금을 받는 자)는 권리로써 회사에 대항하지 못합니다.
계약자가 보험수익자(보험금을 받는 자)를 변경하고자 할 경우에는 보험금의 지급사유가 발생하기 전에 피보험자(보험대상자)의 서면에 의한 동의가 있어야 합니다.

즉, 보험계약자가 원하면 직계가족이 아닌 완전한 '타인'도 보험대상자(피보험자)의 동의를 얻어서 사망보험금 수익자로 변경할 수 있습니다. 단, 보험계약을 체결할 당시에는 범죄에 악용되는 일을 막기 위해 타인을 사망보험금 수익자로 지정할 수 없습니다.
예를 들어 어떤 사람이 자신과 아무런 친인척 관계가 없는 특정

인을 협박하거나 속여서 거액의 사망보험금이 설정된 보험에 가입하게 하면서 사망보험금의 수익자로 자신을 지정하게 합니다. 그 후 사망보험금을 수령하기 위해 보험대상자(피보험자)를 살해한다면 어떻게 되겠습니까? 보험금을 노린 살인으로 밝혀지지 않는 이상 보험회사는 지정된 수익자에게 사망보험금을 지급해야만 합니다. 이런 위험성 때문에 보험회사는 보험 계약을 체결할 때 특별한 경우가 아니라면 보험대상자(피보험자)의 배우자 또는 존속·비속이 아닌 사람을 사망보험금 수익자로 지정하는 것을 승인하지 않습니다.

그런데 무죄가 선고된 이 사건과 다르게 보험금을 노린 살인임이 밝혀진 사건의 경우, 보험 수익자에게 지급된 사망보험금은 어떻게 될까요? 이미 지급되었으니 어쩔 수 없는 걸까요? 보험약관에는 '보험금을 지급하지 아니하는 보험사고'라는 규정이 있습니다.

〈보험금을 지급하지 아니하는 보험사고〉

회사는 다음 중 어느 한가지의 경우에 의하여 보험금 지급사유가 발생한 때에는 보험금을 드리지 아니하거나 보험료의 납입을 면제하여 드리지 아니합니다.

1. 피보험자(보험대상자)가 고의로 자신을 해친 경우

    다만, 다음 각 목의 경우에는 그러하지 아니합니다.

    가. 피보험자(보험대상자)가 심신상실 등으로 자유로운 의사결정을 할 수 없는 상태에서 자신을 해친 경우. 피보험자(보험대상자)가 심신상실 등으로 자유로운 의사결정을 할 수 없는 상태에서 자신을 해침으로써 사망에 이르게 된 경우에는 사망보험금을 지

급합니다.

　　나. 계약의 보장개시일부터 2년이 경과된 후에 자살한 경우에는 사망보험금을 지급합니다.
2. 보험수익자(보험금을 받는 자)가 고의로 피보험자(보험대상자)를 해친 경우
3. 계약자가 고의로 피보험자(보험대상자)를 해친 경우.

보험수익자가 보험대상자(피보험자)를 살해한 것이라고 밝혀진 경우에는 보험회사는 보험금을 지급하지 않습니다. 그런데 이미 사망보험금을 보험수익자에게 지급했고 그 후 보험수익자가 피보험자를 해친 것으로 밝혀지면 보험회사는 이미 지급한 보험금을 다시 회수하게 됩니다. 원래 지급하지 말았어야 할 돈이니까요.

약관 읽어주는 남자의 한마디

이 사건을 보면서 여러 가지 이유로 기분이 좋지 않았습니다. 보험약관의 규정이 결과적으로 부모가 아닌 남자친구가 사망보험금을 받는 비정상적인 결과를 초래했기 때문입니다.

어떤 이유로 그렇게 변경했는지는 알 수 없지만 사망한 여성은 자신의 사망보험금 수익자를 남자친구로 변경할 수 있다는 사실을 몰랐을 가능성이 큽니다. 보험설계사들도 대부분 모르는 것이기 때문입니다. 그렇기 때문에 보험약관에 대해 많이 알고 있는 누군가가 보험수익자 변경을 A씨에게 가르쳐줬을 것이라는 추측이 가능합니다. 김모씨의 살인혐의에 대해

서는 무죄가 확정되었지만 그것과는 무관하게 보험수익자 변경을 가르쳐 준 사람의 도의적 책임은 남습니다. 방향을 잃은 지식은 때로 흉기가 될 수 있습니다.

3장

너무 흔한 암,
너무 모르는 암보험금

25

보험이 해지된 다음에 암진단을 받아도 보험금을 받을 수 있나요?

보험 계약의 부활과 보장 개시 시점

SOS Question

A씨는 2012년 1월 암진단특약 등이 들어 있는 생명보험에 가입했습니다. 최근 업무가 바빠서 통장 관리를 소홀히 했다가 보험료가 두 달(2013년 1월, 2월) 동안 납입되지 않아서 2013년 3월 1일부로 보험 계약이 해지(실효)되었습니다. 그런데 보험이 해지되었다는 안내장이 들어 있는 등기우편은 받았지만 아직 보험 계약을 부활시키지 못한 그달(3월) 14일에 A씨가 폐암 진단을 받았습니다. 이럴 경우 A씨는 '암진단보험금'을 받을 수 있을까요? 또 A씨는 밀린 보험료만 납입하면 보험 계약을 부활시킬 수 있을까요?

A씨의 상황 정리

- 암진단특약 등이 들어 있는 생명보험에 가입함.
- 1년쯤 지난 뒤 보험료를 두 달간 납입하지 못하여 보험 계약이 해지(실효)됨.
- 보험 계약이 해지(실효)된 그달에 폐암 진단을 받음.
- 암진단보험금을 받을 수 있는지, 그리고 보험 계약을 부활시킬 수 있는지 알고 싶음.

A씨가 비록 폐암 진단을 받은 시점이 보험 계약이 해지(실효)된 이후라 하더라도 해지 안내장을 받은 그달에 빨리 보험 계약을 부활(보험회사에서는 '간이부활'이라고 합니다)시키면 별도의 부활 청약서를 작성하지 않아도 되기 때문에 보험 계약이 사실상 계속 유효했던 것으로 간주됩니다. 그렇게 보험 계약을 부활시킨 후 암진단보험금을 청구하면 보험회사는 보험금을 지급합니다.

단, 간이부활인데도 반드시 부활 청약서를 작성하게 하는 보험회사(이런 보험회사도 있습니다)는 보험금을 지급하지 않을 수도 있습니다.

보험금 상식, 궁금타파 1!

해지(실효: 보험 계약의 효력을 상실하는 것)된 보험 계약을 다시 살리는 방법에는 '간이부활'과 '일반부활', 두 가지가 있습니다. 간이부활은 실효가 된 바로 그달 안에 밀린 보험료를 한꺼번에 납부해서 보험 계약의 효력을 회복하는 행위를 말합니다. 일반부활은 실효가 된 그달이 지난 시점에 부활 청약서를 작성하고 밀린 보험료를 한 번에 납부해서 보험 계약의 효력을 회복하는 행위를 말합니다.

이 둘의 중요한 차이는 간이부활은 일반부활과 다르게 부활 청약서를 작성하지 않고도 보험 계약을 부활시킬 수 있다는 것입니다. 부활 청약서는 처음 보험에 가입할 때 작성하는 청약서와 본질적으로 동일한 양식이기 때문에 계약자는 부활 시점에서 자신의 건강 상태를 보험회사에 알리는 '계약 전 알릴 의무(고지 의무)'를 이행해야 합니다. 만약 이때 암을 진단받은 사실을 보험회사에 알린다면 보험회사는 당연히 보험 계약의 부활을 거절할 것입니다. 그러나 간이부활에는 부활 청약서 작성과 그에 따른 건강 상태의 '고지' 절차가 없습니다. 그래서 간이부활을 하는 경우 설사 보험 계약이 실효된 후 암진단을 받았다고 하더라도 밀린 보험료만 납부하면 보험 계약의 효력이 회복됩니다. 날짜를 가지고 설명하면 이렇습니다.

A라는 보험 가입자가 1월과 2월 두 달치 보험료를 납입하지 않아서 3월 1일부로 보험 계약이 해지(실효) 상태가 되었습니다. 그런데 A씨가 3월 14일 폐암 진단을 받았습니다. 그리고 3월 15일, 밀린 1월

과 2월분 보험료를 보험회사의 계좌로 송금해서 보험 계약의 부활을 요청합니다. 이 경우 폐암 진단을 받은 시점에 이미 보험 계약이 해지(실효)된 상태였지만 현재 건강 상태를 고지하는 절차가 없는 간이부활이기에 보험회사는 A씨의 폐암 진단 사실을 모릅니다. 그러니 당연히 보험 계약을 부활시켜주게 됩니다. 그 후 A씨가 보험금을 청구하면 보험회사는 '암진단보험금'을 지급합니다. 보험 계약이 해지(실효)된 상태에서 암진단을 받았으니 보험금을 지급할 수 없다고 거절하지 못합니다.

그런데 B라는 가입자가 A씨와 마찬가지로 1월, 2월 보험료를 납입하지 않아서 3월 1일부로 보험 계약이 해지(실효) 상태가 되었습니다. 그런데 3월 14일 폐암 진단을 받았습니다. 그리고 4월 15일, 밀린 1월, 2월, 3월분 보험료를 보험회사의 계좌로 한꺼번에 송금하고 바로 부활 청약서를 작성합니다. 만약 이때 B씨가 부활 청약서의 '계약 전 알릴 의무(고지 의무)' 부분에 자신의 건강 상태를 사실대로 알린다면 보험회사는 보험 계약의 부활을 승인하지 않습니다. 당연히 암진단보험금도 받을 수 없습니다.

보험 계약이 해지(실효)된 그달에 부활 신청을 한 A씨는 보험 계약을 부활시킬 수도 있었고 보험금도 받을 수 있었지만 보험 계약이 해지(실효)된 그달(3월)이 지나서 부활을 신청한 B씨는 보험 계약의 부활도 거절되었고 당연히 보험금도 받을 수 없었습니다.

왜 이런 차이가 발생할까요? B씨는 A씨와 달리 부활 청약서를 작성해야 했기 때문입니다.

보험금 상식, 궁금타파 2!

그렇다면, 왜 간이부활 시점에는 보험회사가 보험 가입자에게 부활 청약서를 요구하지 않을까요? 보험 가입자를 배려해서일까요?

그렇지 않습니다. 보험회사가 비용을 계산해봤더니 그렇게 하는 게 더 이익이기 때문입니다. 생명보험의 주계약 약관에는 다음과 같은 규정이 있습니다.

〈보험료의 납입 연체 시 납입최고(독촉)와 계약의 해지〉
계약자가 보험료 납입이 연체 중인 경우에 (보험)회사는 14일 이상의 기간을 납입최고(독촉) 기간으로 정하여 계약자에게 납입최고(독촉) 기간 내에 연체 보험료를 납입하여야 한다는 내용과 납입최고 기간이 끝나는 날의 다음 날에 계약이 해지된다는 내용을 서면(등기우편 등), 전화(음성녹음) 또는 전자문서 등으로 알려드립니다. 다만, 해지 전에 발생한 보험금 지급 사유에 대하여 회사는 보상하여드립니다.

위의 내용을 풀어서 설명하면, 보험회사는 보험 계약자에게 14일 이상의 기간을 두고 연체 상황과 해지(실효) 가능성을 안내할 의무가 있다는 것입니다.

예를 들어 1월과 2월분 보험료를 납입하지 않은 계약자의 보험 계약은 3월 1일부로 보험 계약이 해지(실효)될 가능성이 있습니다. 그러면 보험회사는 2월 말일로부터 최소 14일 이전에 반드시 보험 계약자에게 안내(납입최고)를 해야 합니다. 그러나 보험회사가 안내문을 보냈다 하더라도 계약자가 받지 못했다고 주장하면 보험회사는 증명할 방법이 없습니다. 그래서 보험회사는 안내문을 보냈다는 것을 입증하기 위해서라도 안내문을 일반 우편이 아닌 등기우편으로 보내야 합니다.

그런데 보험료를 제때에 납입하지 못하고 연체하는 가입자들이 너무 많기 때문에 실효가 될지 안 될지도 모르는 상황에서 보험료를 연체 중인 가입자 모두에게 매달 등기우편을 보낼 경우 보험회사 입장에서는 막대한 비용을 부담해야 합니다. 그래서 보험료가 연체 중일 때 보내는 안내문은 휴대전화 문자나 일반우편으로 보내고 정작 해지(실효)가 확정되면 그때 등기우편으로 보내는 것입니다. 이 부분에서 보험 계약의 허점이 발생하게 됩니다.

보통 보험료는 자동이체로 납부하게 되어 있습니다. 그런데 연체된 보험료가 자동이체로 인출되어야 할 마지막 날이 휴일이라면 휴일 다음 날에 자동이체가 진행됩니다. 그렇게 자동이체가 이루어지고 그 결과를 은행에서 보험회사로 알려줘야 하기 때문에 가입자의 보험료가 자동이체되지 않았다는 것을 보험회사가 인지하는 데는 1~2일 정도 더 소요됩니다. 그 후 은행으로부터 자동이체 결과를 통보받은 보험회사가 보험료를 두 달째 납입하지 못한 가입자들의 보험 계약을 해지(실효) 처리하고 그와 동시에 실효가 된 보험 가입자들에게 해지(실효) 안내문을 등기우편으로 발송하게 됩니다. 이 과정에서 또 4~5일 이상 소요됩니다. 결국 보험 가입자가 해지(실효) 안내문을 등기로 받는 시점은 보험 계약이 해지(실효)되고 나서 7일 정도 지났을 때입니다.

그런데 약관에는 분명히 "14일 이상의 기간을 납입최고(독촉) 기간으로 정하여 계약자에게 해지(실효) 가능성을 알려야 한다"고 나와 있습니다. 그래서 보험회사는 겉으로는 보험 계약자의 2개월분 보험료가 입금되지 않은 것을 확인하는 시점에 그 보험 계약을 해지(실효) 처리하는 것 같지만, 법적 분쟁의 소지가 있기 때문에 그렇게 처리하지 못합니다.

보험회사가 실제로 보험 계약을 해지(실효) 처리할 수 있는 시점은 보험 가입자가 등기로 해지(실효) 안내문을 받는 날로부터 14일 이상의 납입최고 기간이 지났을 때입니다. 그때는 2개월치 보험료가 납부되지 않은 날로부터 벌써 20여 일이나 지난 시점입니다.

이 때문에 보험회사들은 가입자들이 보험료를 납부하지 못하여 보험 계약이 해지(실효)되는 경우 해지된 그달의 말일까지는 부활청약서를 작성하지 않고도 보험 계약을 부활시켜주고 있습니다. 그리고 보험 계약이 해지된 그달의 20여 일 이내에 발생한 '보험금 지급건'에 대해서는 보험 가입자가 보험 계약을 간이부활하기만 한다면 아무 제약 없이 보험금을 지급하고 있습니다.

약관 읽어주는 남자의 한마디

물론 앞에서 언급했지만 보험회사 중에는 가입자가 두 달째 보험료를 납입하고 있지 않으면 아무리 많은 비용이 들더라도 해지(실효)예정일로부터 14일 이내(대략 그달의 15일쯤 됩니다)에 납입최고(독촉) 기간을 정하여 안내장을 미리 등기로 발송하는 회사도 있습니다.

그런 회사에 보험을 가입한 사람은 아무리 간이부활을 한다고 하더라도 무조건 부활 청약서를 작성해야만 합니다.

   이런 보험회사가 정말 있습니다. 조금 무섭죠?

26

암입원특약의 보험 기간이 만료된 뒤에도 보험금을 받을 수 있나요?

'암입원특약'의 보험 기간과 특약의 효력

SOS Question

A씨는 어느 날 보험회사로부터 갱신 안내장을 받았습니다. 5년에 한 번씩 '암입원특약'이 갱신되는(갱신 시의 위험률을 기초로 보험료를 다시 책정하는 것) 생명보험에 가입했는데 첫 번째 갱신 시점에는 보험료가 거의 인상되지 않았습니다. 그런데 보험에 가입하고 10년이 다 되어가는 시기에 받은 두 번째 갱신 안내장을 보니 암입원특약의 보험료가 유독 많이 오르는 것으로 예고되어 있었습니다. 마침 따로 암보험을 하나 더 가입하고 있었던 A씨는 암입원특약의 갱신을 거절했습니다. 갱신을 거절하면 그 특약의 효력이 한 달쯤 뒤에 사라진다는 안내를 받았지만 결정을 바꾸지 않았습니다.

그런데 A씨가 암입원특약의 갱신을 거절한다는 의사표현을 하고 나서 3주 뒤에 위내시경 검사를 받다가 이상이 발견되었고 조직 검사 결과 위암 진단을 받았습니다. 바로 병원에 입원해서 며칠 뒤 위암수술을 받은 A씨는 두 달이 조금 넘어 퇴원했습니다. A씨는 암입원특약에서 보험금을 받을 수 있을까요?

A씨의 상황 정리

- 5년에 한 번씩 자동 갱신되는 암입원특약의 갱신을 거절함.
- 암입원특약의 보험 기간(효력 기간)이 일주일 정도 남은 시점에서 위암 진단을 받고 입원함.
- 위암수술을 받고 63일 동안 입원했는데, 입원한 지 7일 만에 암입원특약의 보험 기간이 종료됨.
- 이 경우에도 암입원보험금을 받을 수 있는지 궁금함.

 생명보험의 '암입원특약' 약관에서는 암 치료를 목적으로 입원한 기간 중에 보험 기간(효력 기간)이 끝났다고 하더라도 그 후 계속 입원하는 경우에는 '암입원보험금'을 지급하도록 되어 있습니다(단, 무제한 지급하는 것은 아니고 해당 입원특약의 보험금 지급한도 기간까지 지급합니다).

따라서 A씨는 '암입원특약'의 보험 기간이 만료되었다 하더라도 암 치료를 목적으로 입원한 63일 중 처음 3일은 빼고, 60일분에 대한 '암입원보험금'을 지급받을 수 있습니다.

보험금 상식, 궁금타파!

A씨는 암입원특약의 갱신을 거절했습니다. 그런데 공교롭게도 갱신을 거절한 암입원특약의 보험 기간(보험금 지급 효력이 살아 있는 기

간)이 만료되기 10여 일 전에 위암 진단을 받고 입원해서 치료를 받았습니다. 그래서 A씨가 실제로 입원한 기간은 63일이지만 '암입원특약'의 효력이 살아 있던 보험 기간은 63일 중에서 불과 10일밖에 안 됩니다.

대부분의 생명보험에서 '암입원보험금'이 '입원보험금'보다 많게는 5배 이상 많기 때문에 보험 기간이 만료될 때까지의 잔여일인 7일(10일 중 처음 3일은 제하고 보험금을 지급하므로)에 대해서만 보험금을 받을 수 있느냐, 아니면 보험 기간은 중간에 만료됐지만 실제로 입원한 60일(60일 중 처음 3일은 제하고 보험금을 지급하므로) 전부에 대해서 보험금을 받을 수 있느냐의 문제는 실제로 지급받는 보험금에 상당한 차이를 만들어냅니다.

예를 들어 암입원보험금이 하루에 20만 원 지급되는 생명보험이라고 가정하면, 7일에 대해서만 암입원보험금을 받으면 140만 원의 보험금을 받을 수 있습니다. 그런데 60일에 대해서 암입원보험금을 받으면 1200만 원을 받을 수 있습니다.

상식적으로 생각하면 A씨는 암입원특약의 효력이 살아 있던 10일간의 입원 기간 중 처음 3일을 제외한 7일에 대해서만 암입원보험금을 받을 것 같습니다. 그런데 보험약관은 때때로 우리의 상식보다 훨씬 더 가입자의 이익을 보호하는 쪽으로 만들어져 있습니다.

암입원특약의 약관에는 다음과 같은 규정이 있습니다.

〈보험금 지급에 관한 세부 규정〉
피보험자(보험대상자)가 동일 암입원급여금의 지급 사유에 해당하는 입원 기간 중에 보험 기간이 끝났을 때에도 그 계속 중인 입원 기간에 대하여는 계속 암입원급여금을 지급하며 암입원급여금의 지급일수는 1회 입원당 120일을 최고 한도로 합니다.

즉 '암입원급여금(암입원보험금)'은 1회 입원당 최대 120일 동안 지급되는데(보험상품에 따라 다를 수 있습니다), 암을 치료하기 위해 입원해 있는 동안 특약의 '갱신 거절' 또는 '보험 기간 만료' 때문에 보험 기간이 끝났다고 하더라도 계속해서 입원 중이라면 최대 120일치 암입원급여금을 지급해준다는 것입니다.

이런 규정은 암입원특약에만 있는 것이 아니라 질병이나 재해의 치료를 목적으로 입원하는 경우 입원보험금을 지급하는 '입원특약'에도 있습니다. 다음은 입원특약 약관의 일부분입니다.

〈보험금 지급에 관한 세부 규정〉
피보험자(보험대상자)가 동일 입원급여금의 지급 사유에 해당하는 입원 기간 중에 보험 기간이 끝났을 때에도 그 계속 중인 입원 기간에 대하여는 계속 입원급여금을 지급하며 입원급여금의 지급일수는 1회 입원당 120일을 최고 한도로 합니다.

이렇듯 '입원특약'과 '암입원특약'에서는 보험 기간이 끝났어도 계속되고 있는 입원에 대해서는 최대 120일 동안 보험금을 지급합니다.
그런데 만약 보험금 심사 담당자가 실수로 보험 기간까지만 보험금을 지급하면 어떻게 될까요? 대부분의 가입자들은 보험 기간이 끝났으니 당연히 보험금 지급이 되지 않는 것이라고 생각하고 넘어갑니다. A씨의 경우라면 1200만 원을 받을 수 있는데도 140만 원만 받게 되는 것입니다.

 '실손의료비특약'의 경우에도 그럴까요?

예전에는 손해보험에만 구성해서 판매할 수 있었던 '실손의료비특약'을 요즘에는 종신보험 같은 생명보험에 세팅해서 판매하기도 합니다. 그런데 이 '실손의료비특약'은 모두 '갱신형' 특약입니다.

예를 들어 보험 가입자 A씨가 실손의료비특약에 가입되어 있었고, 특약이 갱신되기 한 달 전부터 입원해 있다고 가정하겠습니다. A씨는 입원 중 '실손의료비특약'의 자동 갱신을 거절했습니다. 자동 갱신되었을 때 내야 하는 보험료가 큰 폭으로 올랐기 때문입니다. 당연히 그 특약은 한 달쯤 후에 소멸되었고, 그로부터 두 달 뒤 A씨는 퇴원했습니다.

이 경우 '실손의료비특약'의 보험 기간이 만료되기 전까지 A씨가 병원에 한 달간 입원하여 지출한 의료비의 일부를 보험회사가 보험금으로 지급하는 것은 당연합니다. 문제는 실손의료비특약의 보험 기간이 종료된 뒤에도 두 달 동안 더 입원하여 지출한 의료비에 대해서도 보험금 지급이 되느냐입니다.

상식적으로는 보험 기간이 만료된 후에 발생한 의료비에 대해서는 실손의료비특약에서 보상해주지 않는 것이 맞습니다. 그러나 실손의료비특약의 약관에는 이런 경우 다음과 같은 규정이 적용된다고 명시되어 있습니다.

〈실손의료비특약〉
피보험자(보험대상자)가 입원하여 치료를 받던 중 특약의 보험 기간이 만료되더라도 그 계속 중인 입원에 대하여는 특약의 보험 기간 종료일로부터 180일까지 보상하여드립니다.

'입원특약'처럼 120일도 아니고 180일입니다. 입원하여 치료 중인 보험대상자의 '실손의료비특약'의 보험 기간이 만료되었다 하더라도 보험대상자가 계속 입원 중이라면 특약의 보장 기간이 종료된 날로부터 최대 6개월 동안은 계속해서 보험금을 지급한다는 것입니다. 그러므로 A씨는 실손의료비특약의 보험 기간이 만료된 뒤 두 달간 더 입원하며 지출한 의료비에 대해서도 보험금을 받을 수 있습니다.

하지만 A씨와 같은 가입자들이 보험 기간 만료 후에도 보험금을 청구하는 일이 얼마나 될까요?

> **약관 읽어주는 남자의 한마디**
> 보험회사가 정말 보험금 지급에 있어서 실수를 하냐고요? 네, 물론입니다. 보험금 청구서를 심사하고 보험금 지급을 결정하는 것은 그 업무의 담당자(보험금부 직원), 즉 사람입니다. 사람이기 때

문에 실수를 할 수 있고, 게다가 보험약관이 계속 바뀌기 때문에 보험금 지급 담당자도 헷갈릴 수가 있습니다. 물론 고의로 그러는 것인지 실수로 그러는 것인지 분간이 안 되는 경우도 있지만 대부분은 실수일 거라고 믿고 있습니다.

어쨌든 보험회사가 지급해주는 보험금이 항상 정확할 거라는 생각은 버려야 합니다.

만약 어떤 보험 가입자가 조금도 관심을 갖지 않았음에도 불구하고 보험금을 청구할 때마다 매번 정확한 보험금을 지급받아왔다면, 그건 아마도 담당 보험설계사의 수고가 있었기 때문일 겁니다. 지금 이 순간에도 보험 가입자 대신 약관을 확인하며 보험금 청구서를 꼼꼼히 작성하고 때로는 보험금 지급부서 담당자들과 언쟁도 불사하는 반듯한 보험설계사들이 있기 때문에 보험 가입자들은 자신의 권리를 보호받고 있습니다.

27

암에 대한 '진단 확정'은 꼭 조직 검사를 받아야만 인정되나요?

'진단 확정'의 의미와 암진단보험금

SOS Question

10년 전 생명보험에 가입한 A씨가 최근 자궁암으로 사망했습니다. 안타깝게도 A씨는 말기가 될 때까지도 자신의 건강 상태를 알지 못했습니다. 결국 쓰러져 병원에 옮겨진 뒤 CT를 찍어보고 나서야 자궁암 말기라는 판정을 받았고 의사는 조직 검사를 해보는 것 자체가 무의미할 정도로 악화된 상태라고 했습니다. 결국 A씨는 조직 검사도 받지 않은 상태에서 병원에 실려 온 지 20일 만에 사망했습니다. 장례를 치른 뒤 유가족은 A씨가 갖고 있던 보험증권을 찾아보았습니다. '암진단특약'이 있었는데 "피보험자(보험대상자)가 암으로 '진단 확정'을 받아야만 암진단보험금을 지급한다"고 되어 있는 것을 보고 암진단보험금은 포기하고 사망보험금만 청구했습니다. 조직 검사를 하지 않았기 때문에 '진단 확정'을 받지 않았다고 생각한 것입니다. 이 경우 암진단보험금은 정말 받을 수 없는 걸까요?

A씨의 상황 정리
- 10년 전에 생명보험에 가입한 A씨가 최근 자궁암 진단을 받음.
- 조직 검사도 받지 않은 상태에서 CT만으로 암 판정을 받고 20일 만에 사망함.
- 보험증권에 암진단보험금은 '암으로 진단이 확정되었을 때' 지급된다는 내용을 보고 암진단보험금 청구를 포기함.

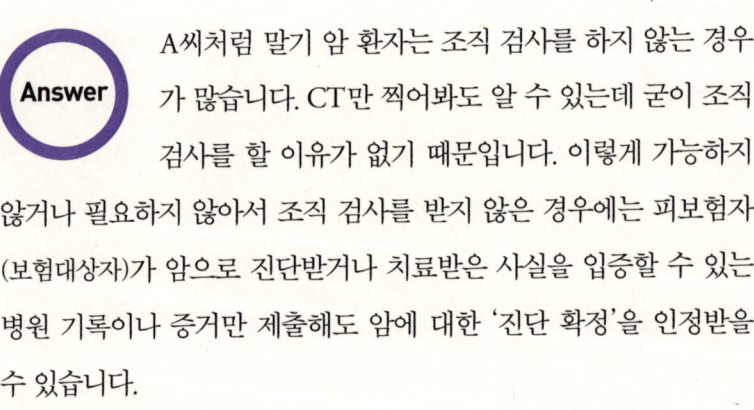

A씨처럼 말기 암 환자는 조직 검사를 하지 않는 경우가 많습니다. CT만 찍어봐도 알 수 있는데 굳이 조직 검사를 할 이유가 없기 때문입니다. 이렇게 가능하지 않거나 필요하지 않아서 조직 검사를 받지 않은 경우에는 피보험자(보험대상자)가 암으로 진단받거나 치료받은 사실을 입증할 수 있는 병원 기록이나 증거만 제출해도 암에 대한 '진단 확정'을 인정받을 수 있습니다.

 **보험금 상식, 궁금타파!**

생명보험 암 관련 특약의 약관에서는 '진단 확정'에 대해 다음과 같이 규정하고 있습니다.

〈암의 진단 확정〉

암의 진단 확정은 해부병리 또는 임상병리의 전문의사 자격증을 가진 자에 의하여 내려져야 하며, 이 진단은 조직 검사, 미세침흡입 검사 또는 혈액 검사에 대한 현미경 소견을 기초로 하여야 합니다. 그러나 상기의 병리학적 진단이 가능하지 않을 때에는 암에 대한 임상학적 진단이 암의 증거로 인정됩니다. 이 경우에는 피보험자(보험대상자)가 암으로 진단 또는 치료를 받고 있음을 증명할 만한 문서화된 기록 또는 증거가 있어야 합니다.

위 규정을 보면 '암'에 대한 '진단 확정'이 꼭 조직 검사를 받아야만 인정되는 것은 아님을 알 수 있습니다. 게다가 A씨처럼 조직 검사의 필요성이 없거나 병리학적 진단이 가능하지 않을 때에는 암으로 치료받고 있다는 것을 증명할 기록 등을 증거로 제출해도 암 '진단 확정'을 받을 수 있습니다.

약관 읽어주는 남자의 한마디

몇 달 전 고객 한 분의 사망보험금을 지급했습니다. 오래전에 만나 연금보험 계약을 체결한 고객이었는데 자궁암으로 사망했습니다. 유가족을 만나 위로의 말과 함께 사망보험금에 대한 안내를 해드렸습니다. 유가족들은 마침 망자가 다른 회사에 가입했다는 생명보험증권을 보여주었습니다. 보험증권을 보니 약간의 사망보험금 외에 암진단보험금도 지급해주는 항목이 있어서 암진단보험금은 청구하셨는지 물어봤습니다. 그랬더니 '진단 확정'을 받아야 암 보험금이 나온다는데 조직 검사도 받지 않아 증명할 방법이 없는 것 같아서 청구하지 않았다고 했습니다.

그래서 조직 검사를 받지 않았어도 암진단을 인정받을 수 있다는 것을 설명해드리고 꼭 암진단보험금을 청구하시라고 권했습니다.

아직도 우리 주변에는 이렇게 당연히 지급받아야 할 보험금을 청구조차 하지 않는 분이 많습니다. 약관과 증권상의 용어들이 생소하고 어렵게 쓰여 있기 때문입니다. 보험회사들은 보험증권과 약관을 일반인들도 알기 쉽게 만들어야 합니다. 그리고 감독당국은 그것을 강제해야 합니다.

28. 암진단보험금을 받고 나면 암진단특약은 삭제되나요?
암진단특약의 소멸 조건 1

3년 전 생명보험에 가입한 A씨는 2년 전 갑상선암으로 진단받았습니다. 당시 A씨가 가입한 생명보험에서는 갑상선암 진단보험금으로 400만 원을 지급했습니다. 방사선치료까지 모두 마치고 비교적 건강하게 일상생활을 하고 있던 A씨는 최근 정기검진을 받고 유방암 초기라는 것을 알았습니다. 병원에서는 유방암이 갑상선암에서 전이된 것은 아닌 것 같다고 했습니다. A씨는 유방암 진단보험금을 또 받을 수 있을까요?

A씨의 상황 정리

- 3년 전 생명보험에 가입함.
- 2년 전 갑상선암으로 진단받고 갑상선암 진단보험금 400만 원을 받음.
- 최근 갑상선암과 관련 없는 유방암 진단을 받음.
- 2년 전에 갑상선암 진단보험금을 받았는데 유방암 진단보험금도 받을 수 있는지 궁금함.

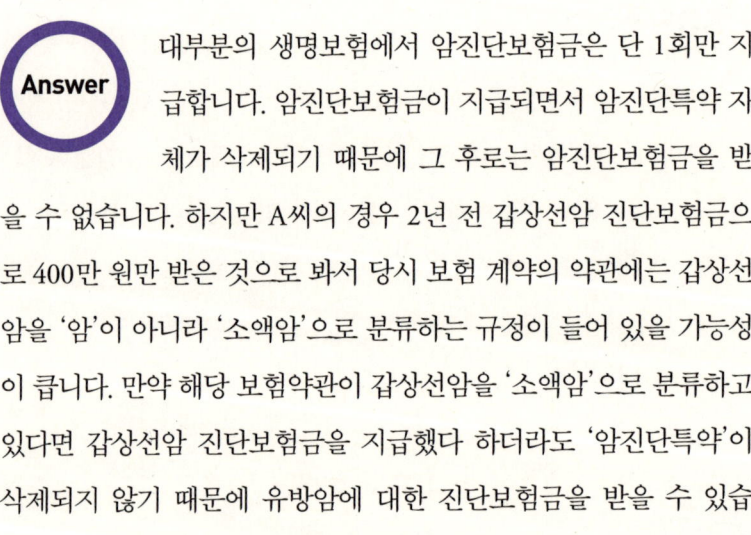 대부분의 생명보험에서 암진단보험금은 단 1회만 지급합니다. 암진단보험금이 지급되면서 암진단특약 자체가 삭제되기 때문에 그 후로는 암진단보험금을 받을 수 없습니다. 하지만 A씨의 경우 2년 전 갑상선암 진단보험금으로 400만 원만 받은 것으로 봐서 당시 보험 계약의 약관에는 갑상선암을 '암'이 아니라 '소액암'으로 분류하는 규정이 들어 있을 가능성이 큽니다. 만약 해당 보험약관이 갑상선암을 '소액암'으로 분류하고 있다면 갑상선암 진단보험금을 지급했다 하더라도 '암진단특약'이 삭제되지 않기 때문에 유방암에 대한 진단보험금을 받을 수 있습니다.

 보험금 상식, 궁금타파!

'암진단특약'에서 암에 대한 보험금 지급 규정은 보험회사마다 조금씩 차이가 있지만 대부분 '암(일반암: 위암, 대장암, 간암, 폐암 등)'과 그에 비해 상대적으로 보험금을 적게 지급하는 그룹(경계성 종양, 기타 피부암, 갑상선암, 상피내암)으로 나누던지 아니면 소액암('암'보다 보험금을 적게 지급하는 암), 암(일반암), 고액암('암'보다 보험금을 많이 지급하는 암)의 세 부류로 나눠서 적용하고 있습니다.

보험회사마다 다를 수 있지만 10여 년 전에는 갑상선암도 '암'으로 분류되었습니다. 그런데 현재는 갑상선암의 발병률이 급격히 증가하고 상대적으로 생존율이 높은 암이기 때문에 '소액암'으로 분류합니다.

그런데 '암'으로 인정되느냐 '소액암'으로 인정되느냐에 따라 보험금 액수뿐만 아니라 보험금 지급 규정이 크게 달라집니다. '암'과 암에 비해 상대적으로 적은 보험금을 지급하는 그룹, 두 가지로 나누어서 '암진단보험금'을 지급하는 생명보험의 약관에서는 다음과 같이 규정하고 있습니다.

〈보험금의 종류 및 지급 사유〉

회사는 피보험자(보험대상자)가 이 특약의 보험 기간 중 '암에 대한 보장 개시일' 이후에 '암'으로 진단이 확정되거나 또는 '기타 피부암, 갑상선암, 제자리암(상피내암) 및 경계성 종양에 대한 보장 개시일' 이후에 '기타 피부암', '갑상선암', '제자리암(상피내암)' 및 '경계성 종양'으로 진단이 확정되었을 경우에는 보험 수익자(보험금을 받는 자)에게 각각에 해당하는 약정한 보험금('보험금 지급 기준표' 참조)을 암진단급여금으로 지급합니다(단, 각각 최초 1회에 한함).

보험금 지급 기준표

구분	지급 사유	지급 금액
암진단 급여금	피보험자(보험대상자)가 이 특약의 보험기간 중 '암에 대한 보장 개시일' 이후 '암'으로 진단이 확정되었을 경우	최초 1회에 한하여 2000만 원(다만, '<u>최초 계약</u>'의 경우 특약의 보험 계약일로부터 1년 이내에 지급 사유 발생 시에는 약정한 보험금의 50%를 지급합니다)
	피보험자(보험대상자)가 이 특약의 보험기간 중 '기타 피부암', '갑상선암', '제자리암(상피내암)' 또는 '경계성 종양'으로 진단이 확정되었을 경우	<u>각각</u> 최초 1회에 한하여 400만 원(다만, '최초 계약'의 경우 특약의 보험 계약일로부터 1년 이내에 지급 사유 발생 시에는 약정한 보험금의 50%를 지급합니다)

기준 : 특약보험 가입구좌 2구좌
주: 주계약의 해지 및 기타 사유에 의하여 효력을 가지지 아니하게 된 경우 또는 피보험자(보험대상자)가 사망하거나 '<u>암</u>'으로 진단이 확정되었을 경우 이 특약은 그때부터 효력을 가지지 아니합니다.

약관의 규정 중 밑줄 친 부분을 주의해서 읽어보면 다음과 같은 사실을 알 수 있습니다.

① 암에 대한 암진단보험금도 최초 1회만 지급되고, 기타 피부암, 갑상선암, 제자리암(상피내암), 경계성 종양, 각각에 대한 암진단보험금도 최초 1회만 지급된다.
② 암으로 진단이 확정되면 암진단보험금을 지급하고 암진단특약은 소멸된다.
③ 기타 피부암, 갑상선암, 제자리암(상피내암), 경계성 종양으로 진단받으면 각각에 해당하는 암진단보험금이 지급되지만 그래도 암진단특약은 삭제되지 않는다.

약관의 규정이 이렇기 때문에 A씨는 2년 전에 갑상선암으로 진단받고 암진단보험금 400만 원을 받았지만 '암진단특약'은 소멸되지 않았습니다. 따라서 1년 후 발병한 유방암에 대해서 암진단보험금을 받을 수 있습니다.

 약관에서 인정되는 '암(일반암)'의 범위는 어디까지인가요?

그런데 만약 A씨가 가입한 생명보험의 약관에서 갑상선암을 '기타 피부암, 제자리암(상피내암), 경계성 종양'과 같은 부류로 규정하지 않고 '암(일반암)'에 포함시켰다면 어떻게 될까요?

그랬다면 A씨는 2년 전 갑상선암으로 진단받았을 때 암진단보험금 2000만 원을 지급받았을 것입니다. 동시에 암진단특약은 소멸되었을 것이고, 최근 발생한 유방암에 대해서는 암진단보험금을 받을 수 없습니다.

어떤 특정의 암에 대해서 보험금을 지급할 때 '암(일반암)'으로 인정할 것인지, 아니면 '경계성 종양'과 같은 부류의 암으로 인정할 것인지에 대한 기준은 계속 변해왔습니다.

보험회사마다 약간씩 다를 수 있지만 대개 2009년 전에는 갑상선암도 위암, 간암, 폐암 등과 함께 '일반암'으로 분류되었습니다. 하지만 2009년 이후로는 '경계성 종양'과 같은 부류로 분류합니다.

2000년부터 2002년까지는 대부분의 보험회사가 약관에서 암을 '일반암'과 '상피내암'으로 나누었습니다. 이때 '기타 피부암'은 위암, 간암, 폐암 등과 함께 '일반암'에 포함되었습니다. 그런데 2003년부터 '기타 피부암'은 '일반암'이 아니라 '경계성 종양'과 같은 부류로 분류되고 있습니다.

2013년 현재는 많은 보험회사들이 남녀 생식기암(유방암, 자궁암, 전립선암, 방광암 등)에 대해서도 보험금을 축소하고 있는 추세입니다.

> 보험사들이 유방암, 전립선암에 대한 진단자금을 축소하고 있다.
> 19일 보험업계에 따르면 알리안츠생명은 4월 1일부터 유방암, 전립선암을 일반암에서 소액암으로 분류해 보험금을 지급한다.
> KDB생명은 내달부터 유방암을 일반암에서 소액암으로 분류한다.
> 삼성생명은 유방암과 전립선암을 일반암으로 분류하고 있다. 다만 전립선암의 경우 초기일 경우 수술 시 생존율이 거의 100%에 달해 소액암으로 본다.
> 한화생명과 교보생명은 전립선암을 일반암으로 분류한다. 단 진행 단계에 따라 초기일 경우 소액암으로 본다. 유방암의 경우 한화·교보생명 모두 일반암으로 분류한다. (이하 생략)
>
> – 〈매일경제〉, 2013년 3월 19일

최근 남녀 생식기암으로 진단받는 사람이 급속도로 늘어나다 보니 보험금 지급 조건을 축소하고 있는 것입니다. 물론 모든 보험회사들이 같은 시기에 보험금 지급 규정을 변경하는 것은 아니므로 보험에 가입하기 전 약관을 꼼꼼히 따져보는 노력이 필요합니다.

이렇게 끊임없이 변화해온 '암진단특약' 약관을 모두 알고 있는 것은 사실상 불가능합니다.

그렇기 때문에 보험에 가입하면 보험 계약 체결 시에 받은 보험약관을 꼼꼼히 살펴볼 필요가 있습니다. 평소 약관을 전부 읽어보기는 어렵지만 '암진단특약' 정도는 확인해보는 것이 좋습니다. 암진단특약 전부를 읽어볼 필요도 없습니다. '암(일반암)'에 어떤 암이 해당하는지 정도만 확인해보면 됩니다. 암진단특약에는 여러 개의 〈별표〉가 첨부되어 있습니다. 그중에서 다음과 같은 항목을 보면 됩니다.

〈대상이 되는 악성신생물(암) 분류표〉

약관에 규정하는 악성신생물(암)로 분류되는 질병은 제6차 개정 한국표준질병·사인분류(통계청 고시 제2010·246호, 2011. 1. 1 시행) 중 다음에 적은 질병을 말합니다.

대상이 되는 악성신생물(암)	분류번호
1. 입술, 구강 및 인두의 악성신생물	C00~C14
2. 소화기관의 악성신생물	C15~C26
3. 호흡기 및 흉곽 내 기관의 악성신생물	C30~C39
4. 뼈 및 관절연골의 악성신생물	C40~C41
5. 피부의 악성흑색종	C43
6. 중피성 및 연조직의 악성신생물	C45~C49
7. 유방의 악성신생물	C50
8. 여성 생식기관의 악성신생물	C51~C58
9. 남성 생식기관의 악성신생물	C60~C63
10. 요로의 악성신생물	C64~C68
11. 눈, 뇌 및 중추신경계통의 기타 부분의 악성신생물	C69~C72

12. 부신의 악성신생물	C74
13. 기타 내분비선 및 관련 구조물의 악성신생물	C75
14. 불명확한, 이차성 및 상세불명 부위의 악성신생물	C76~C80
15. 림프, 조혈 및 관련 조직의 악성신생물	C81~C96
16. 독립된(일차성) 여러 부위의 악성신생물	C97
17. 진성 적혈구 증가증	D45
18. 골수 형성이상 증후군	D46
19. 만성 골수증식 질환 등	D47.1
20. 본태성(출혈성) 혈소판 증가증	D47.3
21. 골수섬유증	D47.4
22. 만성 호산구성 백혈병	D47.5

주: 1. 제7차 개정 이후 한국표준질병·사인분류에서 상기 질병 이외에 추가로 상기 분류번호에 해당하는 질병이 있는 경우에는 그 질병도 포함하는 것으로 합니다.
2. 기타 피부의 악성신생물(분류번호 C44) 및 갑상선의 악성신생물(분류번호 C73)은 상기분류에서 제외됩니다.

표의 내용을 보면 이 '암단진단특약'에서는 기타 피부암(C44)과 갑상선암(C73)이 '암(일반암)'에서 제외된다는 것을 알 수 있습니다. 하지만 유방암(C50), 자궁암(C54), 전립선암(C61), 방광암(C67) 같은 남녀 생식기암은 보험금 지급 기준에 있어서 제자리암(상피내암)이나 경계성 종양이 아닌 '암(일반암)'으로 분류된다는 것도 알 수 있습니다.

그런데 이와는 다르게 남녀 생식기암을 '암(일반암)'에서 제외한 '암진단특약'의 경우에는 〈별표〉에서 유방암(C50), 자궁암(C54), 전립선암(C61), 방광암(C67) 등이 포함되지 않을 수도 있습니다.

이렇게 보험회사마다 '암(일반암)'의 범위가 다를 수 있기 때문에

'암진단특약'에 첨부된 〈별표〉를 보고 '암(일반암)'으로 인정하는 범위가 어디까지인지 확인해야 합니다.

> **약관 읽어주는 남자의 한마디**
>
> 여러 차례 강조한 것처럼, 보험금의 지급은 해당 약관을 기준으로 판단해야 합니다. 보험상품명은 같아도 가입 시기별로 약관이 다를 수 있기 때문입니다. 특히 암에 대한 보험금 지급 기준은 끊임없이 변해왔기 때문에 해당 약관을 확인하지 않으면 잘못 판단하기가 쉽습니다. 그렇다면 왜 '암'에 대한 보험금 지급 기준은 계속해서 변할까요?

그 이유 중 하나는 암을 찾아내는 진단 기술의 발전 때문입니다. 진단 기술이 발전해서 예전에는 발견하기 어려웠던 암도 조기에 찾아내는 경우가 많아졌습니다. 보험회사 입장에서는 암에 대한 위험률(손해율)이 대폭 높아지는 셈입니다. 그 결과 감독당국의 허락을 받아 암 관련 보험금의 크기를 줄이고 예전에는 '암'으로 분류하던 갑상선암 등에 대한 보험금도 '경계성 종양' 수준으로 낮추어서 지급하고 있습니다. 이런 변화 때문에 약관도 바뀌는 것입니다.

그런데 이런 이유 말고도 암에 대한 보험금 지급 기준이 계속해서 바뀔 수밖에 없는 근본적인 이유가 있습니다. 그것은 인류가 아직 '암'에 대해 거의 아는 것이 없기 때문입니다.

최근 빠르게 알려진 사실이지만, 개개의 암, 개개인의 암은 놀랄 정도로 다 다릅니다. 암은 지나칠 정도로 개성이 강합니다. 같은 유방암이라도 환자 A와 환자 B는 전혀 다릅니다. 마찬가지로 환자 A의 폐암과 환자 B의 폐암도 전혀 다릅니다. "극단적으로 말하면 거의 환자의 수만큼 서로 다른 암이 있다고 생각하면 될 겁니다"라고 말하는 연구자도 있습니다.

왜 그렇게 제각각이냐 하면, 암이라는 질병은 본질적으로 그 사람의 유전자에 축적된 변이에 의해 생기기 때문입니다. 그 변이의 축적은 그 사람의 개성 자체라고나 할까, 그 환자 개인의 역사를 반영한 것입니다. 개개인이 다 다른 인생길을 걸어왔듯이 개개인의 암도 서로 다른 인생의 반영입니다. 그러므로 환자 A의 암과 환자 B의 암이 서로 다른 병태가 되는 것은 당연한 일입니다. 이 세상에 똑같은 암은 없습니다. (중략) 암 세계는 쉽게 일반화할 수 없는 사례들의 축적으로 이루어져 있다고 할 수 있습니다. 이것이 암을 생각할 때 가장 중요한 하나입니다.

— 《암 생과 사의 수수께끼에 도전하다》, 다치바나 다카시, 청어람미디어

전 세계 최첨단의 암 연구자들을 인터뷰하면서 암이라는 인류 최대의 수수께끼에 도전한 일본인 저널리스트가 들려주는 이야기는 솔직히 절망스럽습니다. 간단히 말해서 인류는 아직 암에 대해 거의 아는 것이 없다는 것이니까요. '암'이 어떤 것인지 일반화할 수 없다 보니 암에 대한 치료 방법 역시 알지 못합니다. 사람마다 다른 '암'에 대해 인류가 할 수 있는 일이라곤 그저 수술을 통해 눈에 보이는 암세포를 제거하고 항암제라고 불리지만 사실은 건강한 세포까지 파괴하는 물질을 몸에 주입하는 것뿐입니다. 그러

니 암에 대한 새로운 사실이 밝혀질 때마다 암에 대한 판단 기준도 달라지게 됩니다.

암에 대한 새로운 연구결과와 임상 데이터가 WHO(세계보건기구)에서 인정되면 'ICD(국제표준질병사인분류)'가 변경됩니다. ICD가 변경되면 '한국표준질병·사인분류'도 변경됩니다. '한국표준질병·사인분류'가 변경되면 보험약관도 변경됩니다.

29

갱신형 암진단특약도 암진단보험금을 받고 나면 소멸되나요?

암진단특약의 소멸 조건 2

6년 전 갱신형 '암진단특약'이 들어 있는 생명보험에 가입한 A씨는 보험에 가입한 지 6개월쯤 지난 어느 날 '경계성 종양' 진단을 받았습니다. A씨는 종양을 제거하는 수술을 받았고 보험금도 받았습니다. 지금은 꾸준히 검진을 받으면서 건강을 관리하고 있습니다. 그러는 사이 보험에 가입한 지 5년이 지나 '암진단특약'은 갱신되었습니다. 그런데 '암진단특약'이 갱신되고 한 달쯤 지났을 때 예전과는 다른 신체부위에서 또다시 경계성 종양이 발견되었습니다. A씨는 이번에도 경계성 종양에 대한 보험금을 지급받을 수 있을까요?

A씨의 상황 정리

- 6년 전 갱신형 암진단특약이 들어 있는 생명보험에 가입.
- 6개월 후 경계성 종양 진단을 받고 보험금도 받았음.
- 그 후 5년이 지나 암진단특약은 갱신됨.
- 암진단특약이 갱신되고 한 달 후 다른 신체부위에 경계성 종양이 발견됨.
- 이번에도 보험금을 받을 수 있는지 궁금함.

일반적인 경우 '암진단보험금'은 한 번만 지급됩니다. '암'뿐만이 아니라 경계성 종양, 기타 피부암, 갑상선 암 등 '암'에 비해 상대적으로 적은 보험금을 지급하는 대상에 대해서도 암진단보험금은 한 번만 지급됩니다. 그러나 갱신형 '암진단특약'에서는 '암'을 제외한 '경계성 종양', '상피내암' 등은 한 번만 지급되는 것이 아니라 갱신 기간별로 1회씩 암진단보험금이 지급됩니다. 따라서 갱신 전에 경계성 종양으로 진단받고 갱신 후에 또다시 경계성 종양으로 진단받은 A씨는 이번에도 경계성 종양에 대한 암진단보험금을 받을 수 있습니다.

 보험금 상식, 궁금타파!

'암(일반암)진단보험금'을 지급하면 '암진단특약'이 소멸되는 것은 갱신형 보험과 비갱신형 보험이 동일합니다. 그런데 비갱신형 보험은 '기타 피부암', '상피내암', '경계성 종양' 등의 '진단보험금'도 '암(일반암)' 진단보험금처럼 각각 단 1회만 지급됩니다. 즉 '기타 피부암'에 대해서는 전체 보험 기간 동안 단 1회만 암진단보험금이 지급되고, 상피내암, 경계성 종양도 마찬가지입니다. 이에 반해 갱신형 보험에서는 기타 피부암, 상피내암, 경계성 종양에 대한 암진단보험금이 갱신 기간별로 1회씩 지급됩니다.

'갱신형 암진단특약'의 약관에서는 이 규정을 다음과 같이 표현하고 있습니다.

〈보험금의 종류 및 지급 사유〉
회사는 피보험자(보험대상자)가 이 특약의 보험 기간 중 '암에 대한 보장 개시일' 이후에 '암'으로 진단이 확정되었거나 '기타 피부암, 갑상선암, 제자리암(상피내암) 및 경계성 종양에 대한 보장 개시일' 이후에 '기타 피부암, 갑상선암, 제자리암(상피내암) 및 경계성 종양'으로 진단이 확정되었을 경우에는 보험 수익자(보험금을 받는 자)에게 각각에 해당하는 약정한 보험금을 암진단급여금으로 지급합니다(단, 각각 최초 1회에 한함).

〈보험금 지급에 관한 세부 규정〉
〈보험금의 종류 및 지급 사유〉에도 불구하고, 기타 피부암, 갑상선암, 제자리암(상피내암) 또는 경계성 종양에 대한 각각의 암진단급여금은 갱신된 보험 기간별로 최초 1회에 한하여 지급합니다.

A씨의 경우는 5년에 한 번씩 갱신되는 '암진단특약'이었기 때문에

처음 5년 동안 경계성 종양으로 1회의 암진단보험금을 받을 수 있었습니다. 그런데 가입 후 5년이 지나서 암진단특약이 갱신되고 난 후에는 두 번째 5년 동안에 경계성 종양을 진단받으면 다시 1회의 암진단보험금을 받을 수 있습니다.

암(일반암)진단보험금을 두 번 지급하는 보험도 있습니다

진단 기술의 발달로 조기에 암을 발견하는 확률이 높아져서 최근에는 5년 이상 생존하는 암환자가 10명 중 6명이 넘는다고 합니다. 그러다 보니 두 번째 암에 대해서도 보장해주는지 관심이 높아졌습니다.

이 같은 흐름을 반영하여 얼마 전(2011년 9월 이후)부터 위암, 간암, 폐암 같은 '암(일반암)'에 대해 암진단보험금을 두 번 지급하는 상품을 대부분의 손해보험회사와 일부 생명보험회사가 판매하고 있습니다. 그런데 각 회사별로 보장 범위도 다르고 상품 구조도 매우 복잡하다 보니 잘 모르고 가입한 고객들의 민원 발생이 우려된다며 금융감독원에서 2012년 1월 25일에 보도자료(《두 번째 암도 보장, 제대로 알고 준비하세요!》)를 배포했습니다.

보도자료의 핵심 내용을 요약하면 다음과 같습니다.

'두 번째 암진단비 보험'이란 보험 가입 후 두 번째로 발생된 일반암을 보장하는 보험(특약으로 운영)으로, 크게 3가지 유형의 상품으로 구분.

① '첫 번째 암'이 진단 확정되고, 1년 이후에 첫 번째 암이 진단된 기관(Organ)과 다른 기관에 발생한 원발암과 전이암을 보장하는 상품
② 첫 번째 암이 진단 확정되고, 2년 이후에 모든 기관에 발생한 '원발암, 전이암, 재발암, 잔류암'을 보장하는 상품
③ 첫 번째 암이 진단 확정되고, 1년 이후에 모든 기관에 발생한 원발암, 전이암 및 재발암을 보장하는 상품

보험약관상 암의 구분
- 원발암: 기존 암세포와 조직해부학적 형태가 다른 암세포가 동일 부위 또는 다른 부위에 발생한 암
- 전이암: 기존 암세포가 혈관을 타고 전이되어 다른 부위에 발생한 암
- 재발암: 기존 암세포와 조직해부학적 형태가 같은 암세포가 기존 암세포 완치 후 동일 부위에 다시 발생한 암
- 잔류암: 처음 진단된 암세포가 동일 부위에 계속 남아 있는 암

— 금융감독원 보도자료 〈두 번째 암도 보장, 제대로 알고 준비하세요!〉, 2012년 1월 25일 배포

금융감독원은 보도자료에서 각 보험회사가 판매하는 '두 번째 암 진단비 보험'의 보장 범위가 서로 다르고 보장 조건이 복잡하기 때문에 사람들이 잘 이해하지 못한 채 보험에 가입하는 것을 우려하고 있습니다. 그런데 저는 조금 다른 부분을 걱정합니다.

과연 현재 의학(또는 과학)기술은 원발암, 전이암, 재발암, 잔류암

을 서로 명확하게 구별할 수 있을까요? 앞 장('암진단특약'의 소멸 조건 1)에서 언급한 것처럼 아직 인류는 암 자체에 대해 거의 알지 못합니다. 잘 알지 못하는 대상을 개념화해서 분류하고, 그 분류에 맞추어 보험금을 지급한다는 것이 과연 얼마나 보편적인 타당성을 가질 수 있을까요?

혹시 원발암, 전이암, 재발암, 잔류암에 대해서 담당 의사마다, 병원마다 서로 다른 진단을 내리지는 않을까요? 또는 잔류암인지 재발암인지 분명하지 않은 경우, 보험회사들이 의사의 진단을 인정하지 못하는 경우는 발생하지 않을까요?

어쨌든 암(일반암)진단보험금을 1회만 지급하는 것이 아니라 두 번 지급하는 보험도 분명히 있습니다. 하지만 '두 번째 암진단비 보험'의 실효성은 보험회사들이 보험금 지급 실무에 있어서 실제로 어떻게 '원발암, 전이암, 재발암, 잔류암'을 구별하는지 좀 더 지켜본 뒤에 판단해야 할 듯합니다.

약관 읽어주는 남자의 한마디

비갱신형 보험(전체 보험 기간 동안의 위험률을 모두 반영한 보험료를 균등하게 나눠서 일정 시점까지 납입하는 보험)에 익숙한 가입자 또는 보험설계사들은 '경계성 종양'이나 상피내암, 기타 피부암 등도 '암(일반암)'의 경우처럼 암진단보험금을 최초 1회만 받을 수 있다고 잘못 알고 있는 경우가 많습니다.

가입한 암진단특약이 갱신형(갱신 시점마다 피보험자(보험대상자)의 위험률을 다시 평가하여 보험료를 재산정하는 보험)이라면 경계성 종양, 상피내암, 기타 피부암, 갑상선암에 대해 갱신 기간별로 1회씩 암진단보험금을 계속 지급받을 수 있다는 사실을 모르기 때문입니다.

  이 사실만 알고 있더라도 갱신형 보험에 대해 무조건 나쁘다며 해약을 권유하는 일은 줄어들 것입니다.

30

'기타 피부암'으로 진단받으면 무조건 소액의 보험금만 받게 되나요?

암보험 변천사 1

SOS Question

2001년 '암(일반암)'으로 진단받으면 1000만 원의 보험금을 지급하는 생명보험에 가입한 A씨는 2010년에 똑같은 보험회사가 판매하는 암보험에 가입했습니다. '암(일반암)'으로 진단받으면 2000만 원의 진단보험금을 지급하는 보험이었습니다. 2011년 5월에 기타 피부암 진단을 받은 A씨는 보험회사에 '암진단보험금'을 청구하였습니다. 그런데 2001년에 가입한 보험에서는 기타 피부암을 '암(일반암)'으로 인정하여 1000만 원의 암진단보험금을 지급했고, 2010년에 가입한 보험에서는 '소액암'으로 인정하여 400만 원의 보험금을 지급했습니다. 같은 회사의 보험이고 같은 '기타 피부암'인데도 보험금 지급 기준이 다를 수 있나요? (피부암은 피부에 발생하는 악성종양을, 기타 피부암은 한국표준질병·사인분류 중에서 C44(기타 피부의 악성신생물)을 말합니다.)

A씨의 상황 정리

- 2001년과 2010년에 같은 보험회사의 암보험에 가입함.
- 2011년 5월에 기타 피부암 진단을 받고 보험금을 청구함.
- 2001년 계약에서는 '암(일반암)진단보험금' 1000만 원을 지급받고, 2010년 계약에서는 '소액암진단보험금' 400만 원을 받음.
- 같은 보험회사이고 같은 종류의 암인데도 보험금 지급 규정이 다를 수 있는지 궁금함.

어떤 암을 '소액암', '일반암', '고액암(대부분의 경우 '일반암'을 기준으로 '소액암'은 '일반암'의 20%의 보험금을 지급하고, '고액암'은 '일반암'의 200%를 지급합니다)' 중 어떤 것으로 분류해서 보험금을 지급할지는 보험회사가 결정하며 각 보험상품마다 그 기준이 다를 수 있습니다.

A씨가 처음 암보험에 가입한 2001년에는 대부분의 보험상품에서 '기타 피부암'을 '일반암'에 포함해서 보험금을 지급했습니다. 그래서 '일반암진단자금' 명목으로 1000만 원이 지급된 것입니다. 그런데 같은 보험회사에 가입한 것이지만 2010년에 가입한 보험상품에서는 기타 피부암을 소액암으로 인정하고 있는 것입니다. 그래서 400만 원만 지급되었습니다.

 **보험금 상식, 궁금타파!**

　보험회사는 지급하는 보험금의 크기에 따라 암을 소액암, 일반암, 고액암으로 나누는데(어떤 보험은 소액암과 일반암으로만 나누기도 합니다), 소액암, 일반암, 고액암에 어떤 암을 포함시키고 그래서 얼마의 보험금을 지급할지는 보험상품을 개발하는 단계에서 보험회사가 결정합니다. 금융감독원이 제시하는 가이드라인 같은 것은 아예 존재하지 않습니다. 이렇다 보니 고객의 입장에서는 혼란스러울 수밖에 없습니다. 보험회사마다 지급 기준이 제각각이니까요.

　하지만 보험회사들도 다른 보험회사보다 보장 내용을 많이 축소한 상품은 내놓기가 어렵습니다. 소비자들이 다른 회사의 보험상품과 비교해볼 테니까요. 그래서 예전에는 보험회사들도 '암'에 대한 보장 범위를 나름 상식적인 수준에서 결정했습니다. 예를 들면 유방암, 전립선암, 방광암은 위암, 간암, 폐암 같은 '일반암'으로 규정하고, 상대적으로 덜 위험한 암인 경계성 종양, 기타 피부암, 갑상선암 등은 '소액암'으로 분류했습니다(2000년대 초반에는 기타 피부암도 '일반암'으로 규정했습니다. 2009년 이전에는 갑상선암을 '일반암'에 포함하는 보험회사도 많았습니다).

　그런데 최근 각 보험회사들은 점차 유방암, 전립선암, 방광암 등을 소액암으로 분류하는 상품을 내놓고 있는 추세입니다(소액암은 대부분 '일반암진단보험금'의 20%만 지급됩니다). 예전에는 상상도 할 수 없었던 일이 보험업계에서 벌어지고 있는 것입니다. 왜 이런 일이 일어날까요? 그리고 금융감독원은 왜 이런 보험상품의 판매를 허락하는 것일까요? 여기에는 사연이 있습니다.

　몇 년 전까지는 보험회사들이 '암보험'을 많이 팔았습니다. 그런데 암 발병률이 급속히 증가하자 '암보험'만 단독으로 판매해서는 이윤이 남지 않게 되었습니다. 그러자 영리 추구가 목적인 민영 보험회사들은 '암보험' 판매를 중단하기 시작했습니다. 대신 종전과 달리 생명보험이나 손해보험상품을 판매하면서 특약의 형태로 '암보험'을 끼워서 팔게 되었습니다.

　금융감독원으로서도 난감한 일이었을 겁니다. 보험회사가 안 팔겠다고 하는데 억지로 팔게 할 수도 없으니까요. 그러다가 일부 보험회사들(시장점유율이 높은 회사들)이 갑상선암을 일반암에서 제외하고 소액암에 포함하는 보험상품을 판매하기 시작했습니다.

　금융감독원은 갑상선암이 다른 암에 비해 생존율도 높고 그리 많은 비용이 들지 않기 때문에 인가를 내주었을 것입니다. 그랬더니 다른 보험회사들도 따라하기 시작했습니다. 그러다가 보험회사들은 유방암에 대한 보험금 지급 조건도 축소하기 시작했습니다. 가입하고 1년 이내에 유방암 진단을 받으면 일반암에 비해 20~50%의 보험금만 지급하는 등 보장 조건을 대폭 축소한 것입니다. 이런 추세는 급기야 '유방암, 전립선암, 방광암' 등을 소액암으로 분류하는 데에까지 이르렀습니다. 그래서 '옛날 보험이 더 낫다'는 말까지 나오고 있는 실정입니다.

　보험회사들의 이런 움직임에도 나름대로 이유가 있습니다. 이들 암(유방암, 전립선암, 방광암 등)에 대한 발병률이 급속히 증가했기 때문에 그에 맞춰 보험료를 대폭 인상하거나 아니면 보험금을 축소해야지만 보험회사의 재정이 악화되지 않는다는 것입니다. 2012년 12월 28일에 배포된 보건복지부의 보도자료를 보면 보험회사가 주장하는 근거가 무엇인지 알 수 있습니다.

> 전국 단위 암 발생 통계가 집계되기 시작한 1999년 이후 2008년까지 암 발생은 연평균 3.3% 증가율을 보이고 있으며, 남자(1.5%)에 비해 여자(5.3%)에서 높은 증가율을 보이고 있다.
> 여성의 경우, 상위 5대 암 중 갑상선, 유방암, 대장암, 폐암이 지속적인 증가 추세에 있어 높은 증가율을 보이는 것으로 분석된다.
> 암 발생이 지속적으로 증가하고 있는 이유는 첫째, 노인 인구의 증가, 둘째, 암진단 기술의 발달과 조기검진 활성화, 셋째, 식생활 등 생활습관의 서구화로 서구형 암종이 늘어나는 데 따른 것으로서 증가 추세는 당분간 계속될 것으로 전망된다.
> 대표적인 서구형 암종인 대장암은 남자에서 2007년 위암, 폐암에 이어 3위 암종이었으나, 2008년에는 폐암을 앞질러 2위에 올라서는 등 남녀 모두에서 빠른 증가율을 보이고 있다(남 6.9%, 여 5.2%).
> 특히, 전체 암 발생률 상승의 주요한 요인인 갑상선암(남 25.3%, 여 25.7%), 전립선암(13.5%), 유방암(6.5%)의 증가율이 높아진 것은 암진단 기술의 발달과 조기검진의 증가 때문으로 풀이된다.
>
> — 보건복지부 보도자료 중 일부, 2012년 12월 28일 배포

보건복지부의 보도자료를 보면 실제로 갑상선암과 전립선암, 유방암의 발생률이 크게 높아진 것을 확인할 수 있습니다. 민영 보험

회사는 손해를 감수하면서까지 보험상품을 계속 팔 수는 없기 때문에 보험금을 축소한다는 것입니다. 하지만 보험 가입자 입장에서는 난감합니다. 예전만큼 보험금을 지급해주는 암보험을 원한다면 더 많은 수의 보험상품에 가입해야 하니까요. 결국 이 문제는 국민건강보험의 보장 확대로 풀 수밖에 없습니다. 국민건강보험은 민영 보험회사와 달리 손실을 보더라도 유지해야 하는 공익을 위한 보험이니까요.

> **약관 읽어주는 남자의 한마디**
> 예전에 가입한 보험이 요즘의 보험상품보다 나쁠 것이라고 생각하고, 최신 보험상품에 가입하기 위해 기존 보험을 해약하려는 사람들이 있습니다. 하지만 보험금 지급 규정은 계속 변해왔습니다. 옛날에는 고액암으로 인정받던 암이 지금은 소액암으로 규정되면서 예전에는 2000만 원이 지급되던 보험금이 요즘에는 400만 원만 지급되기도 합니다. 예전 상품이라고 다 나쁜 게 아니라는 얘기입니다.
>
> 기존에 가입한 보험을 해약하고 새로운 보험으로 바꾸려고 한다면 먼저 갖고 있는 보험상품의 약관을 면밀히 검토해야 합니다. 무턱대고 기존 보험을 해약했다가는 예상치 못한 낭패를 당할 수도 있습니다.

31

소액암도 보험 계약을 체결하고 90일이 지나야 보장받을 수 있나요?

암보험 변천사 2

2001년, '암(일반암)'으로 진단받으면 1000만 원의 보험금을 지급하는 생명보험에 가입한 A씨는 2010년 1월에 같은 보험회사가 판매하는 '암(일반암)'으로 진단받으면 4000만 원의 진단보험금을 지급하고 소액암(기타 피부암, 경계성 종양, 갑상선암)으로 진단받으면 800만 원을 주는 보험에 추가로 가입했습니다. 2010년 2월에 기타 피부암 진단을 받은 A씨는 보험회사에 보험금을 청구했습니다. 하지만 한 달 전에 가입한 보험에서는 보험금이 지급될 거라고 생각하지 않았습니다. 보험에 가입하고 90일이 지나지 않았기 때문입니다. 그런데 보험회사는 2001년에 가입한 보험에서 1000만 원을 지급하고, 한 달 전에 가입한 보험에서는 800만 원을 지급했습니다. 어떻게 된 일일까요?

A씨의 상황 정리

- 한 보험회사에 2001년과 2010년 1월에 각각 암보험을 가입함.
- 2010년 2월에 기타 피부암 진단을 받고 보험금을 청구함.
- 2001년 계약에서는 '암(일반암)진단보험금' 1000만 원이 지급됨.
- 2010년 1월 보험 계약에서도 '소액암진단보험금' 800만 원이 지급됨.
- 보험에 가입하고 90일이 지나지 않았는데도 암보험금을 지급해주는 이유가 궁금함.

2001년 가입한 보험에서는 기타 피부암을 '일반암'으로 규정하고 있기 때문에 일반암진단보험금 1000만 원을 지급했습니다. 그런데 2010년 1월에 가입한 보험 계약에서는 기타 피부암을 '소액암'으로 분류합니다. 소액암은 일반암(또는 고액암)과 달리 보험 계약 체결 후 90일이 지나기 전에 진단을 받아도 보험금을 지급합니다.

 보험금 상식, 궁금타파!

모든 보험상품에는 '보장 개시일'이라는 개념이 존재합니다. 보험회사가 보험증권과 약관에서 정한 대로 가입자에게 보험금을 지급할 의무가 생기는 시점을 '보장 개시일'이라고 합니다. 보험 계약에서 주계약과 거의 모든 특약의 보장 개시일은 보험회사가 가입자에게 1회 보험료를 받은 때입니다. 그런데 몇 가지 특약은 보장 개시일이 1회 보험료를 받은 날부터 90일이 지난 날의 다음 날입니다. 암진단특약, 암입원특약, 암수술특약 등 암과 관련된 특약들이 그렇습니다.

그런데 모든 암이 보험 계약 체결 후 90일이 지난 날의 다음 날부터 보장이 시작되는 것은 아닙니다. 보험회사들이 소액암으로 분류하고 있는 암(기타 피부암, 갑상선암, 제자리암(상피내암), 경계성 종양 등)은 보험회사가 1회 보험료를 받은 날부터 보장이 시작됩니다. 보험약관에서는 다음과 같이 설명하고 있습니다.

〈특약의 보장 개시일〉
'암'에 대한 보장 개시일은 최초 계약의 경우 제1회 보험료를 받은 날부터 그날을 포함하여 90일이 지난 날의 다음 날로 합니다. 그러나 '기타 피부암', '갑상선암', '제자리암(상피내암)' 및 '경계성 종양'의 경우는 특약의 보험 계약일로 하며, 회사는 그날부터 이 약관이 정한 바에 따라 보장을 합니다.

만약 소액암에 '유방암, 방광암, 자궁암, 전립선암'을 포함시킨 보험상품이라면 '유방암, 방광암, 자궁암, 전립선암'에 대한 보장 개시일도 보험회사가 1회 보험료를 받은 날이 됩니다. 이렇게 예전에는 '일반암'으로 인정되던 암들이 '소액암'으로 분류되면서 가입자들은 혼란스러울 수밖에 없습니다. A씨처럼 암진단을 받은 시점이 보험을 계약하고 90일이 지나지 않았기 때문에 보험금을 받지 못할 것이라고 생각하는 사람이 많습니다. 아예 보험금 청구를 하지 않게 되는 것입니다.

'암'에 대해서 보험금을 지급하는 상품에 가입한 분들은 꼭 확인하기 바랍니다. 내가 가입한 보험에서는 소액암, 일반암, 고액암에 어떤 암들을 포함시키고 있는지. 그리고 만약 소액암으로 분류되는 암을 진단받았다면 일반암과 달리 보험 계약과 동시에 보장이 시작되므로 적극적으로 보험금을 청구하기 바랍니다.

약관 읽어주는 남자의 한마디 물론 일반암으로 인정되던 암들이 소액암으로 규정되는 것은 보험 가입자의 입장에서는 달갑지 않을 것입니다. 하지만 그와 같은 변화가 암 발병률의 변동 때문에 손실을 회피하려는 보험회사들의 결정이라면 가입자가 할 수 있는 방법은 딱 하나입니다. 보험에 가입하지 않는 것이죠. 하지만 그러기에는 현재 국민건강보험제도가 완벽하지 않습니다. 보험 없이 살기에는 불안한 것이 사실입니다.
그럼 어떻게 해야 할까요?

지금 보험에 가입하려는 사람이라면 우선 고려할 부분이 소액암과 일반암에 어떤 암이 포함되는가를 살펴보는 것입니다. 보험회사마다 차이가 있기 때문에 가능하면 '유방암, 자궁암, 방광암, 전립선암' 등이 일반암으로 분류되어 있는 보험에 가입하십시오.

만약 3~4년 전에 가입한 보험에 '유방암, 자궁암, 방광암, 전립선암'을 일반암으로 분류하는 '암특약'이 있다면 그 보험을 해약하고 새로 나온 보험으로 갈아타는 바보 같은 짓은 절대 하지 마십시오.

또 '유방암, 자궁암, 방광암, 전립선암'을 소액암으로 규정하는 보험에 가입한 분이라면 다음의 사실을 꼭 기억해야 합니다. 혹시라도 보험에 가입하고 90일이 지나지 않은 시점에 '유방암, 자궁암, 방광암, 전립선암' 등으로 진단받는다면 적극적으로 보험금을 청구하십시오. 소액암의 범위가 넓어진 보험에 가입한 것도 억울한데 받을 수 있는 보험금을 신청하지 않는 일은 없어야 하겠습니다.

'암보험금'에 대한 기준이 급변하는 요즘, 피해를 줄이는 방법은 내가 가입하려는(또는 가입한) 보험의 '약관'을 꼼꼼히 확인하는 것입니다.

32. 경계성 종양을 제거했는데 암진단보험금을 받을 수 있나요?

직장유암종과 암진단보험금, CI보험금

몇 년 전 암으로 진단받으면 2000만 원을 받을 수 있는 생명보험에 가입한 A씨는 최근에 대장내시경 검사를 받던 중 직장에서 용종이 발견되어 제거수술을 받았습니다. 조직 검사 결과에 대해서도 병원에서 별다른 설명이 없어서 단순한 용종이라고만 생각했습니다. 보험회사에 보험금을 청구했더니 용종 제거수술에 대한 보험금 40만 원을 지급해주었습니다. 몇 달 후 다른 보험회사에서 설계사로 근무하는 지인과 대화를 나누던 중 A씨는 그에게 용종 제거수술 당시의 진단서를 보여주었습니다. 진단서에는 '유암종'이라는 진단명이 적혀 있었는데, 그것을 본 지인은 암보험금을 받을 수 있다며 보험회사에 민원을 접수하라고 권유했습니다. A씨는 정말 암보험금을 받을 수 있을까요?

A씨의 상황 정리

- 대장내시경 검사를 받다가 직장의 용종을 제거하는 수술을 받음.
- 수술 후 진단서를 발급받아보니 '유암종'이라고 기록되어 있음.
- 보험회사에서는 용종 제거수술에 해당하는 보험금 40만 원만 지급함.
- 지인이 암보험금을 받을 수 있다며 보험회사에 민원을 접수하라고 권함.

 '유암종'은 보험약관에서는 분명히 '경계성 종양'으로 분류되지만, 2012년 5월 대법원에서 '직장유암종'도 암에 속한다는 판결을 내렸습니다. 그럼에도 불구하고 병리조직학적 진단 결과에 따라 암보험금 지급이 결정되고 있습니다.

보험금 상식, 궁금타파!

2012년 5월 27일, 상당히 의미 있는 대법원 판결이 나왔습니다. 이 판결은 다음 날 몇몇 언론에 소개되었습니다. 하지만 주의 깊게 보지 않거나 보험에 대해 잘 모르는 사람은 그 판결의 의미를 온전히 이해하지 못했습니다.

내분비종양의 일종인 '유암종'도 보험 계약상의 암에 해당되기 때문에 암보험금을 지급해야 한다는 대법원의 판결이 나왔습니다. 대법원

2부는 직장유암종 진단을 받고 수술한 40살 문모 씨가 보험사를 상대로 암보험금을 지급하라며 낸 소송에서 보험사가 보험금 2000만 원을 지급하도록 판결한 원심을 확정했습니다.

재판부는 "직장의 모든 유암종은 크기가 작아도 잠재적으로 악성 경과를 보일 여지가 있는 것으로 간주하고 있어 보험 계약상 암에 해당한다"고 설명했습니다.

앞서 해당 보험사는 문씨의 질환은 암이 아닌 '경계성 종양'이라며, 보험금 600여만 원만 지급했었습니다.

대법원 관계자는 "여러 가지로 해석돼 그 뜻이 명백하지 않은 보험약관은 고객에게 유리하게 해석해야 한다는 취지"라고 덧붙였습니다.

– 〈YTN 뉴스〉, 2012년 5월 28일

직장유암종은 보험금을 지급할 때 경계성 종양이 아니라 암으로 인정해야 한다고 대법원에서 판결했음을 알 수 있습니다. 그렇다면, 보험회사는 당연히 암인 것을 암이 아니라고 우긴 것일까요? 그렇지는 않습니다. 암진단특약의 약관을 보면 보험회사가 주장한 근거를 확인할 수 있습니다.

〈암진단특약〉

이 특약에 있어서 '암'이라 함은 제6차 한국표준질병·사인분류에 있어서 악성신생물(암)로 분류되는 질병을 말합니다.

이 특약에 있어서 '경계성 종양'이라 함은 제6차 한국표준질병·사인분류에 있어서 〈별표 4〉 '행동양식 불명 또는 미상의 신생물 분류표'

에서 정한 질병을 말합니다.

〈별표 4〉 행동양식 불명 또는 미상의 신생물 분류표

약관에 규정하는 행동양식 불명 또는 미상의 신생물로 분류되는 질병은 제6차 개정 한국표준질병·사인분류(통계청 고시 제2010-246호, 2011. 1. 1 시행) 중 다음에 적은 질병을 말합니다.

대상 질병명	분류번호
1. 구강 및 소화기관의 행동양식 불명 또는 미상의 신생물	D37
2. 중이, 호흡기관, 흉곽 내 기관의 행동양식 불명 또는 미상의 신생물	D38
3. 여성 생식기관의 행동양식 불명 또는 미상의 신생물	D39
4. 남성 생식기관의 행동양식 불명 또는 미상의 신생물	D40
5. 비뇨기관의 행동양식 불명 또는 미상의 신생물	D41
6. 수막의 행동양식 불명 또는 미상의 신생물	D42
7. 뇌 및 중추신경계의 행동양식 불명 또는 미상의 신생물	D43
8. 내분비선의 행동양식 불명 또는 미상의 신생물	D44
9. 림프, 조혈 및 관련조직의 행동양식 불명 또는 미상의 신생물	D47(D47.1, D47.3, 47.4, D47.5 제외)
10. 기타 및 상세불명 부위의 행동양식 불명 또는 미상의 신생물	D48

그동안 보험회사는 '직장유암종' 진단을 받은 사람의 진단서에 질병 분류번호가 D37.5로 기록되어 있다면 보험금 지급 규정 중 '경계성 종양'에 해당한다고 보아왔습니다.

그 이유는 질병 분류번호 'D37(구강 및 소화기관의 행동양식 불명 또는 미상의 신생물) 계열'을 보험약관에서 '행동양식 불명 또는 미상의 신생물'로 규정하고 있고, 보험금 지급 규정에서는 '행동양식 불명 또는 미상의 신생물'을 경계성 종양으로 규정하고 보험금을 지급하기 때문입니다. 보험회사의 입장에서는 약관의 규정을 정확히 지킨 것이라고 생각합니다. 그런데도 대법원이 보험 가입자의 손을 들어준 이유는 '여러 가지로 해석돼 그 뜻이 명백하지 않은 보험약관은 고객에게 유리하게 해석해야 한다는 취지' 때문이라고 합니다.

> 생명보험 주계약 약관 중 〈약관의 해석〉
> ① 회사는 신의성실의 원칙에 따라 공정하게 약관을 해석하여야 하며 계약자에 따라 다르게 해석하지 아니합니다.
> ② 회사는 약관의 뜻이 명백하지 아니한 경우에는 계약자에게 유리하게 해석합니다.
> ③ 회사는 보상하지 않는 사항 등 계약자나 피보험자(보험대상자)에게 불리하거나 부담을 주는 내용은 확대하여 해석하지 아니합니다.

그렇다면 약관의 어느 부분이 명백하지 않았을까요?

'암진단특약'에 있어서 경계성 종양으로 판정하는 기준이 되는 것은 '한국표준질병·사인분류'에서 규정한 질병코드 D37, D38, D39, D40, D41, D42, D43, D44, D47(D47.1, D47.3, 47.4, D47.5 제외), D48에 해당하는 질병들입니다(보험 가입 시기별로 약간씩 다를 수 있습니다).

보험회사들은 보험금 지급 기준을 정하면서 이 질병들을 암보다는 덜 위험한 상태인 경계성 종양으로 규정했습니다.

하지만 대법원이 판단하기에 이 질병들 중 'D37 계열'(별첨 ❹ 참조)인 '직장유암종(D37.5)'은 '크기가 작아도 잠재적으로 악성의 경과를 보일 가능성이 있기 때문에' 보험회사의 주장처럼 D37 계열의 다른 질병들과 함께 '경계성 종양'으로 분류할 수는 없다는 것입니다. 대법원은 바로 이 부분에 대해 보험약관의 뜻이 명백하지 않다고 판단했습니다.

이렇게 판단 기준이 불분명한 경우는 보험 가입자에게 유리한 쪽으로 약관을 해석해야 한다는 규정이 보험약관에 있는 만큼 직장유암종은 '직장암(C20 직장의 악성신생물)'으로 인정되어야 하고, 따라서 보험회사는 암진단보험금을 지급하라는 판결입니다.

그렇다면 대법원 판례도 나왔으니 이제는 직장유암종에 대해 암보험금 받기가 쉬울까요? 그동안 다양한 판례와 금감원의 분쟁조정 결정이 나오면서 2019년 현재 직장유암종과 관련한 분쟁은 완벽하진 않지만 다음과 같이 정리가 되었습니다.

2008년 1월 이전에 가입한 보험계약인 경우 주치의가 D37.5(직장의 경계성종양)라고 진단했다 하더라도 보험사들은 암보험금을 지급해야 합니다. 2008년 1월 이후 계약의 경우에는 주치의가 C20(직장의 악성신생물)이라고 진단하면 암보험금을 지급하고 D37.5이라고 진단하면 경계성종양에 해당하는 보험금을 지급하라는 것이 대법원 판례입니다. 그런데 최근 금감원은 2008년 1월 1일 이후 계약이라 하더라도 D37.5로 진단받은 경우에도 암보험금 지급하라고 보험사들에 권고했습니다. 하지만 아직 그 권고를 수용하지 않은 보험사들이 있어서 분쟁은 계속되고 있습니다.

직장유암종(D37.5)은 CI보험금 지급 대상일까요?

'CI(critical illness)보험금'은 '중대한 질병'이나 '중대한 수술' 또는 '중대한 화상'을 입었을 때 사망보험금의 일부 또는 전부가 보험금으로 지급되는 것입니다(또는 암진단보험금처럼 사망보험금과 별도로 지급되는 형태도 있습니다). 그런데 '중대한 질병'에는 '중대한 암'도 포함됩니다. 그렇기 때문에 만약 직장유암종이 '중대한 암'의 규정에 부합한다면 보험회사는 암진단보험금 외에 CI보험금도 지급해야 합니다. 게다가 더 중요한 것은 'CI보험금'이 주계약 안에 포함되어 있는 생명보험의 경우 CI보험금 지급과 함께 차후의 보험료 납입이 면제됩니다. 그렇다면 직장유암종은 '중대한 암'에 포함될까요?

CI보험금을 지급하는 생명보험의 약관에서 '중대한 암'의 정의를 확인해보겠습니다.

> 중대한 질병의 정의
> 1. 중대한 암(Critical Cancer)
> '중대한 암'이란 진행성이며, 성장이 조절되지 않고, 정상 조직과 주변 조직으로 전이, 침윤되어 정상 조직과 주변 조직을 파괴하는 특징을 가진 악성신생물(암)을 의미합니다. 암은 반드시 조직병리학 검사로

확진되어야 합니다. 단, 다음 각 호에 해당하는 경우는 중대한 암의 보장에서 제외합니다.

1) 다음의 '가~차'에 해당하는 악성신생물(암)

　가. 악성흑색종 중에서 침범도가 낮은(Breslow 분류법상 그 깊이가 1.5mm 이하인 경우를 말합니다) 경우

　나. 악성흑색종 이외의 모든 피부암(C44)

　다. 초기 전립선암('초기 전립선암'이란 modified Jewett 병기 분류상 stage B0 이하 또는 1992년 TNM 병기상 T1c 이하인 모든 전립선암을 말합니다)

　라. 갑상선암(C73)

　마. 초기 호지킨병('초기 호지킨병'이란 Ann Arbor 분류표에 의한 1기의 호지킨병을 말합니다)

　바. 초기 비호지킨 림프종('초기 비호지킨 림프종'이란 Ann Arbor 분류표에 의한 1기의 비호지킨 림프종을 말합니다)

　사. 초기 만성림프구성 백혈병('초기 만성림프구성 백혈병'이란 RAI stage 0 이하의 만성림프구성 백혈병을 말합니다)

　아. 만성림프구성 백혈병을 제외한 백혈병으로 혈구를 생산하는 골수 내에 널리 퍼진 백혈병 세포가 없는 경우의 백혈병

　자. 인간면역바이러스(HIV) 감염과 관련된 악성종양(단, 의료법에서 정한 의료인의 진료상 또는 치료 중 혈액에 의한 HIV감염과 관련된 악성종양은 해당 진료기록을 통해 객관적으로 확인되는 경우는 제외)

　차. '중대한 질병 및 수술에 대한 보장 개시일' 이전에 발생한

암이 '중대한 질병 및 수술에 대한 보장 개시일' 이후에 재발되거나 전이된 경우

2) 병리학적으로 전암병소, 제자리암, 경계성 종양 등 '중대한 암'에 해당하지 않는 질병

3) 신체부위에 관계없이 병리학적으로 현존 양성종양인 경우

주: 이 기준은 보험회사별로, 가입 시기별로 약간씩 차이가 날 수 있습니다.

위 규정을 간단히 정리하면 이렇습니다.

'중대한 암'이란 일반적인 '암'에서 위의 1), 2), 3)에 해당하는 것을 제외한 나머지 모든 '암'을 말합니다.

그러므로 '중대한 암'의 보장에서 제외된다고 약관에 명시된 항목들이 아닌 모든 암(위암, 유방암, 자궁암, 전립선암, 난소암, 대장암, 폐암, 간암, 악성뇌종양 등)이 '중대한 암'에 속합니다.

그런데 2008년 1월 이전에 가입한 보험이라면 주치의가 직장유암종을 경계성종양이라 진단했다 하더라도 대법원 판례에 의해 암으로 보장해야 하므로 2008년 1월 이전 계약 당시 CI보험 약관에 직장유암종을 '중대한 암'에서 제외한다는 규정이 없는 한 직장유암종에 대해서 CI보험금을 지급해야 합니다.

그런데 2008년 1월 이후에 체결된 보험계약의 경우에는 상황이 조금 복잡합니다. 이 경우 대법원 판례를 따르면 주치의가 직장유암종에 대해 경계성종양이라고 진단하면 보험에서도 암이 아니라 경계성종양으로 평가해야 하기 때문에 당연히 '중대한 암'에 해당하지 않습니다. 그런데 반대로 주치의가 직장암이라고 진단하면 암에 해

당하는 보험금을 지급해야 합니다. 그러니 이런 경우에는 CI보험금을 지급해야만 하죠.

 2019년 현재 대부분의 내과의사들은 1cm 미만의 직장유암종에 대해 경계성종양으로 진단하고, 대부분의 외과의사들은 1cm 미만의 직장유암종이라 하더라도 직장암으로 진단하고 있습니다.

 이렇게 똑같은 보험에 가입했다 하더라도, 또한 똑같은 질병이 발생했다 하더라도 어떤 의사에 의해 진단받느냐에 따라 보험금이 수천만 원 이상 달라지는 불합리를 해소하기 위해 금감원은 2019년 현재 직장유암종에 대해서는 2008년 이후 계약이라고 하더라도 모두 '암'으로 보장해야 하며, 직장유암종을 암으로 보장해야 하는 이상 당연히 CI보험금도 지급하는 것이 적절하다는 입장을 내놓고 이 기준으로 보험금을 심사하라고 보험사에 권고했습니다. 하지만 금감원의 이런 판단과 권고를 어떤 보험사들은 즉시 수용한 반면 또 어떤 회사들은 아직 수용하지 않고 소비자들과 분쟁을 계속하고 있습니다.

약관 읽어주는 남자의 한마디

'암'관련 보장이 설정된 보험에 가입한 사람이라면 앞으로 대장내시경 검사를 받을 경우 그 검사 결과에 따라 적극적으로 보험금을 청구해야 합니다. 또한 위 사례와 유사한 경우인데도 경계성종양으로 인정받고 그에 해당하는 보험금만 받은 분들은 보험가입 시점을 확인한 후 다시 암보험금을 청구하기 바랍니다. 보험금은 청구하는 사람만이 받을 수 있습니다.

33. 암진단보험금을 받은 뒤 또다시 암으로 진단받으면 보험금을 받을 수 있나요?

'원발부위암'과 '원발부위불명암'에 대한 보험금 지급 규정

2008년 1월에 암진단특약이 들어 있는 CI종신보험(생명보험)에 가입한 A씨는 2009년 5월에 갑상선암 진단을 받고 보험금을 지급받았습니다. 그런데 A씨는 2012년 12월에 이번에는 폐암 진단을 받았습니다. 의사는 이 폐암이 갑상선암에서 전이된 것이라고 했습니다. A씨는 폐암에 대해서 보험금을 신청했지만 보험회사는 2012년 12월에 A씨가 진단받은 폐암이 갑상선암에서 전이된 것이기 때문에 갑상선암을 기준으로 보험금을 지급해야 하는데 갑상선암보험금은 2009년에 이미 지급했으므로 폐암에 대해 추가로 보험금을 지급할 수 없다고 했습니다.

A씨가 가입한 보험은 갑상선암을 '소액암'으로 분류하고 있고, CI보험금 지급 대상에서 제외하고 있습니다. 또 암진단특약은 비갱신형 특약이며 일반암진단보험금은 최초 1회만 지급되는 상품입니다. A씨는 폐암에 대한 암진단보험금을 정말 받을 수 없을까요?

A씨의 상황 정리

- 2008년 1월 'CI종신보험' 가입(갑상선암을 소액암으로 분류하는 상품).
- 2009년 5월 갑상선암으로 진단받고 보험금(소액암진단자금) 수령.
- 2012년 12월에 폐암 진단을 받음.
- 보험회사는 A씨의 폐암이 갑상선암에서 전이된 것이므로 갑상선암을 기준으로 보험금을 지급해야 하는데, 갑상선암에 대해서는 이미 보험금을 지급했기 때문에 폐암 진단에 대해서는 보험금 지급을 거절함.

 A씨의 보험 가입 시기가 2011년 상반기 이전이기 때문에 폐암에 대한 '암진단보험금'도 받을 수 있습니다. 만약 A씨가 보험에 가입한 시점이 2011년 상반기 이후였다면 A씨는 폐암에 대한 '암진단보험금'을 받을 수 없습니다. '원발부위암(암이 처음 생긴 부위를 '원발부위'라고 하며, 전이된 암과 구별하기 위해서 사용합니다)'에 대한 규정이 보험약관에 첨부되었기 때문입니다.

 보험금 상식, 궁금타파!

보통 생명보험 계약에서는 일반암이나 고액암으로 진단받은 뒤에는 소액암으로 또 진단받아도 암진단보험금을 추가로 지급하지 않습니다. 일반암이나 고액암에 대한 암진단보험금이 지급되면 '암진단특약' 자체가 삭제되기 때문입니다. 하지만 소액암으로 진단받은 뒤 일반암 또는 고액암으로 진단받는 경우에는 암진단보험금을 추가 지급합니다('소액암진단보험금'과의 차액만큼 지급). 소액암에 대한 암진단보험금을 지급해도 암진단특약이 삭제되지 않기 때문입니다.

A씨가 2009년 5월에 진단받은 갑상선암은 당시 가입한 보험에서 소액암으로 분류되었습니다. 이에 따라 A씨는 소액암진단보험금을 받았기 때문에 암진단특약이 삭제되지 않았습니다. 그 후 다시 일반암 또는 고액암으로 진단받으면 그에 해당하는 암진단보험금을 받을 수 있다는 얘기입니다. 그런데도 보험회사는 갑상선암에서 전이된 폐암에 대해 일반암진단보험금을 지급하지 않았습니다. 왜 그랬을까요?

보험회사에서는 2012년에 A씨가 진단받은 폐암이 갑상선암에서 전이된 것이므로 '일반암'인 폐암으로 인정하고 보험금을 지급하는 것이 아니라 '원발부위암인 갑상선암을 기준으로 보험금을 지급하는 게 맞다'고 본 것입니다. 그런데 갑상선암에 대해서는 '소액암진단보험금'을 2009년에 지급했기 때문에 이번 폐암 진단에 대해 추가로 지급할 보험금이 없다는 것이죠. 보험회사가 주장하는 약관의 근거는 다음과 같습니다.

〈유의사항〉
한국표준질병·사인분류 지침서의 '사망 및 질병이환의 분류번호 부여를 위한 선정준칙과 지침'에 따라 C77~C80(이차성 및 상세불명 부위의 악성신생물(암)]의 경우 일차성 악성신생물(암)이 확인되는 경우에는 원발부위(최초 발생한 부위)를 기준으로 분류합니다.

즉 '이차성 암(전이된 암)'이거나 어느 부위에서 시작되었는지 모르는 암인 경우에는 '최초 발생한 암(일차성 암)'이 확인되면 그 암을 기준으로 보험금을 지급한다는 것입니다. A씨의 경우는 일차성 암이 갑상선암이고, 폐암은 갑상선암으로부터 전이된 '이차성 암'이라는 것이 확인되었습니다. 따라서 위 규정에 의거해 A씨의 폐암은 '원발부위암'인 갑상선암을 기준으로 보험금이 지급되어야 합니다. 그런데 갑상선암 보험금은 이미 지급되었기 때문에 폐암에 대해서는 지급하지 않아도 된다는 것입니다.

약관에 근거한 보험회사의 주장은 옳습니다. 하지만 보험회사(보험금 심사 담당자)는 기본적인 사실 한 가지를 잘못 파악했습니다.

A씨가 보험에 가입했던 2008년에는 'C77~C80〔이차성 및 상세불명 부위의 악성신생물(암)](별첨 ❺ 참조)의 경우 일차성 악성신생물(암)이 확인되는 경우에는 원발부위(최초 발생한 부위)를 기준으로 분류한다'는 규정이 없었습니다. 이 규정은 보험회사별로 조금 차이가 있지만, 2011년 4월 1일부터 대부분 보험약관에 추가되었습니다!

2011년 4월 1일 이전까지 판매된 대부분의 '암진단특약' 약관에는 위와 같은 유의사항이 없습니다. 약관의 어디에도 없습니다. 보험금의 지급에 있어서 보험회사는 약관에 근거한 판단을 내려야 합니다. 당시 약관에 없던 미래의 규정으로 보험금 지급을 심사한다는 것은 말이 안 됩니다.

그러므로 A씨는 폐암에 대한 일반암진단보험금을 받을 수 있습니다.

이차암(전이암)도 CI보험금이 지급되나요?

A씨는 단지 폐암에 대한 일반암진단보험금만 받을 수 있을까요?

대부분의 보험회사에서는 A씨의 사례와 같은 일이 벌어지면 일단 일반암진단보험금은 지급하고 보험금 지급을 종결합니다. 그 후 보험 가입자가 아무런 문제 제기를 하지 않으면 그것으로 보험금 지급은 마무리됩니다. 그런데 사실 보험회사는 A씨에게 일반암진단보험금만 지급하면 되는 것이 아닙니다. 'CI보험금'도 지급해야 합니다!

2011년 상반기까지는 '암진단특약'뿐만 아니라 'CI보험금'의 지급 규정('32. 경계성 종양을 제거했는데 암진단보험금을 받을 수 있나요?' 참조)'에도 'C77~C80(이차성 및 상세불명 부위의 악성신생물(암))'의 경우 일차성 악성신생물(암)이 확인되는 경우에는 원발부위를 기준으로 분류한다'는 규정이 없었습니다. 대부분은 2011년 4월 1일 이후에 그 규정이 첨부되었습니다.

그러므로 A씨의 사례처럼 2011년 4월 1일 이전에 CI종신보험에 가입한 사람이 '소액암'으로 진단받은 뒤 그 후 전이되어 '일반암진단'을 받은 경우 보험회사는 '일반암진단보험금' 외에 추가로 'CI보험금'까지 지급해야 합니다(단, 일반암이라고 하더라도 약관상 중대한 암에 해당되지 않는 항목은 CI보험금이 지급되지 않습니다).

또한 CI보험금을 지급했으니 이후 보험료는 납입을 면제해주어야 합니다.

 '원발부위불명암'인 경우에는 어떻게 되나요?

국가암정보센터 홈페이지에 들어가면 다음과 같은 정보를 열람할 수 있습니다.

> 원발부위, 원발부위불명암: 암이 처음 생긴 부위를 원발부위라고 부릅니다. 대부분의 경우에는 암이 처음 어느 부위에서 생겼는지를 분명히 알 수 있습니다. 그래서 위암, 폐암, 유방암, 간암 등과 같이 암이 먼저 생긴 부위의 이름을 붙여 암 진단명을 내리게 됩니다. 그러나 전이가 먼저 발견되어 암이 발생한 장소를 모르는 경우, 이런 암을 원발부위불명암이라고 합니다. 원발부위가 매우 작거나 진단하기 어려운 부위인 경우에는 암세포가 확인되었음에도 불구하고 어디서부터 생겼는지 모를 수 있습니다.
>
> – 국가암정보센터

이렇듯 원발부위를 알 수 없는 암도 존재합니다. A씨의 경우에는 폐암의 원발부위암이 갑상선암이라는 것을 알 수 있었습니다. 그런데 만약 그 폐암이 갑상선암과의 관련성을 알 수 없는 '원발부위불명암'이었다면 보험금 지급 기준은 어떻게 적용될까요?

위에서 살펴본 '유의사항'을 다시 확인해보겠습니다.

한국표준질병·사인분류 지침서의 '사망 및 질병이환의 분류번호 부여를 위한 선정준칙과 지침'에 따라 C77~C80(이차성 및 상세불명 부위의 악성신생물(암))의 경우 일차성 악성신생물(암)이 확인되는 경우에는 원발부위(최초 발생한 부위)를 기준으로 분류합니다.

즉 C77~C80(이차성 및 상세불명 부위의 악성신생물(암))의 경우에는 '일차성 암'이 확인될 때만 '원발부위'를 기준으로 분류한다는 것입니다. 그러니 만약 A씨의 폐암이 갑상선암에서 전이된 것임을 알 수 없다면 그 폐암은 원발부위를 기준으로 분류할 수 없습니다. 따라서 이 경우에도 일반암진단보험금과 CI보험금 그리고 보험료 납입 면제 혜택까지 모두 받을 수 있습니다.

약관 읽어주는 남자의 한마디

A씨의 사례처럼 보험회사가 보험금 청구를 심사하면서 해당 계약의 약관에 없던 규정을 가지고 보험금 심사를 하는 일이 얼마나 있을까요?

많지는 않겠지만 A씨의 사례는 실제 모 보험회사에서 발생했던 일입니다. 보험회사가 고의로 그렇게 처리하지는 않았을 것입니다. 심사 담당자가 잠깐 착각을 했거나, 아니면 경력이 짧은 심사 담당자가 원발부위를 기준으로 암보험금을 심사하는 최근의 규정만 알고 보험금 심사를 했을 수도 있습니다. 사람이기에 실수할 수 있습니다. 하지만 보험 가입자의 입장에서는 다른 보험금도 아니고 '암진단보험금'을, 그것도 경우에 따라서는 수천만 원에 이르는 금액을 실수로 받지 못한다는 것은 용납할 수 없는 일입니다.

보험회사 보험금 심사부서의 업무 처리를 보면 보험금 지급을 거절하거나 비교적 소액의 보험금을 지급할 때는 1차 심사 담당자 혼자 판단합니다. 그런데 금액이 클 경우에는 1차 심사 담당자 외에 그 위 관리자들의 심사까지 통과해야 합니다.

A씨와 같은 사례를 예방하기 위해서는 현실성이 떨어지는 이야기일 수도 있겠지만 1차 심사 담당자가 지급을 '거절한 보험금'도 지급을 '승인한 보험금'처럼 경험 많고 노련한 관리자들이 다시 검토해서 지급 여부를 최종 결정해야 합니다. 그러려면 보험회사가 충분한 심사 인력을 채용해야만 합니다. 보험금 청구서는 많은데 인력이 부족하다면 이런 어처구니없는 일은 계속 벌어질 수밖에 없습니다.

34. 어린이보험에서는 계약 체결(또는 부활) 후 90일이 지나지 않은 시점에 진단받은 암에 대해서도 암보험금이 지급되나요?

어린이보험의 암에 대한 책임 개시일

몇 년 전 본인은 물론이고 자녀에 대해서도 '암진단보험금'을 받을 수 있는 생명보험에 가입한 A씨는 보험 계약을 해지(실효)시켰다가 몇 달 후 부활(보험 계약의 효력 회복)시킨 경험이 많았습니다. 그동안 건강상에 별다른 이상이 없었기 때문에 보험 계약을 해지시켰다가 부활시켜도 아무런 불이익을 받지 않았습니다.

어느 날 또 보험 계약이 해지되었는데 이번에도 A씨는 3개월 후에 밀린 보험료를 한 번에 납부하고 보험 계약을 부활시켰습니다. 그런데 보험 계약을 부활시킨 지 두 달 만에 A씨의 자녀가 급성백혈병으로 진단받는 일이 벌어졌습니다. 보험 계약을 부활시킨 지 90일이 채 지나지 않아서 '백혈병(백혈구에 발생한 암)'으로 진단받은 A씨의 자녀는 암진단보험금을 받을 수 있을까요?

A씨의 상황 정리
- 자녀보장특약이 추가되어 있는 생명보험에 가입함.
- 두 달 이상 보험료를 납입하지 않아서 해지(실효)된 보험 계약을 3개월 후에 부활시킴.
- 보험 계약을 부활시킨 지 두 달 만에 자녀가 급성백혈병 진단을 받음.
- 보험 계약을 부활시킨 지 90일이 지나지 않은 시점에 진단받은 암에 대해서도 보험금이 지급되는지 궁금함.

 어린이에 대한 모든 암보험의 효력이 계약을 체결하거나 부활한 지 90일이 지나야지만 시작되는 것은 아닙니다. 어떤 어린이보험 상품에서는 보험 계약을 체결하거나 보험 계약을 부활시킨 그날부터 암에 대한 보장이 시작되기도 합니다.

 보험금 상식, 궁금타파!

보험 계약을 체결해도 암과 관련한 각종 보험금 지급의 효력은 계약 또는 부활한 지 90일이 지나야 개시된다는 것은 이제 상식이 되었습니다. 이와 관련한 '암진단특약' 약관의 규정은 다음과 같습니다.

〈제1회 특약보험료 및 특약의 보장 개시일〉
'암'에 대한 보장 개시일은 최초 계약의 경우 제1회 보험료를 받은 날부터 그날을 포함하여 90일이 지난 날의 다음 날로 하고, 갱신 계약의 경우는 갱신 계약 보험 계약일로 합니다.

〈보험료 납입 연체로 인한 해지특약의 부활(효력 회복)〉
① 회사는 주계약의 보험료 납입 기간 중 이 특약의 부활(효력 회복) 청약을 받은 경우에는 주계약의 부활(효력 회복)을 승낙한 경우에 한하여 주계약 약관의 부활(효력 회복)의 규정에 따라 주계약과 동시에 이 특약의 부활(효력 회복)을 취급합니다.
② 제1항에 따라 이 특약을 부활(효력 회복)하는 경우 이 특약의 보장 개시일은 부활(효력 회복)일로 합니다.
　다만, '암에 대한 보장 개시일'은 부활(효력 회복)일로부터 부활(효력 회복)일을 포함하여 90일이 지난 날의 다음 날로 합니다.

　보험 계약의 부활(효력 회복)은 보장의 측면에서 본다면 보험 계약자의 모든 권리를 최초 보험 계약을 한 때로 리셋(reset)하는 기능을 갖고 있습니다. 그러다 보니 보험회사는 가입자가 보험 계약의 부활(효력 회복) 신청을 할 경우 처음 보험 계약을 체결할 때와 동일한 심사 기준을 적용합니다.
　건강검진을 다시 받고 통과해야만 부활(효력 회복)이 승인되는 경우도 있고, 부활하기 전까지의 치료 기록과 직업의 변경도 보험회사에 다시 알려야 합니다. 이때 특별한 치료 기록이 있다거나 위험 등급이 더 높은 직업으로 바뀐 경우에는 보험 계약의 부활이 거절될 수도 있습니다.

또 보험 계약의 부활(효력 회복)이 이루어졌다고 하더라도 '암'에 대한 보장은 맨 처음 보험 계약을 체결했을 때처럼 부활(효력 회복)일을 포함하여 90일이 지나야 효력이 재개됩니다(해지(실효)된 당월에 부활하는 경우에는 그렇지 않습니다).

이렇게 보험 계약이 한 번 해지되었다가 부활하는 경우 보험 가입자는 심각한 불이익을 당할 수도 있습니다.

상황이 이렇다 보니 보험설계사들은 보험 계약이 해지되지 않도록 보험 계약자들에게 안내도 하고 설득도 하는 것입니다. 그런데 이 '90일 조항'이 적용되지 않는 경우가 있습니다.

어린이를 피보험자(보험대상자)로 하는 보험 계약 중에는 '암에 대한 보장의 효력 개시는 보험 계약을 체결하거나 부활한 지 90일이 지나야 한다'는 단서가 없는 상품도 있습니다. 이런 보험상품(보험대상자의 자녀가 특약의 형태로 보장이 추가된 경우도 포함합니다)에서는 보험 계약 체결일부터 바로 암에 대한 보장이 시작됩니다. 이와 관련한 약관의 규정은 다음과 같습니다.

〈제1회 특약보험료 및 특약의 보장 개시일〉
(보험)회사는 특약의 청약을 승낙하고 제1회 특약보험료를 받은 때부터 이 약관이 정한 바에 따라 보장을 합니다. 그러나 (보험)회사가 청약 시에 제1회 특약보험료를 받고 청약을 승낙한 경우에는 제1회 특약보험료를 받은 때부터 이 약관이 정한 바에 따라 보장을 합니다.

〈 보험료 납입 연체로 인한 해지특약의 부활(효력 회복)〉

① 회사는 주계약의 보험료 납입 기간 중 이 특약의 부활(효력 회복)청약을 받은 경우에는 주계약의 부활(효력 회복)을 승낙한 경우에 한하여 주계약 약관의 부활(효력 회복)의 규정에 따라 주계약과 동시에 이 특약의 부활(효력 회복)을 취급합니다.

② 제1항에 따라 이 특약을 부활(효력 회복)하는 경우 특약의 보장 개시일은 〈제1회 특약보험료 및 특약의 보장 개시일〉을 준용합니다.

이처럼 보험약관에 '암에 대한 보험금을 받기 위해서는 부활(효력 회복)한 지 90일이 지나야 한다'는 단서가 없는 경우 암보험의 보장 개시일은 부활한 그날이 됩니다.

따라서 A씨가 가입한 보험의 자녀보장특약 약관이 위 약관과 동일한 내용이라면 A씨의 자녀는 암진단보험금을 받을 수 있습니다.

보험 계약을 부활한 지 90일이 지나야만 암보험금이 지급되는 줄 알고 아예 보험금 청구를 하지 않는 일은 없어야 하겠습니다.

약관 읽어주는 남자의 한마디

자녀가 암진단을 받은 보험 가입자를 만난 적이 있습니다. 한마디로 공황 상태였습니다. 하지만 부모는 곧 정신을 차리고 아이의 치료에 신경을 쓰더니 얼마 후에는 아이 이름으로 가입된 보험을 확인하기 시작했습니다. 퇴직금까지 중간 정산을 받아서 치료비를 마련하기 시작했는데 아이 앞으로 들어놓은 어린이보험이 큰 도움이 되었습니다다. 1억 원의 암진단보험금이 나왔으니까요.

보험이 의사를 대신할 수는 없습니다. 보험이 기적을 만들어내는 것도 아닙니다. 하지만 보험은, 어떤 일이 있더라도 아이만은 지켜내겠다고 다짐하는 절박한 심정의 부모가 잠시 앉아 쉴 수 있는 의자가 되어줄 수 있습니다.

다행히 아이는 현재 항암 치료를 잘 견뎌내고 있습니다.

아이의 쾌유를 기원합니다.

35

항암방사선치료에 대해서는 왜 암수술보험금이 지급되지 않나요?

'항암방사선치료에 대한 암수술보험금'
부(不)지급에 대한 문제 제기

SOS Question

2004년에 암진단특약과 암수술특약, 암입원특약, 수술특약, 입원특약이 들어 있는 생명보험에 가입한 A씨는 2010년에 '갑상선암'으로 진단받은 뒤 '갑상선절제술'을 받았습니다. 그 후 방사선치료까지 받았습니다. 보험회사는 A씨에게 암진단보험금, 암입원보험금, 수술보험금, 입원보험금을 지급했고 '암수술보험금'은 1회만 지급했습니다. '항암방사선치료'에 대해서 '암수술'로 인정하지 않았기 때문입니다. A씨는 '항암방사선치료'에 대해서도 '암수술'로 인정해야 된다며 보험회사에 이의를 제기했습니다. 하지만 보험금 심사 담당자는 보험약관에 '항암방사선치료'에 대해서는 '암수술보험금'을 지급하지 않는다는 규정이 들어있기 때문에 '암수술'로 인정할 수 없다고 했습니다. 정말 그럴까요?

A씨의 상황 정리

- 2004년에 암진단특약과 암수술특약, 암입원특약, 수술특약, 입원특약이 들어있는 생명보험에 가입.
- 2010년에 '갑상선암'으로 진단 받은 뒤 '갑상선절제술'을 받고 '항암방사선치료'도 받음.
- 보험회사는 '갑상선절제술'에 대해서는 '암수술보험금'을 지급했지만 '항암방사선치료'에 대해서는 '암수술보험금'을 지급하지 않고 '수술보험금'만 지급함.

'항암방사선치료'에 대해 '암수술보험금'을 지급하지 않는다는 규정이 모든 보험약관에 들어있는 것은 아닙니다.

특정시기 그런 규정이 들어있는 보험약관도 있었지만 대부분의 경우는 그렇지 않습니다.

A씨가 가입한 보험약관에도 그런 규정은 없습니다. 보험금 심사 담당자의 착각일 가능성이 큽니다.

 보험금 상식, 궁금타파!

보험 가입자들은 약관을 잘 이해하지 못하기 때문에 분쟁의 소지가 다분한 건에 대해서도 이의를 제기하기가 쉽지 않습니다. 그런데 간혹 보험회사의 결정에 불복해 금융감독원에 민원을 접수하고 조정을 신청하는 적극적인 가입자들이 있습니다. 그러면 금융감독원은 사안에 따라 금융분쟁조정위원회에서 민원을 심사하고 조정, 결정하게 됩니다. 그 결과 보험 가입자들의 입장에서 의미 있는 조정이 이루어진 경우가 많습니다. 보험약관은 이렇게 '금융분쟁조정위원회'의 조정 결정이나 대법원 판례 등에 의해 계속 바뀌어왔습니다. 보험 가입자의 권리보호라는 측면에서 보면 많은 진보가 있었던 것도 사실입니다.

하지만 아직도 엉성한 논리를 내세우며 약관을 지키지 않는 보험회사도 있습니다. A씨의 사례는 모든 보험회사가 동일하게 대응하고 있는 상황입니다.

즉, '항암방사선치료'에 대해서 보험회사들은 일반적인 수술로는 인정하면서도 '암수술'로 인정하지 않고 있습니다. 이 문제는 상당히 중요합니다. 왜냐하면 약관 그대로 해석하면 보험회사의 주장이 틀렸기 때문이고 이 오류가 바로잡히게 되면 각 보험회사들이 그동안 항암방사선치료에 대해 지급하지 않았던 암수술보험금을 지급해야 하는데 그 금액이 상당한 규모일 것이기 때문입니다.

지금부터 왜 보험금 심사 담당자의 판단이 틀렸다고 주장하는지 그 근거를 제시하겠습니다.

첫째, 갑상선암 환자들이 받는 항암방사선치료를 생명보험 약관에서 '수술'로 인정하고 있습니다. 위암, 폐암 같은 다른 암환자들의 경우에는 방사선을 쬐는 방식으로 항암치료를 받지만 갑상선암 환자들은 '방사성 요오드'를 약으로 복용하는 방식으로 '항암치료'를 받고 있습니다. 갑상선암 환자는 '갑상선절제술'을 받았다고 하더라도 눈으로 보이지 않는 암세포가 남아 있을 가능성이 높습니다. 그래서 암세포들이 요오드를 흡수하는 성질을 이용해서 남아있을 것으로 추정되는 암세포에 방사선을 주입해 파괴하는 방법이 '방사성요오드 치료'입니다. 일종의 표적치료인 셈입니다. 이 때 복용하는 약에는 보통 5,000Rad 이상의 방사선이 들어있습니다. 그런데 생명보험 약관의 수술분류표에서는 암환자가 방사선을 5,000Rad 이상 흡수하게 되면 수술보험금을 지급하는 규정이 있기 때문에 사실상 이와 같은 방법인 방사성요오드를 약으로 복용하는 치료에 대해서도 보험회사들이 '수술보험금'을 지급하는 것입니다.

둘째, '암수술'과 '수술'은 다른 개념이 아닙니다.

수술분류표는 '수술특약'의 별표로 첨부되어 있는 것으로서 '수술특약'에서 보험금 지급대상이 되는 '수술'의 개념에 대해 설명하고 있습니다. 그런데 암수술특약의 약관에는 별도의 암수술분류표가 첨부되어 있지 않습니다. 이것은 보험약관에서 말하는 '암수술'은 '암을 치료하기 위해 시행되는 수술'로서, '수술'과 전혀 다른 개념이 아니라는 의미입니다.

셋째, '항암방사선치료'는 갑상선암의 '치료를 직접적인 목적으로 하는 수술(본격적인 수술을 하기 전에 사전작업으로 진행되는 시술이거나 환자의 상태를 보존하기 위한 치료가 아니라 병변의 근본적인 치료를 목적으로 하는 수술)'이 맞습니다.

'항암방사선치료'는 눈으로 보이지만 않을 뿐 의학적으로 남아있을 것으로 추정되는 암세포 자체를 파괴하기 위한 치료입니다. 인류의 의학, 과학기술로는 수술 후 아직 암이 남아있는지를 정확히 알 수가 없기 때문입니다.

이렇게 세 가지 조건을 종합해서 해석해봤을 때 '항암방사선치료'에 대해서 보험회사는 수술보험금 외에 암수술보험금도 지급해야 함이 마땅합니다.

만약, 보험금 심사 담당자의 말처럼 해당 약관에 '항암방사선치료'에 대해서는 '암수술보험금'을 지급하지 않는다는 규정이 들어있다면 보험회사가 '암수술보험금'을 지급하지 않는 것을 이해할 수 있습니다. 하지만 해당 약관 어디에도 그런 규정은 없습니다.

보험회사마다 차이가 있을 수 있지만 한 보험회사가 2009년 4월 이후부터 2011년 4월 이전까지 판매한 보험상품의 약관에는 '가입자유의사항'(약관의 맨 앞부분에 첨부되어서 중요한 내용인데도 보험 가입자들이 이해하기 힘든 부분을 강조해서 설명하고 있는 것)에 다음과 같은 규정이 들어 있었습니다.

〈가입자 유의사항〉
암에 대한 방사선 치료는 암수술로 보장하지 않습니다.

이런 규정이 들어있는 보험상품에 가입한 고객이라면 보험금 심사 담당자의 말이 옳습니다. 암에 대한 방사선치료는 '암수술'로 보장하지 않는다고 약관에 분명히 명시되어 있으니까요.

하지만, A씨가 보험에 가입한 시점은 2004년입니다. 당시 해당 약관 어디에도 그런 규정은 존재하지 않았습니다. 약관에 존재하지도 않는 규정을 근거로 보험금 지급을 거절할 수는 없습니다.

그렇다면 보험회사는 왜 사실이 아닌 얘기까지 하면서 A씨에게 항암방사선치료는 암수술로 인정되지 않는다고 하는 걸까요?

첫 번째 이유는 돈 때문이고, 두 번째는 하급법원의 판례 때문입니다.

수술보험금과 암수술보험금은 그 금액에 있어서 큰 차이가 납니다. '항암방사선치료'가 '수술'로 인정되었을 때 80만원이 지급된다고 가정하면 '암수술'로 인정됐을 때는 400만원(보험회사마다 금액은 다를 수 있습니다. 그러나 수술보험금보다 암수술보험금이 더 큰 것은 동일합니다)이 지급될 정도로 차이가 큽니다. 보험회사들은 그동안 약관에 아무런 관련 규정을 만들어 놓지 않았음에도 불구하고 '항암방사선치료'에 대해서 '암수술'로 인정하지 않고 '수술보험금'만 지급해왔습니다. 만약 지금 와서 '항암방사선치료'를 '암수술'로 인정하게 되면 그동안 지급하지 않았던 '암수술보험금'을 모두 지급해야 합니다. 그래서 보험금 심사 담당자는 말도 안 되는 이유로 '암수술보험금'의 지급을 거절하는 것입니다.

물론, 보험회사도 내세울 수 있는 근거가 아예 없는 것은 아닙니다. 보험회사에 유리한 판례가 있습니다. '방사선치료는 약관에 수술의 정의가 없더라도 수술로 볼 수 없다는 하급법원의 판례(수원지법 '11.5.27 선고 2010가소101950 외)'(금융감독원 2013년 8월 27일 보도자료)를 근거로 보험회사들은 암수술급여금을 지급하지 않았던 것입니다.

그런데 재미있죠? 판례에서는 '방사선치료'를 '수술'로 볼 수 없다고 했는데 보험회사들은 수술로는 인정하거든요. 다만, 암수술로 인정하지 않는 것이죠. 이 판례를 근거로 주장하는 것 역시 설득력이 떨어집니다.

약관 읽어주는 남자의 한마디

이 문제는 보험금 심사 담당자 혼자서 결정할 수 있는 사안이 아닙니다. 그렇다고 보험회사가 결정할 수 있는 문제도 아닌 것 같습니다. 이 문제는 금융감독원이 풀어야 합니다. 금융감독원의 설립목적이 '금융기관에 대한 검사·감독 업무 등의 수행을 통하여 건전한 신용질서와 공정한 금융거래관행을 확립하고 예금자 및 투자자 등 금융수요자를 보호함으로써 국민경제의 발전에 기여함'(출처: 금융감독원 홈페이지)이 맞다면 금융감독원은 보험 가입자들이 보험회사의 자의적 판단으로 피해를 보는 일이 없도록 보호할 의무가 있습니다.

금융감독원이 제 역할을 하게 만들려면 A씨와 같은 경험을 가진 보험 가입자들이 금융감독원에 적극적으로 '조정'을 신청해야 합니다. 그래서 '금융분쟁조정위원회'에서 이 사안에 대한 조정결정을 내릴 수 있도록 해야 합니다.

그런데 최근 금융감독원이 '보험소비자의 권익 증진 및 보험민원 감축에 기여할 수 있을 것'이라며 자신감을 드러낸 보도자료를 배포하였고 다음과 같이 신문에 보도되었습니다.

암보험 약관에 '수술 정의' 없으면 수술 대체 방사선 치료도 보험금

10년 이상 가입자 약관 확인을

암보험 약관에 '수술'에 대한 정의가 없는 경우, 수술을 대신한 방사선 치료도 암수술 보험금을 받을 수 있다. 10년 이상 오래된 암 보험 가입자의 경우 약관을 반드시 확인해야 할 것으로 보인다.

금융감독원은 "과거 판매된 암보험 상품 약관에 수술에 대한 정의가 없다면, 수술을 넓게 보아 외과적 수술을 대체하는 방사선 치료도 암수술 급여금을 지급하도록 지도했다"고 26일 밝혔다. 그동안 보험사들은 '방사선 치료는 수술로 볼 수 없다'는 하급 법원 판례에 근거해 수술 보험금을 지급하지 않았다. 하지만 2011년 대법원이 "보험약관에서 '수술'을 신체 일부를 절단·절제하는 외과적 치료 방법으로 제한하지 않아, 바늘로 종양을 괴사시키는 고주파 절제술도 넓은 의미의 수술에 포함될 여지가 있다"고 판결한 뒤, 수술이 곤란해 방사선 치료를 받은 환자들의 보험금 지급 민원이 이어졌다.

이에 금감원이 방사선 치료가 암의 주요 치료법이며 환자 상태에 따라 수술을 대체할 수 있다는 의료 자문 결과를 반영하기로 한 것이다. 다만 방사선 치료의 목적이 다양한만큼 '암수술을 대체한 방사선 치료'에 대한 지급 기준을 별도로 마련해, 완치를 목적으로 할 때 1회 순환치료(수회에 걸친 방사선 치료)를 수술 1회로 간주해 보험금을 지급하도록 했다. 즉 수술 전 종양 축소 등의 목적으로 이뤄진 방사선 치료는 지급 대상이 아니다. 단 한번이라도 수술금을 지급받았다면 역시 제외된다. 과거 2년 내 방사선 치료에 한해 소급 적용이 가능해, 옛 암보험 가입자라면 보상받을 수 있다.

다만 약관에 수술을 '절단' 등으로 제한한 약관이 있다면 보험금을 받을 수 없다. 올해부터 암보험 판매를 재개한 한화생명 관계자는 "최근 암 보험들은 약관에 수술을 외과 시술로 한정짓고 있지만, 90년대부터 2000년대 초까지 판매된 보험의 경우 약관에 수술을 정의하지 않은 경우가 많다"고 말했다. 국내 암보험 가입자는 2981만여명으로, 전국민의 59.9%가 암보험에 가입돼 있다.

- 한겨레신문 2013년 8월 27일

신문에 보도된 내용을 꼼꼼히 읽어 보지 않으면 마치 방사선치료에 대해 앞으로는 암수술보험금을 받을 수 있다는 내용 같았습니다. 하지만 기사를 자세히 읽어보고 금융감독원의 보도자료까지 확인한 결과 이 결정은 실효성이 매우 의심스럽습니다.

금융감독원의 결정을 요약하면 다음과 같습니다.

암환자가 받는 방사선치료 모두에 대해 암수술보험금을 지급하라는 것이 아니라 수술적 요법을 받을 수 없는 암환자가 방사선치료를 받는 경우에 국한됩니다. 따라서 한 번이라도 암수술을 받은 사람이 방사선치료를 받았다면 암수술보험금을 받을 수 없습니다. 게다가 가입한 보험의 약관에 수술에 대한 정의가 없어야만 합니다.

즉, 가입한 보험에 수술에 대한 정의가 없고 암에 대해 수술을 받을 수 없어서 방사선치료를 받는 경우만 암수술보험금을 지급한다는 것입니다.

그런데 최근 10년 동안에는 약관에 수술에 대한 정의가 들어있지 않은 보험상품도 찾기 힘들뿐더러 10~20년 전에 그런 보험상품에 가입한 사람이 있다고 하더라도 그중 암에 걸려 수술을 받을 수도 없는 상태가 되어서

방사선치료를 받는 사람이 몇 명이나 되겠습니까? 또 금융감독원은 과거 2년 동안의 해당 보험 가입자에게 소급 적용해준다고 하는데 그런 몸 상태의 환자 중 아직도 생존해있는 경우는 또 얼마나 되겠습니까?

실효성이 매우 적은 방침을 만들어서 생색내기식 보도자료를 배포하는 일에 힘을 쓰기보다는 약관을 면밀히 검토한 뒤 근본적인 대책을 내어놓기를 촉구합니다. 금융감독원은 '금융수요자를 보호함으로써 국민경제의 발전에 기여하는' 곳이니까요.

36

뇌하수체 양성종양에 대해서도 암진단보험금이 지급될까요?

'뇌하수체 양성종양'에 대한 보험금 지급 규정

SOS Question

2009년에 암진단특약 등 암 관련 특약들이 들어 있는 생명보험에 가입한 A씨는 2011년 어느 날 시야가 좁아지고 두통이 있어서 병원에 갔다가 '뇌하수체 선종(D35.2)'이라는 진단을 받았습니다. 처음에는 약물로 치료를 해봤지만 별다른 효과가 없자 결국 종양을 제거하는 수술을 받았습니다. 그런데 걱정했던 것과는 다르게 병원비가 얼마 나오지 않았습니다. 이상하게 생각한 A씨가 의사에게 물어보니 환자의 상태에 따라서 '뇌하수체 선종'도 암처럼 매우 위험한 경우도 있기 때문에 국민건강보험공단에서 의료비 지원을 많이 해준다는 것이었습니다.

퇴원 후 보험회사에 보험금을 신청하면서 담당 보험설계사에게 문의했더니 양성종양이지만 '암보험금'을 받을 수도 있다는 말을 들었습니다. 그런데 정작 보험회사는 '암'으로 인정하지 않고 수술보험금과 입원보험금만 지급했습니다. 보험설계사가 잘못 알고 있는 걸까요?

A씨의 상황 정리
- 2009년에 암진단특약 등이 들어 있는 생명보험에 가입.
- 2011년에 '뇌하수체 선종'으로 진단받고 종양 절제술을 받음.
- 보험설계사는 암보험금을 받을 수도 있다고 했지만, 보험회사는 '암'으로 인정하지 않고 수술보험금과 입원보험금만 지급함.

 인간의 뇌는 가전기기의 스위치와 같아서 잘못 건드리면 그대로 생명이 꺼져버릴 수도 있는 기관입니다. 그렇기 때문에 '뇌하수체 종양 절제술'은 양성종양을 절제하는 수술이지만 매우 위험한 수술로 분류되고 있습니다. 보험회사도 이 같은 위험성을 인정해서 뇌하수체 종양으로 진단받고 수술까지 받는 경우 암진단보험금과 암수술보험금, 암입원보험금을 지급하는 등 '암'에 준해서 평가합니다.

 보험금 상식, 궁금타파!

뇌하수체는 뇌의 정중앙부 하단에 위치한 신체기관으로, 주된 기능은 다양한 호르몬을 분비하는 것입니다. 호르몬은 신체의 성장을 촉진하기도 하며 성기능과도 관계가 있습니다. 그러므로 이 호르몬의 분비를 관장하는 뇌하수체에 종양이 생기면 몸에 여러 가지 이상이 발생합니다. 그래서 뇌하수체 종양은 빨리 치료를 해야 하지만 뇌의 정중앙부 하단 바로 아래 위치해 있어 웬만해서는 의사도 수술을 권하지 않습니다. 우선 약물로 치료해보고 효과가 없을 때 수술을 고려하게 됩니다.

이 수술의 위험성을 보험회사도 인정하기 때문에 〈보험회사 내부용 수술분류표〉를 보면 다음과 같은 설명이 첨부되어 있습니다.

> 뇌하수체 종양(piruitary tumor) 절제술: 뇌하수체에 생긴 종양으로 양성종양이나 뇌하수체의 기능 및 시신경의 손상을 초래하여 임상적으로 악성이며 내시경 및 현미경하에서 절제해낸다.

이 설명에서 주목할 부분이 있습니다. 바로 '임상적으로 악성이며'라는 부분입니다. 이 말이 의미하는 것은 무엇일까요? 종양 자체는 양성이지만 생명을 위협할 수도 있으므로 암과 같은 부류로 간주한다는 것입니다. 왜 그럴까요?

암에 대해서 '악성신생물'이라는 표현을 씁니다. 악성(惡性)이란 '어떤 병이 고치기 어렵거나 생명을 위협할 정도로 심한 상태'라는 뜻입니다. 그래서 '악성신생물'이라고 하면 생명을 위협할 정도로 위험한 어떤 새로운 물질을 말합니다. 그러므로 설사 양성종양이라고 할지라도 그것이 생명을 위협하는 등 임상적으로 악성이라면 보험회사는 암과 같은 부류로 간주하는 것입니다.

그런데 뇌하수체 종양이 있다고 해서 모두 암으로 간주하지는 않습니다. 그 종양이 약물로는 치료가 안 될 정도의 '악성'으로 나타나서 위험을 무릅쓰고 수술을 해야만 할 때 암으로 간주합니다. 암으로 간주한다는 것은 암과 관련된 보험금을 지급한다는 뜻입니다. 즉 뇌하수체 종양 절제술을 받은 경우 보험회사는 일반 수술보험금, 입원보험금 외에도 암진단보험금과 암입원보험금, 암수술보험금 등을 지급해야 합니다. 만약 그 보험이 CI보험금도 들어 있는 상품이라면 '뇌하수체 양성종양'을 암에서 제외한다는 별도의 조건이 없는 한 CI보험금도 지급해야 하며 보험료 납입도 면제해줘야 합니다.

하지만 실무에서 이런 일이 생기면 보험회사들은 일단 '암보험금' 지급을 거절합니다.

뇌하수체 종양은 양성종양이기 때문에 '암'이 아니라는 것입니다.

보험금 지급 규정에 대한 지식과 보험금 청구 경험이 거의 없는 가입자들은 보험회사의 주장을 이길 수 없습니다. 그래서 보험회사로부터 받을 보험금 중 일부를 수수료로 지불하는 조건으로 손해사정회사에 보험금 청구 업무를 위임하게 됩니다.

당연히 받을 수 있는 보험금을 받기 위해 적지 않은 비용을 지불해야 한다는 사실이 씁쓸하기만 합니다. 하지만 이제는 그러지 마십시오. 근거를 갖고 직접 보험회사에 당당히 요구하기 바랍니다. 그래도 안 되면 그때 손해사정사나 변호사를 찾아가셔도 늦지 않습니다.

약관 읽어주는 남자의 한마디

뇌하수체 종양으로 진단받았다고 해서 무조건 암으로 인정받는 것이 아니기 때문에 실제로 이 질병으로 진단받은 보험가입자를 만나게 되면 보험금 지급 규정에 대해서 설명할 때 매우 조심스러울 수밖에 없습니다.

  뇌하수체 종양 절제술까지 받게 되는 경우에는 보험 가입자에게 모든 사실('암'으로 인정받을 수도 있다는 것)을 설명해서 보험회사에 '암보험금'을 청구할 수 있도록 도와야겠지만, 만약 그 보험 가입자가 뇌하수체 종양 절제술을 받지 않고 약물로도 치료가 잘되고 있는 상황(이런 경우는 임상적으로 악성이 아닙니다)이라면 굳이 모든 걸 설명해줄 필요는 없다고 생각합니다. 자신이 암환자라고 생각하는 순간 큰 충격을 받기 때문입니다. 보험금도 중요하지만 환자의 정신적 안정은 더 중요합니다.

4장

보험금, 이렇게 따져보세요

37

보험금을 둘러싼 약관과 법의 관계는 어떻게 되나요?

특약, 주계약, 법의 관계

A씨는 어느 날 가입한 보험의 약관을 찾아봤습니다. 최근 몸이 아파서 병원 치료를 받았는데 보험금을 받을 수 있는지 확인해보고 싶었기 때문입니다. 그런데 약관을 보니 '주계약'이라는 것부터 시작해서 엄청나게 많은 '특약'이 들어 있습니다. 게다가 그 내용을 보니 '의료법 제3조', '상법 제651조' 등 법에 대한 이야기도 들어 있습니다. 약관의 용어도 가뜩이나 이해하기 어려운데 거기다가 법 조항까지 등장하니 뭐가 뭔지 알 수가 없습니다.

보험에 가입할 때에도 약관에 대해서는 설명을 들은 바가 없는데 보험금을 청구할 일이 생겨서 뒤늦게 약관을 찾아봤더니 도대체 무슨 소리인지 모르겠습니다. 이럴 때 A씨는 어떻게 해야 할까요?

A씨의 상황 정리

- 몸이 아파서 병원 치료를 받았음.
- 보험금을 받을 수 있는지 확인하고 싶어함.
- 보험약관을 처음으로 찾아봤는데 무슨 말인지 이해가 되지 않음.

대부분의 보험 가입자들은 A씨처럼 직접 보험약관을 찾아보지는 않습니다. 보험약관을 어디다 뒀는지도 모를 정도로 아예 관심이 없다가, 보험금을 청구할 일이 생기면 보험회사 고객센터에 문의하거나 담당 보험설계사에게 물어봅니다. 그런데 고객센터에서 보험금이 지급되지 않는다고 하거나 보험회사가 보험금 지급을 거부하면 그제야 보험약관을 살펴보게 됩니다. 보험에 가입할 때는 설명도 듣지 못한 보험약관이 보험금을 받아야 할 때는 그 기준이 된다는 것쯤은 알고 있으니까요.

그런데 문제는 제대로 청구한 보험금만 받을 수 있다는 것입니다. 보험금을 제대로 청구하기 위해서는 보험약관과 보험금 지급 규정에 대한 이해가 중요합니다. 그 이해의 출발이 '주계약'과 '특약' 그리고 '법'의 관계에 대해서 알아보는 것입니다.

 **보험금 상식, 궁금타파!**

보험은 대부분 '주계약(주主가 되는 계약)'과 '특약(특별약관)'으로 구성되어 있는데 약관을 해석할 때 특약에서 별도로 정하지 않은 것은 주계약의 규정을 따르게 되어 있습니다. 보험 약관에서는 이 내용을 다음과 같이 표현하고 있습니다.

〈주계약 약관 및 단체취급특약 규정의 준용〉
이 특약에 정하지 아니한 사항에 대하여는 주계약 약관의 규정을 준용합니다.

보험금 지급에 있어서는 해당 보험금의 지급 규정이 특약에 있으면 특약의 규정을 따르면 되고, 특약에 없는 규정은 주계약 약관의 규정을 따르면 되는 것입니다. 그런데 만약 주계약에도 명시되어 있지 않은 사항이라면 어떻게 해야 할까요? 그때는 대한민국 법령을 따르면 됩니다.

〈준거법〉
이 약관에서 정하지 아니한 사항은 대한민국 법령을 따릅니다.

이제 예를 들어보겠습니다. 아프거나 다쳐서 병원에서 수술을 받았습니다. 이때 보험금을 청구하려고 한다면 먼저 해당 특약인 '수술특약'을 확인해보면 됩니다. 입원도 했다면 '입원특약'을 확인하십시오. 이 특약들은 주계약의 규정과 충돌하는 내용이 거의 없습니다. 그러니 대부분의 경우 해당 특약만 확인하면 됩니다.

그런데 입원특약과 수술특약에는 '의료법 제3조의 규정에 의한'이라는 표현이 자주 등장합니다. 그러면서 '의료법 제3조'의 내용은 자세하게 적혀 있지 않습니다. 대략적인 내용은 '의료법 제3조'를 몰라도 이해할 수 있지만, 보험회사와 분쟁이 생겨 약관을 정확히 이해하고자 한다면 '의료법 제3조'(별첨 ❶ 참조)를 확인해야만 합니다.

'의료법 제3조'는 '의료기관'에 대한 규정입니다. 이 법에서 규정한 의료기관에서 이루어진 수술과 입원이 '입원특약'과 '수술특약'의 보험금 지급 대상이 되는 것입니다. 물론 위의 의료기관에서 이루어진 입원과 수술이라고 해서 모두 보험금 지급 대상이 되는 것은 아닙니다. 특약에서 규정한 '입원의 정의', '수술의 정의'에도 부합해야 합니다. 또 우리나라의 '의료법 제3조'에서 규정한 의료기관이 아니라 외국의 의료기관에서 이루어진 수술과 입원에 대해서도 보험금이 지급될 수 있습니다.

정리하면, 보험금의 지급과 약관의 해석에 있어서 해당 규정이 '특약'에 있으면 특약의 규정을 따르면 되고, 특약에 없는 규정은 '주계약'의 규정을 따르면 되고, 주계약에 명시되어 있지 않은 사항은 대한민국 법령을 따르면 됩니다.

> **약관 읽어주는 남자의 한마디**
>
> 특약, 주계약, 법의 관계가 그리 간단한 것은 아닙니다. 그래서 이 책을 쓰게 된 것이니 일일이 찾아보기 힘든 독자라면 이 책의 목차를 보고 해당하는 부분만 확인하면 훨씬 수월할 것입니다. 꼭 기억하세요. 보험회사는 제대로 청구한 보험금만 제대로 지급합니다.

38

1회 보험료를 납부한 후 미처 건강진단을 받지 않은 상태에서 사고나 질병이 발생했을 때에도 보험금이 지급되나요?

보장 개시 시점과 건강진단의 관계

A씨는 2010년 10월 생명보험에 가입하면서 건강진단을 받았습니다. 보험 청약서에 서명도 하고, 1회 보험료 납부도 했지만 건강진단을 통과하지 못하면 보험 계약이 거절되기 때문이었습니다. 검진 내용은 피 검사, 소변 검사, 혈압 측정 등 비교적 간단한 것들이었지만 공교롭게도 검진 예정일에 생리가 시작되어 검진을 받지 못했습니다. 그렇게 검진이 일주일 넘게 미루어지는 와중에 A씨는 교통사고를 당해서 큰 수술을 받았습니다. 보험 계약이 완전히 인수된 것도 아닌 상황인데 A씨는 보험금을 받을 수 있을까요?

A씨의 상황 정리

- 2010년 10월 생명보험에 가입하기 위해 청약서를 작성하고 1회 보험료를 납부함.
- 보험 계약의 최종 체결을 위해 건강진단을 받으려 했으나 생리 때문에 계속 미뤄짐.
- 교통사고를 당해 큰 수술을 받음.
- 1회 보험료만 납부하고 건강검진을 받지 못한 상태에서 보험금을 받을 수 있는지 궁금함.

보험에 가입할 때 청약서를 작성하고 보험료를 납부하는 것을 '보험 청약'이라고 합니다. 보험 계약을 체결하고 싶다고 보험회사에 요청하는 것입니다. 어떤 사람이 보험 계약에 대해 '청약'을 하면 보험회사는 심사를 한 후 그 '청약'을 인수하거나 거절할 수 있습니다. 따라서 '청약'은 보험 계약의 최종 체결을 의미하지 않습니다.

하지만 보험약관에서는 특별한 경우가 아니라면 청약 후 보험 계약에 대한 보험회사의 최종 인수 결정이 나기 전에 발생한 보험사고(질병이나 재해 등 보험금 지급 사유)에 대해서도 약관의 내용대로 보상을 해주도록 규정하고 있습니다. 따라서 A씨는 보험금을 받을 수 있습니다.

 보험금 상식, 궁금타파!

보험은 언제 무슨 일이 일어날지 예측할 수 없기에 가입하는 것입니다. 만약 언제 무슨 일이 일어날지 예측할 수 있다면, 그 일이 일어나기 직전에 보험에 가입하면 보험료를 아낄 수 있습니다. 그런데 누구도 앞일을 예측할 수가 없기 때문에 지금 이 순간에도 많은 사람들이 보험에 가입하고 있습니다.

그런데 그 예측 불가능한 일이 보험에 가입하기 위해 보험 청약을 진행하는 도중에도 일어날 수 있습니다. 보험회사의 심사가 끝나지 않아서 아직 보험 계약이 성립되지 않은 시점에 A씨와 같은 일이 벌어지는 경우가 종종 있습니다. 이런 상황에서도 보험회사는 보험금을 지급할까요? 보험 약관에는 다음과 같은 규정이 들어 있습니다.

〈제1회 보험료 및 회사의 보장 개시일〉
① 회사는 계약의 청약을 승낙하고 제1회 보험료를 받은 때부터 이 약관이 정한 바에 따라 보장을 합니다. 그러나 회사가 청약 시에 제1회 보험료를 받고 청약을 승낙한 경우에는 제1회 보험료를 받은 때부터 이 약관이 정한 바에 따라 보장을 합니다(이하 제1회 보험료를 받은 날을 '보장 개시일'이라 하며, 보장 개시일을 '보험 계약일'로 봅니다).
② 회사가 청약 시에 제1회 보험료를 받고 청약을 승낙하기 전에 보험금 지급 사유가 발생하였을 때에도 보장 개시일부터 이 약관이 정하는 바에 따라 보장을 합니다.

③ 회사는 제2항에도 불구하고 다음 중 한 가지의 경우에 해당되는 경우에는 보장을 하지 아니합니다.

1. 제22조(계약 전 알릴 의무 위반의 효과)를 준용하여 회사가 보장을 하지 아니할 수 있는 경우
2. 제21조(계약 전 알릴 의무)에 의하여 계약자 또는 보험대상자(피보험자)가 회사에 알린 내용 또는 건강진단 내용이 보험금 지급 사유의 발생에 영향을 미쳤음을 회사가 증명하는 경우

— 2010년 4월 1일 이전까지의 금융감독원 표준약관

밑줄 친 부분에 따르면 보험회사는 1회 보험료를 받고 보험 청약을 인수할지 거절할지를 심사하는 도중 보험금을 지급해야 할 사건(질병 또는 재해)이 발생한 경우에도 보험금을 지급해야 합니다. 단, 보험 청약을 하기 이전에 다치거나 아팠던 사실을 숨긴 경우(알릴 의무 위반)에는 보험금을 지급할 의무가 없습니다.

A씨는 청약을 진행하는 도중, 건강검진을 받지 않은 상태에서 교통사고를 당했습니다. 교통사고는 질병이 아니므로 청약 이전부터 신체에 영향을 미쳤을 리가 없습니다. A씨의 경우 직업상의 위험을 알리지 않고(실제로는 화물차 운전을 하는데 사무직이라고 고지하는 등) 보험 청약을 한 것이 아니라면 보험회사는 당연히 보험금을 지급해야 합니다.

그런데 2010년 4월 1일부터 금융감독원의 표준약관이 변경되면서 이 부분에 대한 규정도 조금 바뀌었습니다. 단 한 줄의 규정이 더 생겼는데 다음과 같습니다.

〈제1회 보험료 및 회사의 보장 개시일〉

③ 회사는 제2항에도 불구하고 다음 중 한 가지의 경우에 해당되는 경우에는 보장을 하지 아니합니다.

1. 제22조(계약 전 알릴 의무 위반의 효과)를 준용하여 회사가 보장을 하지 아니할 수 있는 경우
2. 제21조(계약 전 알릴 의무)에 의하여 계약자 또는 피보험자(보험대상자)가 회사에 알린 내용 또는 건강진단 내용이 보험금 지급 사유의 발생에 영향을 미쳤음을 회사가 증명하는 경우
3. 진단계약에서 보험금 지급 사유 발생 시까지 진단을 받지 아니한 경우

— 2010년 4월 1일부터 적용되는 약관

보험 청약서를 작성하고 보험회사가 1회 보험료를 받은 상태에서 보험회사가 그 청약을 승낙하기 전에 입원이나 수술 등 보험금 지급 사유가 발생하면 보험금을 지급해야 한다는 규정은 그대로입니다. 하지만 추가된 규정(밑줄 친 부분)에 따르면 그 보험 계약이 건강진단을 통과해야만 최종 승낙이 나는 경우에는 피보험자(보험대상자)가 건강진단을 받지 않은 상태에서 입원이나 수술 같은 보험금 지급 사유가 발생하면 보험회사는 보험금을 지급하지 않는다는 것입니다〔이것은 상법 '제638조의 2 보험 계약의 성립'(별첨 ❻ 참조)의 규정에 따른 것입니다〕.

그런데 약관의 새로운 규정이 '진단계약에서 보험금 지급 사유 발생 시까지 진단을 받지 아니한 경우'라고만 되어 있다 보니 발생한

보험금 지급 사유가 '재해'이건 '질병'이건 모두 해당되는(보험금이 지급되지 않는) 것처럼 느껴집니다. 대부분의 보험회사들은 금융감독원의 표준약관을 그대로 사용하기 때문에 이 규정을 똑같이 표현하고 있습니다. 하지만 어떤 보험회사들은 친절하게도 다음의 문장을 추가하여 보험 가입자들의 이해를 돕고 있습니다.

> 3. 진단계약에서 보험금 지급 사유 발생 시까지 진단을 받지 아니한 경우. 다만, 재해를 원인으로 보험금 지급 사유 발생 시에는 보장하여 드립니다.

설사 진단계약이라 하더라도 진단을 받지 않은 상태에서 보험금 지급 사유가 발생한 경우 그 원인이 질병이 아닌 재해라면 보험금을 지급해준다는 것입니다. 왜 그럴까요?

건강진단은 보험 계약의 청약 단계에서 피보험자(보험대상자)의 건강의 이상 유무를 확인하기 위해 진행하는 것인데 재해의 발생은 피보험자의 건강 상태와는 무관하게 일어나는 것입니다. 그러므로 건강검진을 받지 않은 상태였다고 해서 재해로 인한 보험금까지 지급하지 않는 것은 이치에 맞지 않기 때문입니다.

조금 더 친절한 보험회사처럼 "재해를 원인으로 보험금 지급 사유 발생 시에는 보험금을 지급한다"는 내용을 약관에 추가하지 않은 덜 친절한 보험회사도 재해에 대해 보험금을 지급하는 것은 같습니다.

> **약관 읽어주는 남자의 한마디**

어떤 사람이 보험에 가입하기 위해 청약서에 서명을 하고 1회 보험료를 납부했습니다. 그런데 건강검진을 받지 않은 상태에서 재해로 인해 입원하거나 수술을 받는 경우가 발생하면 보험금이 지급되는지에 대해 제일 먼저 누구에게 물어볼까요? 당연히 그 보험 계약을 권유한 보험설계사에게 물어볼 것입니다. 그런데 만약 보험설계사가 보험 계약이 성립되기 전에 발생한 사고에 대해서는 보험금이 지급되지 않는다고 답변하면 대부분의 사람들은 보험금을 청구하지 않습니다.

 2010년 4월 1일 이전에 보험 계약을 청약한 경우였다면 지금이라도 보험금을 청구하기 바랍니다. 보험금 지급 사유의 발생 원인이 질병이건 재해건 상관없이 보험회사는 보험금을 지급해야 합니다.

 2010년 4월 1일 이후에 보험에 가입한 사람이라면 건강검진을 받지 않은 상태에서 발생한 보험금 지급 사유의 원인이 '질병'이었다면 보험금을 받을 수 없습니다. 하지만 그 원인이 '재해'였다면 지금이라도 보험금을 청구하기 바랍니다. 청구하지도 않는데 보험금을 지급하는 보험회사는 없습니다.

39. 보험금을 청구할 일이 생겼는데 가입한 보험에 해당 사항이 있는지 확인하려면 어떻게 해야 하나요?

해당 보험금의 확인과 청구 방법

A씨는 생명보험에 가입한 상태였습니다. 어느 날 차를 운전하던 중 교통사고를 당했습니다. 차량이 반파될 정도의 큰 사고였지만 다행히 한쪽 팔이 골절된 것 외에 다친 곳은 없었습니다. A씨는 병원에 입원하여 골절된 팔에 핀을 박는 수술을 받았습니다. 그 후 총 23일을 입원한 후 퇴원했습니다. A씨는 퇴원 후 자신이 가입한 생명보험회사에 보험금을 청구하려고 했지만 어떻게 해야 하는지 몰랐습니다. 자신이 가입한 보험 계약에서 어떤 보험금이 얼마나 지급되는지 알아보려면 어떻게 해야 할까요? 그리고 보험금을 청구하려면 어떤 서류가 필요할까요?

A씨의 상황 정리
- 생명보험에 가입한 후 교통사고를 당함.
- 팔 골절로 핀을 박는 수술(정복술)을 받고 총 23일 입원함.
- 자신이 가입한 생명보험에서 어떤 보험금이 얼마나 지급되는지 확인하고 싶음.

 보험금을 청구할 일이 생기면 제일 먼저 자신이 가입한 보험의 증권을 확인해야 합니다. 보험 계약을 체결하고 나서 받은 '보험증권'에 적혀 있는 보장 항목에 대해서만 보험금을 받을 수 있기 때문입니다. 그리고 그 항목을 좀 더 정확하게 이해할 필요가 있다면 보험 계약을 체결했을 때 받은 '보험약관'을 읽어봐야 합니다. 보험증권과 보험약관, 이 두 가지만 확인하면 보험금을 받을 수 있는지 없는지, 또 대략적인 보험금은 얼마인지 알 수 있습니다.

 보험금 상식, 궁금타파!

A씨는 우선 자신이 받은 치료와 관련된 보장 항목이 있는지 보험증권을 확인해야 합니다. A씨는 수술을 받았고 입원도 했기 때문에 수술과 관련된 항목, 그리고 입원과 관련된 항목이 있는지 확인해야 합니다. 보험증권에는 다음과 같이 적혀 있었습니다.

〈수술특약〉

피보험자(보험대상자)가 이 특약의 보험 기간 중 발생한 질병 또는 재해로 인하여 그 치료를 직접적인 목적으로 하여 약관에서 정하는 수술을 받았을 때

(수술 1회당)	1종 수술	200,000원
	2종 수술	600,000원
	3종 수술	1,000,000원
	4종 수술	2,000,000원
	5종 수술	10,000,000원

(수술보험금은 보험회사별로, 가입금액별로 차이가 있을 수 있습니다.)

A씨는 이 보험에서는 '1종 수술'에 해당하는 수술을 하면 20만 원을 지급하고, '3종 수술'에 해당하는 수술을 하면 100만 원을 지급해준다는 것을 알았습니다.

그런데 이것만으로는 자신이 받은 수술이 몇 종 수술에 해당하는지 알 수가 없었습니다.

그래서 A씨는 보험 계약 당시에 보험설계사로부터 받은 보험약관을 펼쳤습니다. '수술특약'의 맨 뒤에 〈별표 4〉 1~5종 수술분류표'가 있었습니다. 이것이 바로 어떤 수술에 대해 몇 종 수술보험금을 지급하는지 구별해놓은 표입니다. 그중 다음과 같은 부분이 있었습니다.

구분	수술명	수술 종류
근골(筋骨)의 수술	13-2. 기타 사지골(四肢骨, 팔다리뼈), 사지관절(四肢關節) 관혈수술	2종

 팔이나 다리의 뼈에 대해 '관혈(觀血)수술(병변 부위를 육안으로 직접 보면서 수술적 조작을 하기 위해 피부에 절개를 가하고 병변 부위를 노출시켜서 수술하는 것)'을 받으면 '2종 수술'로 분류된다는 뜻입니다. A씨는 팔이 부러져서 핀을 박는 수술을 받았기 때문에 관혈수술에 해당할 거라고 생각했습니다. 그러므로 보험금을 청구하면 '2종 수술보험금'인 60만 원이 지급될 것임을 예상할 수 있었습니다.

 다음으로 A씨는 보험증권에서 입원과 관련된 부분을 확인해보았습니다.

〈입원특약〉
피보험자(보험대상자)가 이 특약의 보험 기간 중 발생한 약관에서 정하는 질병 또는 재해로 인하여 그 치료를 직접적인 목적으로 하여 4일 이상 계속하여 입원하였을 때

　　　　　3일 초과 입원 일수 1일당　　40,000원

(입원보험금은 보험회사별로, 가입금액별로 차이가 있을 수 있습니다.)

 A씨는 자동차 사고(재해)로 입원했고, 총 23일 동안 입원을 했으니 처음 3일을 빼면 20일 동안의 입원에 대해서 하루에 4만 원의 입원보험금을 받을 수 있다는 얘기입니다.

계산해보니(20일×40,000원=80만 원) 입원보험금만 80만 원이었습니다.

A씨는 보험설계사나 보험회사에 물어보지 않고도 보험증권과 보험약관을 통해 자신이 총 140만 원(수술보험금 60만 원 + 입원보험금 80만 원)의 보험금을 받을 수 있다는 것을 확인할 수 있었습니다.

이제 A씨는 보험금 청구서만 보험회사에 보내면 보험금을 받을 수 있습니다. 그런데 보험금을 청구하기 위해서는 어떤 서류들이 필요할까요? 보험약관에는 다음과 같이 규정되어 있습니다.

〈보험금 등 청구 시 구비 서류〉

① 보험 수익자(보험금을 받는 자) 또는 계약자는 다음의 서류를 제출하고 보험금, 해지환급금 또는 보험료 납입 면제를 청구하여야 합니다.

　1. 청구서(회사 양식)
　2. 사고증명서(사망진단서, 진단서(병명 기입), 장해진단서 등)
　3. 신분증(주민등록증 또는 운전면허증 등 사진이 부착된 정부기관 발행 신분증, 본인이 아닌 경우에는 본인의 인감증명서 포함)
　4. 기타 보험 수익자(보험금을 받는 자) 또는 계약자가 보험금 등의 수령 또는 보험료 납입 면제 청구에 필요하여 제출하는 서류

② 병원 또는 의원에서 발급한 제1항 제2호의 사고증명서는 의료법 제3조(의료기관)의 규정에 의한 국내의 병원이나 의원 또는 국외의 의료관련법에서 정한 의료기관에서 발급한 것이어야 합니다.

보험금 청구서 양식은 보험회사의 홈페이지에서 내려받을 수 있

습니다. 그 양식에 주소, 주민등록번호, 연락처 등을 적습니다. 작성이 끝난 보험금 청구서 양식과 함께 병원에서 받아온 '수술진단서'와 '입원확인서', 신분증(보험 수익자의 신분증) 사본, 통장(보험 수익자 명의의 통장) 사본을 첨부해서 보험회사에 제출하면 됩니다.

> **약관 읽어주는 남자의 한마디**

그런데 보험금을 청구할 때마다 A씨처럼 보험증권과 보험약관을 꼼꼼히 확인해야만 하는 걸까요? 실제로 대부분의 보험 가입자들은 그렇게 하지 않습니다. 담당 보험설계사가 알아서 처리해주거나 보험회사가 정확히 지급해줄 거라고 믿기 때문입니다.

A씨의 경우처럼 간단한 보험금 지급건은 가입자 본인이 보험금을 청구하거나 아니면 보험약관을 잘 모르는 보험설계사에게 보험금 청구를 부탁해도 별문제가 생기지 않습니다. 실수할 여지가 없는 상황이니까요. 그렇기 때문에 보험증권과 보험약관을 확인해볼 필요도 없습니다.

그런데 만약 A씨가 팔만 골절된 것이 아니라 사고 여파로 허리 디스크(추간판탈출) 진단까지 받았다면 문제가 복잡해집니다. 대부분의 보험 가입자들은 입원보험금과 수술보험금뿐만 아니라 몇백만 원의 장해급여금(장해보험금)을 받을 수도 있다는 사실을 모른 채 보험금 청구를 마치게 됩니다.

물론 장해급여금의 지급 대상으로 인정받기 위해서는 몇 가지 조건이 충족되어야 하는데, 그 조건이 무척 까다로워서 보험금을 못 받는 것이 아니라 '장해급여금'에 해당한다는 사실을 모르고 보험금 청구를 하지 않기 때문에 못 받는 경우가 많습니다. 그런데 안타깝게도 많은 보험설계사들이 이런 내용을 모르고 있습니다.

　상황이 이렇다 보니 보험 가입자 본인이 보험증권과 보험약관을 꼼꼼히 따져보는 것은 해도 되고 안 해도 되는 일이 아닙니다. 보험 가입자가 평상시에 보험증권은 그렇다고 해도, 그 두껍고 이해도 안 되는 보험약관을 읽어본다는 것은 사실 기대하기 힘든 일입니다. 하지만 적어도 보험금을 청구할 때만이라도 보험증권과 약관을 확인해보기 바랍니다. 아무리 봐도 보험약관이 이해가 되지 않을 때에는 보험금 지급 규정에 대해 잘 알고 있는 보험설계사에게 도움을 요청하거나 이 책을 참고하기 바랍니다.

40

보험금 지급 사유가 발생한 뒤 2년이 지나도록 청구하지 않은 보험금은 받을 수 없나요?

보험금 청구권의 소멸시효

생명보험에 가입한 A씨는 어느 날 건강검진을 받다가 대장내시경 검사 도중 용종이 발견되어 떼어냈습니다. 어디가 아파서 병원에 갔던 것이 아니라 일상적인 건강검진을 받다가 용종을 떼어낸 것이므로 A씨는 그것이 보험금이 지급되는 수술이라고는 생각하지 못했습니다. 그 후 2년이 지나는 동안 A씨는 그 일을 까맣게 잊고 지냈는데 어느 날 새로운 담당 보험설계사가 찾아와 대화를 나누던 중 건강검진 도중 용종을 제거한 것도 수술보험금이 나온다는 얘기를 들었습니다. 용종을 제거하고 2년이나 지났는데 지금이라도 보험금을 청구하면 A씨는 보험금을 받을 수 있을까요?

A씨의 상황 정리
- 건강검진 도중 위에서 용종을 제거함.
- 수술보험금이 지급되는 줄 모르고 2년이 넘도록 보험금을 청구하지 않음.
- 용종을 제거하고 2년이 지난 시점에 수술보험금을 청구함.

 생명보험에서는 수술이나 입원 등 보험금을 청구할 일이 발생한 지 2년이 지나도록 보험 수익자(보험금을 받는 사람)가 보험금을 청구하지 않으면 보험금 청구권이 소멸됩니다. 하지만 대부분의 생명보험회사는 2년이 지나서 보험금을 청구하더라도 무조건 보험금 지급을 거절하지는 않습니다. 보험 수익자가 2년 동안 보험금 청구를 하지 못한 적절한 사유를 설명하면 예외적으로 보험금을 지급하기도 합니다.

 보험금 상식, 궁금타파!

보험금 지급 규정과 보험약관에 대해서 보험 가입자들은 잘 모릅니다. 보험약관 자체가 이해하기 어렵게 만들어져 있을뿐더러 보험금 지급 항목에 대한 정확한 정보도 보험 가입자에게 제공되지 않습니다.

예를 들어 보험 가입자가 어떤 수술을 받았을 때 그 수술이 보험금 지급 대상이 되는지 확인하려면 '수술특약'에 첨부되어 있는 수술분류표를 살펴보아야 합니다. 하지만 그 표에는 정확한 수술 명칭이 들어 있지 않습니다. 그 표에는 여러 신체부위에서 이루어지는 수술에 대한 개념의 정리와 함께 그 수술이 어떤 등급의 수술보험금을 받게 되는지를 표시하고 있을 뿐입니다.

그런데 보험 가입자가 병원에서 수술 후 받게 되는 수술진단서에는 수술에 대한 개념이 적혀 있는 것이 아니라 수술의 명칭이 적혀 있습니다. 보험 가입자로서는 수술진단서에 적혀 있는 수술 명칭도 생소한 데다 약관의 수술분류표와도 일치하지 않다 보니 수술보험금 지급 대상이 맞는지 확인할 수가 없습니다. 여간 답답한 노릇이 아닙니다. 그나마 어디가 아파서 수술을 받은 경우는 보험금을 청구해야겠다는 생각이라도 할 수 있지만 A씨처럼 일상적인 건강검진을 받던 도중 벌어진 상황에 대해서도 보험금을 받을 수 있다고 생각하기는 쉽지 않습니다.

이런 상황을 보험회사도 알고 있기 때문에 보험약관에는 다음과 같은 규정이 있음에도 불구하고 2년이 지나서 청구된 보험금도 선별적으로 지급하는 것입니다.

〈소멸시효〉

보험금 청구권, 보험료 또는 환급금 반환청구권은 2년간 행사하지 아니하면 소멸시효(주어진 권리를 행사하지 않을 때 그 권리가 없어지게 되는 기간)가 완성됩니다.

그런데 2015년 1월부터 판매된 보험상품의 약관에는 보험금청구권 소멸시효가 3년으로 변경되었습니다. 변경된 상법을 적용한 것입니다.

약관 읽어주는 남자의 한마디

보험금 청구는 약간의 가능성만 있으면 무조건 해야 합니다. 어차피 보험금이 지급되는 것인지 아닌지는 보험 가입자들이 알기 힘듭니다. 게다가 일반적인 상식과는 다르게 보험금이 지급되는 항목도 많습니다. 그러므로 지레짐작하여 포기하지 말고 일단 보험금을 청구하십시오. 그리고 성실한 담당 보험설계사가 주변에 있다면 그분의 도움을 받으세요. 그게 가장 안전합니다.

수술보험금은 수술할 때마다 매번 지급되나요?

단기간 반복되는 수술에 대한 보험금 지급 규정

SOS Question

생명보험 가입자 A씨는 최근 '경피적(經皮的) 내시경 디스크 제거술'을 두 번이나 받았습니다. 한 달 전에 수술을 받았는데 증상이 호전되지 않아서 의사의 권유로 똑같은 수술을 다시 받은 것입니다. 처음 '경피적 내시경 디스크 제거술'을 받았을 때 보험금을 청구했더니, 보험회사는 수술보험금을 지급해주었습니다. 그래서 이번에도 당연히 수술보험금이 지급될 거라고 생각하고 마음 편하게 수술을 받았는데 이번에는 보험금이 지급되지 않았습니다. 왜 보험금이 지급되지 않았을까요?

A씨의 상황 정리

- 경피적 내시경 디스크 제거술을 받음.
- 보험금을 청구했더니 수술보험금이 지급되었음.
- 한 달 뒤 똑같은 수술을 받았는데 이번에는 보험금이 지급되지 않음.

 생명보험의 수술특약 약관에 따르면 몇 가지 수술에 대해서는 수술 1회당 1회의 수술보험금이 지급되는 것이 아니라, 아무리 여러 번 수술을 받았다고 하더라도 60일간 1회의 수술보험금만 지급됩니다. '경피적 내시경 디스크 제거술'도 그런 수술 중 하나입니다.

 보험금 상식, 궁금타파!

생명보험 수술특약은 특별한 단서 조항이 없다면 수술 횟수에 제한 없이 수술을 받을 때마다 수술보험금을 지급하게 되어 있습니다. 수술특약 약관에는 다음과 같이 규정되어 있습니다.

〈보험금의 종류 및 지급 사유〉
(보험)회사는 피보험자(보험대상자)가 이 특약의 보험 기간 중 발생한 질병 또는 재해로 인하여 그 치료를 직접적인 목적으로 '수술의 정의와 장소'에서 정한 수술을 받았을 경우에는 보험 수익자(보험금을 받는

자)에게 약정한 수술급여금을 지급합니다('보험금 지급 기준표' 참조).

보험금 지급 기준표

구분	지급 사유	지급 금액
수술급여금	피보험자(보험대상자)가 이 특약의 보험 기간 중 발생한 질병 또는 재해로 인하여 그 치료를 직접적인 목적으로 하여 수술을 받았을 경우 (수술 1회당 지급합니다)	1종 수술: 10만 원
		2종 수술: 30만 원
		3종 수술: 50만 원
		4종 수술: 100만 원
		5종 수술: 500만 원

기준: 특약보험 가입구좌 1구좌

그런데 몇 가지 수술은 그렇지가 않습니다. 수술특약 약관에 첨부된 수술분류표를 보면 다양한 개념의 수술에 대해서 어떤 보험금이 지급되는지 설명하고 있는데, 그중에는 다음과 같이 수술보험금 지급 횟수를 제한하는 내용도 들어 있습니다.

수술분류표 중 일부

구분	수술명	수술 종류
피부, 유방의 수술	농양의 절개 및 배액은 제외. 단, 치료 목적의 Mommotomy는 60일에 1회를 한도로 함	1종
비뇨기계, 생식기계의 수술	경질(經膣)적 자궁, 난소, 난관 수술(60일에 1회 한도)	1종

주: '경질적 수술'이라 함은 여성의 질(膣)을 통해 이루어지는 수술을 말합니다. 여기서는 관혈수술(병변 부위를 육안으로 직접 보면서 수술적 조작을 하기 위해 피부에 절개를 가하고 병변 부위를 노출시켜서 하는 수술)과 대비되는 개념으로 쓰였습니다-필자.

구분	수술명	수술 종류
시각기의 수술 (약물 주입술은 제외)	망막박리(網膜剝離)수술(시술 개시일부터 60일간에 1회의 급여를 한도로 함)	2종
	레이저(Laser)에 의한 안구(眼球)수술(시술 개시일부터 60일간에 1회의 급여를 한도로 함)	1종
	냉동응고(冷凍凝固)에 의한 안구(眼球)수술(시술 개시일부터 60일간에 1회의 급여를 한도로 함)	2종

구분	수술명	수술 종류
청각기(聽覺器)의 수술	중이내(중이내, 가운데귀 내) 튜브유치술(고막 패치술은 제외, 시술 개시일부터 60일간에 1회의 급여를 한도로 함)	1종

주: 중이염이 심한 경우 받게 되는 수술입니다 - 필자.

구분	수술명	수술 종류
상기 이외의 수술 (검사, 처치, 약물주입요법은 포함하지 않음)	체외충격파쇄석술(체외충격파쇄석술, E.S.W.L)(시술개시일부터 60일간에 1회의 급여를 한도로 함)	2종
	80. 내시경에 의한 내시경수술 또는 카테터 등에 의한 경피적(經皮的) 수술(시술 개시일부터 60일간에 1회의 급여를 한도로 함)	
	80-1. 뇌, 심장	3종
	80-2. 후두, 흉부장기(심장 제외), 복부장기(비뇨, 생식기 제외), 척추, 사지관절(손가락, 발가락은 제외)	2종

주: 체외충격파쇄석술: 신장, 요관, 요도, 방광 등에 생긴 결석을 몸 밖에서 충격파를 보내 작게 부숴 몸 밖으로 자연스럽게 배출시키는 수술 방법입니다 - 필자.

　위 수술 중에서 '60일간에 1회의 급여를 한도로 함'이라는 내용이 첨부되어 있는 것은 60일 동안 동일한 수술을 두 번, 세 번 또는 그 이상 받는다고 하더라도 수술보험금은 단 1회만 지급됩니다. A씨의 경우가 바로 여기에 해당합니다. '경피적 내시경 디스크 제거술'은 내시경에 의한 '경피적 수술(피부에 바늘을 찔러서 목표물에 접근하는 수술 방법)'이기 때문에 두 번째 수술은 수술보험금을 지급받지 못한 것입니다.

물론 그 사람이 겪어야 하는 통증이나 증상을 생각하면 이 같은 예외규정을 알고 있는 것이 얼마나 도움이 될지는 모르겠습니다. 그러나 만약 하루 이틀 차이라면 두 번째 수술은 첫 번째 수술로부터 60일이 지나서 한다면 어떨까요? 그 하루 이틀 차이로 누구는 수술보험금을 두 번이나 지급받는데 누구는 한 번밖에 받지 못합니다. 결국 알면 받고 모르면 못 받는 일이 생긴다는 것입니다.

 암수술과 관련해서도 '60일간 1회 지급' 조항이 있습니다

악성신생물(암) 치료 목적의 수술

수술명	수술 종류
1. 관혈적 악성신생물(악성신생물, 암) 근치수술(근치수술) 　단, 기타 피부암(C44) 제외 　〔내시경 수술, 카테터·고주파 전극 등의 경피적 수술 등은 제외함〕 1-1. 기타 피부암(C44)	5종 3종
내시경 수술, 카테터·고주파 전극 등에 의한 악성신생물(암) 수술 〔시술 개시일부터 60일간에 1회의 급여를 한도로 함〕	3종
상기 이외의 기타 악성신생물(암) 수술 〔시술 개시일부터 60일간에 1회의 급여를 한도로 함〕	3종

악성신생물(암) 근치·두개내신생물 근치 방사선 조사 분류표

수술명	수술 종류
1. 악성신생물(암) 근치 방사선 조사 5000Rad 이상의 조사를 하는 경우로 한정하며, 악성신생물(암) 근치 사이버나이프(Cyberknife) 정위적 방사선 치료를 포함함.	3종
2. 두개내신생물 근치 감마나이프(Gammaknife) 정위적 방사선 치료	3종

주: 시술 개시일부터 60일간에 1회의 급여를 한도로 함.

 위의 표를 보면 암 치료를 목적으로 하는 수술인 경우에도 60일간 1회의 급여를 한도로 하는 수술이 있다는 것을 알 수 있습니다. 내시경, 카테터(catheter: 체내 내용액의 배출을 측정하거나 약물의 주입에 사용되는 고무 또는 금속제의 가는 관), 고주파 전극에 의한 수술은 그것이 암수술이라고 하더라도 60일 동안 1회의 수술보험금만 지급됩니다. 또한 항암방사능 치료도 60일간 1회만 보험금이 지급됩니다.

약관 읽어주는 남자의 한마디

 보험회사가 수술특약의 약관에 이런 조항을 넣은 이유는 대충 짐작이 갑니다. 그런데 감독기관은 왜 보험 가입자에게 불리한 조항을 보험회사가 약관에 포함시키는 것을 승인했을까요?
 보험회사 입장에서 생각해보면 이런 추측이 가능합니다. 수술분류표에서 60일간에 1회의 급여를 한도로 하는 수술은 대부분 한 번의 수술로 근본적인 치료가 되지 않고 재발하기 쉬워 또다시 수술하게 되는 경우가 많거나, 부득이하게 여러 번으로 나누어 진행해야 합니다. 그래서 이런 수술까지 매번 보험금을 지급하다가는 큰 손실을 볼 수 있다는 보험회사들의 주장을 감독기관이 받아들였기 때문이 아닐까 합니다.

물론 제가 보기에도 대부분의 항암방사선 치료는 한 달 이상의 기간 동안 매일 조금씩 나누어서(한꺼번에 방사선을 쐬면 환자가 견디지 못하기 때문에 여러 날에 거쳐 나누어서 방사선을 쐬게 함) 방사선을 쐬는 방법으로 진행되기 때문에 매일 방사선을 쐬는 것에 대해 모두 수술보험금을 지급하는 것은 상식에 부합하지 않는다고 생각합니다.

하지만 그 외에 완치를 목적으로 수술을 받았음에도 부득이하게 다시 수술하는 경우까지 수술보험금의 지급 횟수를 제한하는 것은 과도한 처사라고 생각합니다. 감독기관의 대책 마련이 필요합니다.

42

병원을 옮길 때마다 입원 기간에서 무조건 3일을 빼고 입원보험금을 지급하나요?

한 가지 사유로 두 군데 이상의 의료기관에 입원한 경우의
입원보험금 판단 규정

SOS Question

생명보험에 가입한 A씨는 명절 때 산소에서 벌초를 하다가 돌이 눈에 튀어서 각막을 다쳤습니다. 사고 당일 대학병원에 입원해서 수정체 제거술을 받았습니다. 입원한 지 3일 만에 퇴원한 뒤 집에서 쉬다가 5일 뒤 가까운 안과병원에 입원해 '인공수정체 2차 삽입술'을 받고 일주일 후에 퇴원했습니다.

A씨는 대학병원에 3일, 안과병원에 7일간 입원했기 때문에 처음 3일은 빼고 나머지 7일간의 입원에 대해서 입원보험금을 받을 수 있다고 생각했습니다. 그런데 4일분의 입원보험금만 지급되었습니다. 병원을 옮겨서 입원했더니 입원할 때마다 입원 기간 중 3일을 빼고 나머지 기간에 대해서만 보험금을 지급한 것입니다.

그런데 담당 보험설계사로부터 전화가 와서 보험금 지급에 착오가 있는 것 같다며 보험금 심사 담당자에게 확인해보겠다고 했습니다. 그러고 나서 몇 시간 후에 A씨에게 3일분의 입원보험금이 추가로 지급했습니다. 어떻게 된 일일까요?

A씨의 상황 정리

- 각막을 다쳐 대학병원에 입원하여 수정체 제거술을 받음.
- 퇴원 후 며칠 지나지 않아 다른 병원에 입원하여 '인공수정체 2차 삽입술'을 받음.
- 입원보험금을 청구했더니 두 병원의 입원 기간에서 모두 3일씩 빼고 보험금이 지급되었음.

생명보험 약관에서는 가입자가 병원을 옮겨 입원했다고 하더라도 그 입원의 원인이 동일하다면 두 번째 이후 입원은 처음 입원일로부터 계속 입원한 것으로 인정됩니다. 그러므로 병원을 옮겨서 계속 입원한다고 하더라도 3일을 빼고 계산하지 않습니다.

 보험금 상식, 궁금타파!

전통적인 생명보험에서는 특별한 조건이 없는 한 총 입원 기간 중 처음 3일은 빼고 4일째부터 입원 1일당 얼마의 '입원보험금'을 지급합니다. 그런데 환자는 가끔 병원을 옮기기도 합니다. 교통사고를 당하면 구급차에 실려 가까운 병원으로 이송되었다가 며칠 뒤 집 근처 병원으로 옮겨서 입원하는 경우도 있고, 대학병원에서 진료를 받고 급히 1차 수술을 받기 위해 입원했다가 병원비 등 여러 가지 이유로 일반 병원으로 옮겨서 계속 입원하는 경우도 있습니다.

이럴 경우 병원을 옮긴 두 번째 입원 기간에 대해서도 처음 3일을 빼고 입원보험금을 지급하는 것이 맞는지 헷갈릴 수 있습니다. 생명보험의 '입원특약' 약관에는 다음과 같은 규정이 있습니다.

〈보험금의 종류 및 지급 사유〉

(보험)회사는 피보험자(보험대상자)가 이 특약의 보험 기간 중 발생한 질병 또는 재해로 인하여 그 치료를 직접적인 목적으로 하여 4일 이상 계속하여 입원(병원 또는 의원을 이전하여 입원한 경우에도 동일 질병 또는 재해로 인하여 그 치료를 직접적인 목적으로 입원한 경우에는 계속하여 입원한 것으로 봅니다)하였을 경우에는 보험 수익자(보험금을 받는 자)에게 약정한 입원급여금(별표 '보험금 지급 기준표' 참조)을 지급합니다.

보험금 지급 기준표

구분	지급 사유	지급 금액
입원급여금	피보험자(보험대상자)가 이 특약의 보험 기간 중 발생한 질병 또는 재해로 인하여 그 치료를 직접적인 목적으로 하여 4일 이상 계속하여 입원하였을 경우	3일 초과 입원일수 1일당 ○○원 (입원 1회당 120일 최고한도)

주: 모든 보험이 120일을 최고한도로 하지는 않습니다 - 필자.

입원의 원인이 다르다면 며칠 간격으로 두 군데 이상의 병원에 입원했다 하더라도 입원보험금을 산정할 때 각각의 입원 기간에서 최초 3일을 빼고 나머지 입원일수를 계산해서 보험금을 지급합니다. 그러나 두 군데 이상의 병원에서 입원을 하였지만 입원한 원인이 동일하다면 첫 번째 입원한 기간 이후에는 입원일수를 계산할 때 3일을 빼고 계산하지 않습니다.

A씨의 사례에서 보험금 심사 담당자는 아마도 대학병원에서 발급한 진단서에 기록되어 있는 진단명(각막열상)과 안과병원에서 발급한 수술확인서에 기록되어 있는 진단명(무수정체)이 서로 다른 것만 보고 각각 다른 원인에 의한 입원으로 판단했을 것입니다.

그런데 보험회사가 제공하는 보험금 청구서 양식에는 사고 또는 질병의 발생 정황을 기록하는 부분이 있습니다. 보험금 심사 담당자가 A씨가 작성한 보험금 청구서의 사고 내용 부분을 제대로 읽었다면 두 입원이 동일한 원인에서 비롯되었음을 쉽게 알 수 있었을 것입니다. 보험금 심사 담당자의 명백한 실수입니다.

 퇴원 후 1년 뒤에 동일한 원인으로 입원해도 3일을 빼지 않고 계산하나요?

아닙니다. 3일을 빼고 계산합니다. 생명보험 약관에는 다음과 같은 규정이 있습니다.

〈보험금의 종류 및 지급 사유〉
동일한 질병 또는 재해로 인한 입원이라도 입원급여금이 지급된 최종 입원의 퇴원일로부터 180일이 지난 후 개시한 입원은 새로운 입원으로 봅니다. 다만, 아래와 같이 입원급여금이 지급된 최종 입원일부터

180일이 경과하도록 퇴원 없이 계속 입원 중인 경우에는 입원급여금이 지급된 최종 입원일의 그다음 날을 퇴원일로 봅니다.

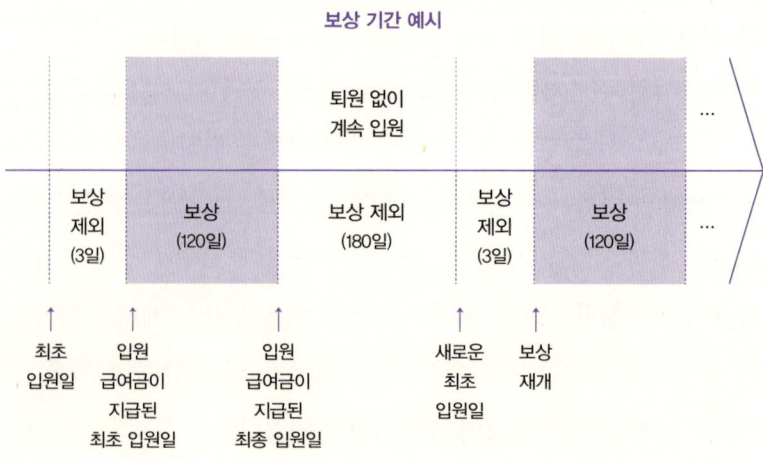

즉 동일한 원인으로 입원했다고 하더라도 퇴원일로부터 180일이 지난 뒤에 입원한 것은 새로운 입원으로 보고, 그 새로운 입원에 대해서는 처음 3일을 빼고 입원보험금을 지급합니다.

> **약관 읽어주는 남자의 한마디**
>
> 어느 보험회사나 보험금 심사 담당자들은 과중한 업무에 시달리고 있습니다. 한 사람이 처리해야 할 보험금 청구서가 매일 산더미처럼 접수됩니다. 그러다 보니 가끔 어이없는 실수를 하는 경우가 있습니다.

하지만 아무리 그렇다고 해도 보험 가입자의 입장에서는 쉽게 받아들일 수 없습니다. 보험은 자동차처럼 구매해서 바로 사용하는 그런 상품이 아닙니다. 보험은 예상하지 못한 위험이 닥쳤을 때 보험 가입자를 보호해주는 기능을 하는 상품입니다. 따라서 보험회사가 보험금을 지급하면서 실수를 한다는 것은 자동차로 치면 브레이크에 결함이 있는 차를 판매한 것과 같습니다. 만약 자동차였다면 전량 리콜을 해야 하는 상황입니다. 그만큼 보험금 지급은 보험회사와 보험 가입자 모두에게 매우 중요한 일입니다.

이럴 때 보험 가입자를 대신해서 꼼꼼하게 계산하고 확인해주는 보험설계사가 있다면 가입자에게는 참으로 고마운 존재입니다. 비록 그 설계사가 처음 나에게 보험을 권유한 사람이 아니더라도 말이죠.

43 실손의료비보험에 가입한 뒤 오토바이를 타게 되었다면 보험회사에 꼭 알려야 하나요?

'계약 전 알릴 의무'와 '계약 후 알릴 의무'

SOS Question

'생명보험'과 '실손의료비보험'에 가입한 A씨는 보험 계약을 체결할 당시에는 오토바이를 타지 않았습니다. 하지만 보험에 가입하고 한 달쯤 지난 후 오토바이를 구입해서 타고 다니기 시작했습니다. 그러던 어느 날 오토바이를 타고 가다가 마주 오던 승용차와 부딪히는 사고를 당했습니다. 생명보험회사와 손해보험회사 두 곳 모두에 보험금을 청구했더니 생명보험회사에서는 보험금이 지급되었는데 손해보험회사에서는 보험금이 지급되지 않았습니다. 게다가 손해보험회사는 '실손의료비보험' 계약 중에서 '상해'와 관련된 '실손의료비특약'을 해지해버렸습니다. 왜 이런 일이 발생할까요?

A씨의 상황 정리
- 생명보험과 실손의료비보험에 각각 가입함.
- 보험에 가입한 후, 오토바이를 타게 된 것을 보험회사에 알리지 않은 상태에서 사고를 당함.
- 생명보험에서는 보험금이 지급되었으나, 실손의료비보험에서는 보험금 지급이 거절되고 상해 관련 '실손의료비특약'이 해지됨.

실손의료비보험은 생명보험과 달리 '계약 전 알릴 의무'만 있는 것이 아니라 '계약 후 알릴 의무'도 있습니다. A씨가 보험에 가입한 뒤 오토바이를 구입해서 타고 다녔다고 하더라도 그 사실을 실손의료비보험을 판매한 손해보험회사에 즉시 알려야 하는데 그렇지 않은 상태에서 사고가 발생했습니다. 이런 경우 손해보험회사는 보험 가입자가 '계약 후 알릴 의무'를 위반했으므로 보험금을 지급하지 않거나 삭감해서 지급합니다. 마찬가지 이유로 해당 특약을 일방적으로 해지할 수도 있습니다.

 보험금 상식, 궁금타파!

모든 보험은 계약을 체결할 때 보험 가입자가 자신의 건강 상태나 직업, 자동차나 오토바이의 운전 여부 등 '알릴 의무' 조항을 사실과 다르게 보험회사에 알린 경우에는 훗날 보험금을 청구했을 때 보험금을 지급받지 못하거나 계약이 해지될 수 있습니다. 그만큼 보험 계약 체결에 있어서 '알릴 의무'는 매우 중요합니다. 그런데 이 '알릴 의무' 부분에서 '생명보험'과 '실손의료비보험'의 결정적인 차이가 있습니다.

생명보험에서는 보험 가입자가 '계약 전 알릴 의무'만 정확히 이행하면 되는 데 반해서, 실손의료비보험에서는 '계약 전 알릴 의무'는 기본이고 '계약 후 알릴 의무'(별첨 ❼ 참조)도 정확히 이행해야만 불이익을 당하지 않습니다. 이 규정은 생명보험 계약에 추가된 '실손의료비특약'의 경우에도 동일하게 적용됩니다. 생명보험의 실손의료비특약 또는 실손의료비보험에서는 다음과 같이 규정하고 있습니다.

〈계약 전 알릴 의무〉

계약자 또는 피보험자(보험대상자)는 청약 시(진단계약의 경우에는 건강진단 시를 말합니다) 청약서에서 질문한 사항에 대하여 알고 있는 사실을 반드시 사실대로 알려야(이하 '계약 전 알릴 의무'라 하며, 상법상 '고지의무'와 같습니다) 합니다. 다만, 진단계약의 경우 의료기관에서 직장 또는 개인이 실시한 건강진단서 사본 등 건강 상태를 판단할 수 있는 자료로 건강진단을 대신할 수 있습니다.

〈상해보험 계약 후 알릴 의무〉

① 계약자 또는 피보험자(보험대상자)는 보험 기간 중에 피보험자(보험대상자)가 그 직업 또는 직무를 변경(자가용 운전자가 영업용 운전자로 직업 또는 직무를 변경하는 등의 경우를 포함합니다)하거나 이륜자동차

또는 원동기장치 자전거를 계속적으로 사용하게 된 경우에는 지체 없이 회사에 알려야 합니다.

② 회사는 제1항에 따라 위험이 감소된 경우에는 그 차액보험료를 돌려드리며, 계약자 또는 피보험자(보험대상자)의 고의 또는 중과실로 위험이 증가된 경우에는 통지를 받은 날로부터 1개월 이내에 보험료의 증액을 청구하거나 특약을 해지할 수 있습니다.

(이하 생략)

〈알릴 의무 위반의 효과〉

① 회사는 아래와 같은 사실이 있을 경우에는 보험금 지급 사유의 발생 여부에 관계없이 그 사실을 안 날부터 1개월 이내에 이 특약을 해지할 수 있습니다.

  1. 계약자, 피보험자(보험대상자) 또는 이들의 대리인이 고의 또는 중대한 과실로 '계약 전 알릴 의무'를 위반하고 그 의무가 중요한 사항에 해당하는 경우

  2. 뚜렷한 위험의 증가와 관련된 '상해보험 계약 후 알릴 의무' 제1항에서 정한 '계약 후 알릴 의무'를 이행하지 아니하였을 때

약관 규정을 보면 A씨가 보험금도 받지 못하고 상해 관련 특약마저 해지당한 이유를 알 수 있습니다. A씨는 '계약 후 알릴 의무'가 있는 줄도 몰랐을 수 있지만 보험회사는 규정대로 처리했을 뿐입니다.

손해보험회사의 실손의료비보험에 가입한 사람들도 그렇지만 생명보험회사의 생명보험에 '실손의료비특약'을 덧붙여서 계약한 사

람들은 더더욱 '계약 후 알릴 의무'를 모릅니다. 왜냐하면 전통적인 생명보험에는 '계약 전 알릴 의무'만 있기 때문에 보험 계약 후에 더 위험한 업무를 하게 되었거나 오토바이를 타는 등 위험이 증가했다고 하더라도 보험회사에 알려야 할 의무가 없기 때문입니다.

하지만 생명보험이라도 실손의료비특약이 덧붙여지면 상황이 달라집니다. 다른 모든 특약에서는 '계약 전 알릴 의무'만 지키면 되지만 '실손의료비특약'만큼은 '계약 후 알릴 의무'까지도 반드시 지켜야 합니다. 이 같은 약관의 규정을 모르고 있다가는 A씨처럼 낭패를 당할 수 있습니다.

약관 읽어주는 남자의 한마디

최근 계속된 불황 때문에 기존에 해왔던 일과는 완전히 다른 일을 하게 되는 사람들이 많습니다. 사무직이었던 사람이 실직 후 대리운전을 하는 등 상대적으로 위험률이 더 높은 일을 하는 경우도 있습니다. 이런 경우 실손의료비보험 같은 손해보험에 가입한 사람이라면 즉시 손해보험회사에 직업이 변경되었음을 알려야 합니다. 그러면 손해보험회사는 증가된 위험률만큼 보험료를 할증해서 받거나, 아니면 상해 관련 '실손의료비특약'을 삭제하고 최악의 경우 보험 계약을 해지할 수도 있습니다. '계약 후 알릴 의무' 때문입니다.

실손의료비보험이 있다고 생명보험을 해약하는 일은 하지 않길 권합니다.

사고로 여러 신체부위에 장해가 생겼을 경우 보험금은 어떻게 지급되나요?

'동일한 신체부위'와 장해지급률의 관계

3년 전 생명보험에 가입한 A씨는 2년 전 산에서 암벽을 타다가 추락했습니다. 왼쪽 어깨관절과 팔꿈치관절이 부러졌고 오른쪽 무릎관절과 발목관절도 부러졌습니다. 사고 당시 뇌출혈이 발견되었고 환자가 의식을 찾지 못하는 시간이 길어지다 보니 의료진은 환자의 생명을 구하는 데만 집중하느라 다른 신체부위에 대한 치료까지는 엄두를 내지 못했습니다. 다행히 목숨은 건졌지만 몸 여러 군데에 심한 장해가 남았습니다. 사고 후 2년간 팔과 다리 수술이 이어졌지만 끝내 복합적인 장해가 남았습니다. 오른쪽 다리의 무릎관절은 정상 운동범위의 4분의1 이하로밖에 움직이지 않았습니다. 오른쪽 발목관절 역시 운동범위가 정상 운동범위의 4분의3 이하로 제한되었습니다. 게다가 왼쪽 어깨관절은 정상 운동범위의 2분의1 이하로밖에 움직일 수 없었고, 왼쪽 팔꿈치관절은 정상 운동범위의 4분의3 이하로 움직임이 제한되었습니다.

'재해상해특약'이 1억 원 설정된 생명보험에 가입한 A씨는 어떤 장해 관련 보험금을 얼마나 지급받을 수 있을까요?

A씨의 상황 정리

- 재해상해특약이 1억 원 설정된 생명보험에 가입함.
- 등산 중 추락 사고를 당해 신체 여러 부위에 장해가 생김.
- 오른쪽 무릎관절은 정상 운동범위의 4분의1 이하로밖에 움직이지 못하게 됨(장해지급률 20%).
- 오른쪽 발목관절은 정상 운동범위의 4분의3 이하로밖에 움직이지 못하게 됨(장해지급률 5%).
- 왼쪽 어깨관절은 정상 운동범위의 2분의1 이하로밖에 움직이지 못하게 됨(장해지급률 10%).
- 왼쪽 팔꿈치관절은 정상 운동범위의 4분의3 이하로밖에 움직이지 못하게 됨(장해지급률 5%).
- 어떤 장해 관련 보험금을 받을 수 있는지 궁금함.

A씨의 경우는 네 가지 장해의 지급률을 모두 더해 장해지급률을 계산한 다음, 그것을 '재해상해특약'의 설정 금액에 곱해서 최종 '재해장해급여금'을 산출합니다. A씨는 4000만 원을 받을 수 있습니다.

〈풀이〉

① 장해지급률 = 40%

 (오른쪽 무릎관절 장해에 대한 지급률 20% + 오른쪽 발목관절 장해에 대한 지급률 5% + 왼쪽 어깨관절 장해에 대한 지급률 10% + 왼쪽 팔꿈치관

절 장해에 대한 지급률 5%)

② 재해장해급여금 = 4000만 원

(장해지급률 40%×재해상해특약 설정액 1억 원)

 보험금 상식, 궁금타파!

A씨는 각 신체부위의 장해지급률을 모두 더하면 되기 때문에 보험금 계산이 간단하지만 모든 경우가 그렇지는 않습니다. 아마도 생명보험에서 지급하는 보험금 항목 중에 가입자들이 가장 이해하기 어려운 부분이 장해 관련 보험금일 것입니다. 보험금 지급률을 판정하는 데 기준이 되는 규정이 있음에도 불구하고 신체부위별로 예외적으로 적용하는 규정이 따로 있어 보험금 지급 규정이 매우 복잡하기 때문입니다. 우선 기준이 되는 규정부터 확인해보겠습니다. 장해 관련 보험금을 지급하는 '재해상해특약' 약관에는 다음과 같은 규정이 있습니다.

〈보험금 지급에 관한 세부 규정〉
동일한 재해 또는 재해 이외의 동일한 원인으로 두 가지 이상의 장해가 생긴 때에는 각각에 해당하는 장해지급률을 더하여 최종 장해지급률을 결정합니다. 다만, <u>장해분류표의 각 신체부위별 판정 기준에서 별도로 정한 경우에는 그 기준에 따릅니다.</u>

위 규정에도 불구하고 '동일한 신체부위'에 장해분류표상의 두 가지 이상의 장해가 발생한 경우에는 더하지 않고 그중 높은 지급률을 적용합니다. 다만, 장해분류표의 각 신체부위별 판정 기준에서 별도로 정한 경우에는 그 기준에 따릅니다.

위 규정 중 '동일한 재해'란 하나의 사고로 인한 재해를 말합니다. 즉 하나의 사고로 인한 재해(또는 질병)로 두 가지 이상의 장해가 생기면 각각에 해당하는 장해지급률을 더해서 최종 장해지급률이 정해집니다. 그러나 만약 그 두 가지 이상의 장해가 '동일한 신체부위'에 발생한 것이라면 각각의 장해지급률을 더하지 않고 그중 가장 높은 장해지급률만을 적용한다는 것입니다.

그러므로 장해지급률을 계산하기 위해서는 동일한 신체부위라는 개념의 이해가 매우 중요합니다. '동일한 신체부위'에 대한 정의는 주계약 약관의 장해분류표에 잘 나와 있습니다.

'신체부위'라 함은 ① 눈 ② 귀 ③ 코 ④ 씹어 먹거나 말하는 기능 ⑤ 외모 ⑥ 척추(등뼈) ⑦ 체간골 ⑧ 팔 ⑨ 다리 ⑩ 손가락 ⑪ 발가락 ⑫ 흉·복부 장기 및 비뇨생식기 ⑬ 신경계·정신행동의 13개 부위를 말하며, 이를 각각 '동일한 신체부위'라 한다. 다만, 좌·우의 눈, 귀, 팔, 다리는 각각 다른 신체부위로 본다.

이렇게 장해분류표에서는 신체부위를 13개 부위로 나누고 각각의 부위를 '동일한 신체부위'라고 규정합니다. 이중 어느 '동일한 신체부위'에 두 가지 이상의 장해가 발생하면 각각의 장해지급률을 더하지 않고 그중 높은 지급률만을 적용하게 되는 겁니다.

그런데 '동일한 신체부위'라는 개념을 자세히 들여다보니 A씨의 경우가 이해가 되지 않습니다. A씨는 '팔'이라는 동일한 신체부위와 '다리'라는 동일한 신체부위에 각각 2개의 장해가 생겼습니다. 약관의 규정대로 한다면 '팔'에 발생한 두 가지 장해 중 지급률이 높은 것 한 가지(어깨관절 장해 10%)와 다리에 발생한 두 가지 장해 중 지급률이 높은 장해 한 가지(무릎관절 장해 20%)만 더해져서 총 30퍼센트의 장해지급률만 인정되어야 합니다. 그런데도 A씨는 분명히 네 가지 장해 모두의 지급률을 합산하여 장해지급률 40퍼센트를 인정받았고, 그에 해당하는 재해장해급여금 4000만 원을 받았습니다. 어떻게 된 것일까요?

그것은 〈보험금 지급에 관한 세부 규정〉에서 밑줄 친 "다만, 장해분류표의 각 신체부위별 판정 기준에서 별도로 정한 경우에는 그 기준을 따른다"라는 규정 때문입니다.

장해분류표에는 13개의 신체부위별로 각각의 장해 정도를 분류하고 해당 장해지급률을 명시해놓았으며, 그중 몇 가지 신체부위에는 별도의 장해 판정 기준을 정해놓았습니다. 대표적인 예가 '팔'과 '다리'의 장해입니다. 장해분류표에서는 '팔'의 장해를 다음과 같이 규정하고 있습니다.

〈팔의 장해〉
　가. 장해의 분류

장해의 분류	지급률
1) 두 팔의 손목 이상을 잃었을 때	100%
2) 한 팔의 손목 이상을 잃었을 때	60%
3) 한 팔의 3대 관절 중 1관절의 기능을 완전히 잃었을 때	30%
4) 한 팔의 3대 관절 중 1관절의 기능에 심한 장해를 남긴 때	20%
5) 한 팔의 3대 관절 중 1관절의 기능에 뚜렷한 장해를 남긴 때	10%
6) 한 팔의 3대 관절 중 1관절의 기능에 약간의 장해를 남긴 때	5%
7) 한 팔에 가관절이 남아 뚜렷한 장해를 남긴 때	20%
8) 한 팔에 가관절이 남아 약간의 장해를 남긴 때	10%
9) 한 팔의 뼈에 기형을 남긴 때	5%

나. 장해 판정 기준

　　1) 골절부에 금속내고정물 등을 사용하였기 때문에 그것이 기능장해의 원인이 되는 때에는 그 내고정물 등이 제거된 후 장해를 판정한다.

　　2) 관절을 사용하지 않아 발생한 기능장해(예컨대 캐스트로 환부를 고정시켰기 때문에 치유 후의 관절에 기능장해가 생긴 경우)와 일시적인 장해에 대하여는 장해보상을 하지 아니한다.

　　3) '팔'이라 함은 어깨관절부터 손목관절까지를 말한다.

　　4) '팔의 3대 관절'이라 함은 어깨관절, 팔꿈치관절 및 손목관절을 말한다.

　　5) '한 팔의 손목 이상을 잃었을 때'라 함은 손목관절로부터 심장에 가까운 쪽에서 절단된 때를 말하며, 팔꿈치관절 상부에서 절단된 경우도 포함한다.

6) 팔의 관절 기능장해 평가는 팔의 3대 관절의 관절 운동범위 제한 등으로 평가한다. 각 관절의 운동범위 측정은 미국의사협회(A.M.A) '영구적 신체장해 평가지침'의 정상각도 및 측정 방법 등을 따르며, 관절 기능장해를 표시할 경우에는 장해부위의 장해각도와 정상부위의 측정치를 동시에 판단하여 장해 상태를 명확히 한다.

(중략)

다. 지급률의 결정

1) 1상지(팔과 손가락)의 장해지급률은 원칙적으로 각각 합산하되, 지급률은 60% 한도로 한다.

2) 한 팔의 3개 관절 중 1관절에 기능장해가 생기고 다른 1관절에 기능장해가 발생한 경우 지급률은 각각 적용하여 합산한다.

장해분류표에서 보듯이 '팔의 장해'는 3개의 관절 중 2개 이상의 관절에 기능장해가 생긴 경우에는 '팔'이라는 '동일한 신체부위'임에도 불구하고 각 관절의 장해지급률을 합산해서 최종 장해지급률을 평가합니다. 다리의 경우도 마찬가지입니다.

다음은 장해분류표에서 '다리'의 장해 평가 규정 중 일부입니다.

〈다리의 장해〉

다. 지급률의 결정

1) 1하지(다리와 발가락)의 장해지급률은 원칙적으로 각각 합산하되, 지급률은 60% 한도로 한다.

2) 한 다리의 3대 관절 중 1관절에 기능장해가 생기고 다른 1관절에 기능장해가 발생한 경우 지급률은 각각 적용하여 합산한다.

이렇게 A씨의 경우는 장해를 입은 신체부위가 팔과 다리였기 때문에 '동일한 신체부위'임에도 불구하고 팔과 다리의 관절 중 각각 2개 관절의 장해를 모두 평가한 다음 이 4개의 장해지급률을 합산하여 최종 장해지급률 40퍼센트를 평가받은 것입니다.

이와 같이 장해지급률은 장해분류표에서 정한 각 신체부위별로 판정 기준이 다를 수 있기 때문에 정확한 장해지급률을 평가하기 위해서는 해당 신체부위의 장해 판정 기준을 반드시 확인해야 합니다.

보험회사가 '동일한 신체부위'에 대한 규정만 생각하고 A씨의 경우에 30퍼센트의 장해지급률만 인정하는 일도 가끔 있기 때문입니다.

오래전 보험 계약에도 '동일한 신체부위'라는 개념이 적용되나요?

2005년 3월 31일까지 적용되는 생명보험 계약의 약관에는 장해등급분류표가 있어서 장해 상태를 6개의 등급으로 나누어놓았습니다. 또 각 등급을 설명하기 위해 '장해등급 분류 해설'이 첨부되어 있는데, 여기에 '신체의 동일 부위'라는 개념이 규정되어 있습니다.

〈장해등급 분류 해설〉

20. 신체의 동일 부위

　　가. 한 팔에 대하여는 어깨관절 이하(손가락, 손목 이하, 팔꿈치 이하, 어깨 이하)를 모두 동일 부위라 한다.

　　나. 한 다리에 대하여는 골반관절 이하(발가락, 발목 이하, 무릎 이하, 골반 이하)를 모두 동일 부위라 한다.

　　다. 눈 또는 귀의 장해에 대하여는 두 눈 또는 두 귀를 각각 동일 부위라 한다.

　　라. 척추에 대하여는 목뼈 이하를 모두 동일 부위라 한다.

　　마. 장해등급분류표 중 제1급의 5, 6, 7, 8, 9 제2급의 3, 4, 5 제3급의 8 또는 제4급의 12의 장해에 해당하는 경우는 두 팔, 두 다리, 한 팔과 한 다리, 10손가락 또는 발가락을 각각 동일 부위라 한다.

　이렇게 2005년 4월 1일부터 사용되는 생명보험 약관의 '동일한 신체부위'와는 그 내용이 많이 다릅니다. 만약 A씨가 2005년 3월 31일 이전에 보험 계약을 체결했다면 지금과는 다른 장해지급률 평가 방식을 따라야 하고 그 결과도 다를 수밖에 없습니다. 모든 보험금 지급은 계약 체결 당시 약관을 기준으로 이루어집니다. 보험금을 청구할 일이 생기면 우선 해당 사항(관련 특약)이 있는지 보험증권을 확인한 후 가입 당시의 약관을 찾아 자세한 규정을 검토하기 바랍니다.

약관 읽어주는 남자의 한마디

'동일한 신체부위'라는 개념은 보험 가입 시기에 따라 그 내용이 다를 뿐만 아니라 한 가지 보험 계약 안에서도 특약별로 조금씩 다르게 규정되어 있습니다.

'주계약' 약관과 '재해상해' 약관에서는 동일한 기준을 따르지만 '수술특약'에서는 약간 다른 기준이 적용되고 있습니다.

동일 신체부위

	주계약, 재해상해특약	수술특약
1	눈	눈
2	귀	귀
3	코	코
4	씹어 먹거나 말하는 기능	씹어 먹거나 말하기 기능과 관련된 신체부위
5	외모	머리
6	척추(등뼈)	목
7	체간골	척추(등뼈)
8	팔	체간골
9	다리	팔
10	손가락	다리
11	발가락	손가락
12	흉·복부 장기 및 비뇨생식기	발가락
13	신경계·정신행동	흉부장기
14		복부장기
15		비뇨생식기
	좌·우의 눈, 귀, 팔, 다리는 각각 다른 신체부위로 본다.	눈, 귀, 팔, 다리는 좌우를 각각 다른 신체부위로 본다.

표를 보면 좌우 항목이 대부분 서로 내용이 같은데 주계약이나 재해상해특약에서 '외모'라는 신체부위가 수술특약에서는 '머리'와 '목'으로 세분화된 것을 볼 수 있습니다. 또 주계약이나 재해상해특약에서는 '흉·복부 장기 및 비뇨생식기'라고 하나로 묶어서 규정되는 신체부위가 수술특약에서는 '흉부장기', '복부장기', '비뇨생식기'로 나누어집니다.

이렇게 특약별로 '동일한 신체부위'에 대한 개념이 서로 다르면 당연히 보험금 산정 기준도 달라집니다. 그러므로 장해지급률을 판단할 때는 왼쪽의 '동일한 신체부위' 개념을 기준으로 판단해야 하고, 수술보험금을 판단할 때는 오른쪽의 '동일한 신체부위' 개념을 기준으로 판단해야 합니다.

45. 장해보험금을 받았으나 그 후 장해가 악화된 경우 장해보험금을 추가로 더 받을 수 있나요?

추가된 장해지급률에 대한 보험금 지급 규정

자전거 동호회 회원인 A씨는 이른 봄 자전거를 타고 도로 위를 달리다가 사고를 당했습니다. 제설작업용으로 뿌린 염화칼슘 때문에 도로 곳곳에 구멍이 났는데 빠른 속도로 달리던 화물차의 바퀴가 그 구멍에 빠지면서 차량이 중심을 잃고 옆에서 달리던 A씨의 자전거를 덮쳤습니다. A씨는 고관절을 심하게 다쳤고 머리도 큰 충격을 받았습니다. A씨는 뇌수술을 받았고 몇 달 후 고관절에 심한 장해를 인정받아 2000만 원의 장해보험금을 받았습니다. 그런데 사고일로부터 2년 뒤 A씨는 장해 정도가 더 심해져서 휠체어나 다른 사람의 도움 없이는 이동을 할 수 없게 되었습니다. 병원에서는 뇌손상의 후유증이라고 했습니다. 이미 2000만 원의 장해보험금을 받은 A씨는 추가로 장해보험금을 받을 수 있을까요?

A씨의 상황 정리

- 교통사고를 당해 고관절과 머리를 다침.
- 고관절에 '심한장해'를 인정받아 보험회사로부터 장해관련 보험금을 받음.
- 그 후 뇌손상의 후유증으로 혼자 힘으로는 이동을 할 수 없는 상태가 됨.
- 장해 상태가 더 심해졌으므로 추가로 보험금을 더 받을 수 있는지 궁금함.

 어떤 한 가지 재해 때문에 장해 상태가 되어 '장해보험금'을 이미 받았다 하더라도 그 후에 장해 상태가 더 심해졌다면, 심해진 장해 상태를 기준으로 장해지급률을 다시 계산합니다.

보험금 상식, 궁금타파!

생명보험 재해상해특약 약관의 〈보험금 지급에 관한 세부 규정〉에는 다음과 같은 규정이 있습니다.

> 〈보험금 지급에 관한 세부 규정〉
> 장해지급률이 결정되었으나 그 이후 보장을 받을 수 있는 기간(계약의 효력이 없어진 경우에는 보험 기간이 10년 이상인 계약은 재해일 또는 진단 확정일로부터 2년 이내로 하고, 보험 기간이 10년 미만인 계약은 재해일 또는 진단 확정일로부터 1년 이내) 중에 장해 상태가 더 악화된 때에는 그 악

화된 장해 상태(사망 포함)를 기준으로 장해지급률을 결정합니다.

밑줄 친 부분을 중심으로 이 규정을 살펴보면 A씨가 추가로 장해보험금을 받을 수 있음을 알 수 있습니다. 그렇다면 A씨는 얼마의 장해보험금을 추가로 지급받을 수 있을까요? 주계약 약관의 장해분류표를 보면 알 수 있습니다.

생명보험 주계약 약관에 첨부된 장해분류표를 보면 팔과 다리 같은 신체의 각 부위를 13개 부위로 나누는데 각 부위별 장해 분류 기준을 제시하고 있습니다. 그런데 13개의 부위 중에는 '신경계·정신행동'이라는 부위(일반적인 상식과 달리 보험약관에서는 '신경계·정신행동'도 신체의 한 부위로 규정하고 있습니다)도 있습니다. 이 신체부위에 대해서는 다른 신체부위와는 조금 다른 장해지급률 판정 기준이 있습니다.

13. 신경계·정신행동 장해

가. 장해의 분류

장해의 분류	지급률
1) 신경계에 장해가 남아 일상생활 기본 동작에 제한을 남긴 때	10~100%
2) 정신행동에 극심한 장해가 남아 타인의 지속적인 감시 또는 감금상태에서 생활해야 할 때	100%
3) 정신행동에 심한 장해가 남아 감금상태에서 생활할 정도는 아니나 자해나 타해의 위험성이 지속적으로 있어서 부분적인 감시를 요할 때	70%
4) 정신행동에 뚜렷한 장해가 남아 대중교통을 이용한 이동, 장보기 등의 기본적인 사회활동을 혼자서 할 수 없는 상태	40%

5) 극심한 치매: CDR 척도 5점	100%
6) 심한 치매: CDR 척도 4점	80%
7) 뚜렷한 치매: CDR 척도 3점	60%
8) 약간의 치매: CDR 척도 2점	40%
9) 심한 간질발작이 남았을 때	70%
10) 뚜렷한 간질발작이 남았을 때	40%
11) 약간의 간질발작이 남았을 때	10%

나. 장해 판정 기준

1) 신경계

① '신경계에 장해를 남긴 때'라 함은 뇌, 척수 및 말초신경계에 손상으로 인하여 '일상생활 기본 동작(ADLs) 제한 장해평가표'의 5가지 기본 동작 중 하나 이상의 동작이 제한되었을 때를 말한다.

② 위 ①의 경우 '일상생활 기본 동작(ADLs) 제한 장해평가표'상 지급률이 10% 미만인 경우에는 보장 대상이 되는 장해로 인정하지 않는다.

③ 신경계의 장해로 인하여 발생하는 다른 신체부위의 장해 (눈, 귀, 코, 팔, 다리 등)는 해당 장해로도 평가하고 그중 높은 지급률을 적용한다.

④ 뇌졸중, 뇌손상, 척수 및 신경계의 질환 등은 발병 또는 외상 후 6개월 동안 지속적으로 치료한 후에 장해를 평가한다. 그러나 6개월이 경과하였다 하더라도 뚜렷하게 기능 향상

이 진행되고 있는 경우 또는 단기간 내에 사망이 예상되는 경우에는 6개월의 범위 내에서 장해 평가를 유보한다.

⑤ 장해진단 전문의는 재활의학과, 신경외과 또는 신경과 전문의로 한다.

A씨의 경우는 뇌손상으로 인해 '신경계에 장해를 남긴 때'에 해당하므로 장해지급률 결정은 '일상생활 기본 동작(ADLs) 제한 장해평가표'의 규정을 따르게 됩니다.

일상생활 기본 동작(ADLs) 제한 장해평가표

유형	제한 정도에 따른 상태	지급률
이동 동작	특별한 보조기구를 사용함에도 불구하고 다른 사람의 계속적인 도움이 없이는 방 밖을 나올 수 없는 상태	40%
	휠체어 또는 다른 사람의 도움 없이는 방 밖을 나올 수 없는 상태	30%
	목발 또는 walker를 사용하지 않으면 독립적인 보행이 불가능한 상태	20%
	독립적인 보행은 가능하나 파행이 있는 상태, 난간을 잡지 않고는 계단을 오르고 내리기가 불가능한 상태, 계속하여 평지에서 100m 이상을 걷지 못하는 상태	10%

이 표는 장해분류표에 첨부되어 있는데 다섯 가지 기본 동작(이동 동작, 음식물 섭취, 배변배뇨, 목욕, 옷 입고 벗기) 중 하나 이상의 동작의 제한에 대해 그 정도를 각각의 장해지급률로 규정한 것입니다.

A씨는 '휠체어 또는 다른 사람의 도움 없이는 방 밖을 나올 수 없는 상태'에 해당하므로 지급률 30%의 장해에 해당합니다. 따라서

A씨는 30%에 해당하는 장해보험금(재해상해특약을 1억 원 설정했다면 3000만 원)을 지급받을 수 있습니다. 왜냐하면 고관절의 장해가 뇌손상으로 인해 비롯된 것이 아니기 때문에 기존에 받은 장해보험금 외에 추가로 지급받는 것입니다.

 보험 계약이 해지된 후에 장해가 더 악화된 경우에도 추가로 보험금을 받을 수 있을까요?

만약 A씨가 고관절의 장해에 대해 생명보험회사로부터 2000만 원의 장해보험금을 받은 뒤 6개월 만에 보험 계약이 해지(실효)되었고 그 후 3개월 후에 장해 정도가 더 심해져서 휠체어나 다른 사람의 도움 없이는 이동을 할 수 없게 되었다고 한다면, 보험회사는 이 경우에도 추가로 장해보험금을 지급할까요?

보험회사 입장에서 보면 A씨의 장해 상태가 더 심해진 시점은 이미 보험 계약이 해지(실효)된 때입니다. 보험 계약의 효력이 끝난 시점에서 더 심해진 장해에 대해서도 추가로 장해급여금을 지급할 의무가 있을까요?

보험회사는 추가로 장해급여금을 지급할 의무가 있습니다.

위에서 언급한 생명보험 재해상해특약 약관의 〈보험금 지급에 관한 세부 규정〉 중 괄호 안의 내용 때문에 보험회사는 A씨에게 추가로 장해보험금을 지급해야 합니다.

장해지급률이 결정되었으나 그 이후 보장을 받을 수 있는 기간(계약의 효력이 없어진 경우에는 보험 기간이 10년 이상인 계약은 재해일 또는 진단 확정일로부터 2년 이내로 하고, 보험 기간이 10년 미만인 계약은 재해일 또는 진단 확정일로부터 1년 이내) 중에 장해 상태가 더 악화된 때에는 그 악화된 장해 상태(사망 포함)를 기준으로 장해지급률을 결정합니다.

보험 계약의 효력이 없어진 경우에도 보험 기간이 10년 이상인 계약은 재해일로부터 2년 이내의 기간 안에 장해 상태가 더 악화되었다면 그 악화된 상태를 기준으로 장해지급률을 결정하여 추가로 장해보험금을 지급한다는 것입니다. 하지만 대부분은 보험 계약이 해지되면 더 이상 보험금을 받을 수 없다고 생각해서 보험금을 청구하지 않습니다. 이래서 보험금은 알면 받고 모르면 받지 못하는 것입니다.

약관 읽어주는 남자의 한마디

장해지급률의 결정과 장해보험금(장해급여금)의 계산은 약관의 여러 부분을 종합적으로 고려해야 합니다. '보험료 납입 면제'에 해당하는지 확인하기 위해서 장해지급률을 평가하는 것이라면 '주계약'에 첨부되어 있는 장해분류표만 보면 됩니다. 하지만 실제로 지급될 장해보험금을 확인하기 위해서라면 장해분류표뿐만 아니라 당연히 '재해상해특약'의 약관을 함께 봐야만 합니다. 장해보험금은 '주계약'에서 지급하는 것이 아니라 '재해상해특약'에서 지급하는 것이기 때문입니다.

반대로 많은 사람들이 재해상해특약이 설정되어 있지 않으면 '보험료 납입 면제(질병이나 재해 때문에 50퍼센트 이상의 장해가 생긴 경우 이후의 보험료 납입을 전부 면제해주는 제도)' 혜택도 받을 수 없다고 생각합니다. 이것은 약관을 잘못 이해한 것입니다.

 보험료 납입 면제 제도는 재해상해특약의 규정이 아닙니다. 이것은 '주계약'의 규정입니다. 따라서 주계약에 50퍼센트 이상의 장해를 입은 보험 가입자에 대해 보험료 납입을 면제해주는 규정이 있는 생명보험이라면, 그 보험 계약에 '재해상해특약'이 설정되어 있지 않다고 하더라도 이후의 모든 보험료는 납입이 면제됩니다(단, 실손의료비특약은 납입면제에서 제외됩니다).

46

경미한 뇌경색도 뇌경색진단보험금을 받을 수 있나요?

불분명한 약관의 해석

SOS Question

1999년 뇌경색에 대해 1000만 원의 진단보험금을 지급하는 보험에 가입한 A씨는 2008년 우연히 뇌 CT를 찍다가 과거에 '열공성(裂孔性) 뇌경색(경미한 뇌경색)'이 있었음을 알게 되었습니다. 그 후 병원에서 받은 진단서에는 '뇌혈관질환의 후유증(I69)'이라고 적혀 있었습니다. 발병 사실을 모르고 지나친 경미한 뇌경색은 '뇌경색(I63)'으로 진단이 내려지는 것이 아니라 '뇌혈관질환의 후유증'으로 진단된다는 것이었습니다. A씨는 진단서를 첨부해 보험금을 청구했지만 보험회사는 '뇌혈관질환의 후유증'은 뇌경색이 아니며, 약관에서 규정하는 뇌경색진단보험금은 뇌경색에만 지급된다며 보험금 지급을 거절했습니다. 결국 이 문제는 소송까지 가게 되었습니다. 법원은 어떻게 판단했을까요?

A씨의 상황 정리

- 1999년 뇌경색진단보험금을 지급하는 생명보험에 가입.
- 2008년 열공성 뇌경색이 있었음을 알게 됨.
- 뇌혈관질환의 후유증(I69)으로 진단받고 보험금을 청구함.
- 보험약관에는 뇌경색(I63)에만 진단보험금을 지급하도록 되어 있기 때문에 뇌혈관질환의 후유증에는 보험금을 지급할 수 없다는 답변을 받음.
- 소송을 하게 됨.

'열공성 뇌경색'을 뇌혈관질환의 후유증(I69)으로 볼지, 뇌경색(I63)으로 볼지는 의사마다 견해가 다를 수 있습니다. 따라서 열공성 뇌경색이 보험약관에서 규정한 뇌경색에 해당하는지의 여부가 불분명합니다. 이렇게 약관의 해석이 불분명한 경우에는 보험회사가 아니라 보험 계약자에게 유리하게 해석하도록 약관에서 규정하고 있습니다. A씨는 약관의 이 규정 때문에 뇌경색진단보험금 1000만 원을 받을 수 있었습니다.

 보험금 상식, 궁금타파!

뇌졸중은 대부분 발음이 어눌해지거나 팔다리에 힘이 빠지는 등의 전조 증상이 있습니다. 하지만 별다른 증상이 없어서 모르고 지나치는 경우도 있습니다. 이런 경우는 대부분 미세한 혈관이 막히거나 터져서 생기는 '열공성 뇌경색'입니다. 열공성 뇌경색은 대부분 발병 당시에는 모르고 지나쳤다가 다른 증상 등으로 뇌 CT나 MRI를 찍다가 발견하는 경우가 많습니다. 이렇게 이미 지나간 뇌경색에 대해서 진단서를 발급받으면 '뇌경색(I63)'으로 진단명이 적혀 있지 않습니다. '뇌혈관질환의 후유증(I69)'이라고 적혀 있습니다. 이 진단서로 보험금을 청구하면 보험회사는 그동안 다음과 같은 약관의 규정을 근거로 뇌경색진단보험금을 지급하지 않았습니다.

〈뇌출혈 및 뇌경색(증) 분류표〉
약관에 규정하는 뇌출혈 및 뇌경색(증)으로 분류되는 질병은 제4차 개정 한국표준질병사인분류(통계청 고시 제2001-1호, 2003. 1. 1 시행) 중 다음에 적은 질병을 말합니다.

대상질병명	분류번호
뇌경색(증)	I63

즉 뇌경색진단보험금은 오로지 질병분류코드 I63에 해당하는 뇌경색에 대해서만 지급한다는 것입니다. 하지만 보험 가입자들은 '열공성 뇌경색'이라는 뇌경색(증)이 있었고, 다만 지나간 뒤에 발견되었기 때문에 뇌혈관질환의 후유증(I69)으로 진단받은 것인데, 이것을 '뇌경색진단보험금' 지급 대상에서 배제한다는 것은 보험회사가 불분명한 보험약관을 자의적으로 해석하는 것이라고 주장했습니다. 2010년 한 해에만 뇌경색 환자가 43만 명이나 되는 대한민국에서

A씨처럼 '열공성 뇌경색' 때문에 보험회사와 분쟁을 벌이는 사람이 많은 것은 어쩌면 당연한 일인지도 모르겠습니다. 그런데 이 논란은 다음과 같은 판결이 나면서 일단락되었습니다.

> 뇌의 작은 부분에 만성적으로 혈액 공급이 잘 안 되는 열공성 뇌경색도 보험금 지급 대상인 뇌경색에 해당한다는 판결이 나왔다.
> 서울고법 민사18부(재판장 조해현 부장판사)는 최근 흥국화재해상보험이 성모(54) 씨를 상대로 낸 채무부존재확인소송 항소심(2011나4935)에서 원고승소 판결한 1심을 파기하고 "보험사는 1000만 원의 보험금 채무가 있다"며 원고패소 판결을 내렸다.
> 재판부는 판결문에서 "성씨의 증상에 대해 '열공성 뇌경색 소견'이 보인다는 것에 대해 의사들이 대체로 일치된 견해를 보이지만, 이를 한국표준질병사인분류의 I63(뇌경색증)으로 볼지, I69(뇌혈관질환의 후유증)로 볼지에 대해서는 의사마다 다른 판단을 하고 있다"고 밝혔다. 성씨가 가입한 보험 계약에서 보장하는 뇌졸중에는 I63은 포함되지만, I69는 제외돼 있었다.
> 재판부는 "보험 계약 약관이 규정하는 분류코드 I63(뇌경색증)에 열공성 뇌경색까지 포함되는지에 관해 다의적으로 해석이 가능해 약관 조항의 뜻이 명백하지 않은 경우에 해당한다"며 "이 같은 경우 약관의 규제에 관한 법률 제5조 2항이 규정하는 '작성자 불이익의 원칙'을 적용해 I63(뇌경색증)에 해당한다고 해석하는 것이 타당하다"고 지적했다.
> 성씨는 1999년 보험에 가입하면서 뇌졸중을 비롯한 3대 질병 진단치

료비로 1000만 원을 받을 수 있는 내용의 '3대질병 진단담보특약'을 추가했다. 2008년 뇌경색 진단을 받은 성씨는 보험금을 청구했으나 거절당했고, 오히려 보험사가 이듬해 3월 채무부존재확인 소송을 내 1심에서 승소했다.

- 〈법률신문〉, 2012년 11월 19일

재판부는 열공성 뇌경색이 뇌경색(I63)에 포함되는지에 관해 약관의 규정이 명백하지 않다고 판단했습니다. 이렇게 약관의 뜻이 명백하지 않을 때는 '고객에게 유리하게 해석되어야 한다'는 '약관의 규제에 관한 법률' 제5조 2항에 의거해 열공성 뇌경색도 뇌경색에 해당한다고 해석하는 것이 타당하다고 보고, 보험회사는 뇌경색진단보험금을 지급하라고 판결한 것입니다.

약관의 규제에 관한 법률
제5조(약관의 해석)
① 약관은 신의성실의 원칙에 따라 공정하게 해석되어야 하며 고객에 따라 다르게 해석되어서는 아니 된다.
② 약관의 뜻이 명백하지 아니한 경우에는 고객에게 유리하게 해석되어야 한다.

약관 읽어주는 남자의 한마디

사실 약관의 규제에 관한 법률 제5조 2항과 동일한 내용의 규정이 보험약관에도 들어 있습니다.

제35조(약관의 해석)
① 회사는 신의성실의 원칙에 따라 공정하게 약관을 해석하여야 하며 계약자에 따라 다르게 해석하지 아니합니다.
② 회사는 약관의 뜻이 명백하지 아니한 경우에는 계약자에게 유리하게 해석합니다.

단지 보험회사가 각각의 보험금 청구에 대해 이 규정을 지키지 않기 때문에 많은 문제가 발생하는 것입니다. 결국 보험회사들이 보험금 청구를 바라보는 시각의 문제라고 생각합니다.

생명보험회사들은 이 판결에 대해 뇌경색진단보험금을 지급하는 특약을 판매하지 않는 방식으로 대응했습니다.

47

사망 원인이 암, 급성심근경색 또는 뇌출혈로 밝혀지면 각각의 진단보험금을 받을 수 있나요?

사망 후 '진단 확정'에 대한 규정

A씨는 2005년 '암진단특약'이 들어 있는 생명보험에 가입했습니다. 그 후 사업에 실패하는 바람에 많은 빚을 지게 된 A씨는 가족에게 미안하다며 어느 날 집을 나갔습니다. 가족은 A씨를 찾을 수 없었지만 A씨의 보험료를 계속 납부하면서 보험 계약은 유지하고 있었습니다. 그렇게 3년쯤 지난 어느 날 경찰서로부터 A씨가 사망했다는 연락이 왔습니다. 노숙인으로 생활하다가 사망한 A씨는 부검 결과 말기 간암 상태였습니다. A씨의 가족은 A씨의 암진단 보험금을 받을 수 있을까요?

A씨의 상황 정리
- 2005년 암진단특약이 들어 있는 생명보험에 가입.
- 3년 후 사망했는데 부검 결과 말기 간암이었음.
- A씨의 유족은 사망보험금만 지급되는지, 암진단보험금도 지급되는지 궁금함.

 암으로 사망한 사실이 확인되면 사망보험금 외에 암진단보험금도 받을 수 있습니다.

 보험금 상식, 궁금타파!

A씨처럼 사망 후 부검한 결과 암환자였다고 밝혀지는 사례가 종종 있습니다. 보험을 잘 모르는 유가족은 보험회사에 사망진단서만 첨부하여 보험금 청구서를 접수합니다. 그러면 보험회사는 당연히 사망보험금만 지급합니다. 그런데 보험약관을 보면 다음과 같이 규정하고 있습니다.

〈보험금 지급에 관한 세부 규정〉
보험대상자(피보험자)가 암에 대한 보장 개시일 이후에 사망하여 그 후에 암을 직접적인 원인으로 사망한 사실이 확인된 경우 또는 특약의 보장 개시일 이후에 사망하여 그 후에 기타 피부암, 상피내암, 경계성 종양을 직접적인 원인으로 사망한 사실이 확인된 경우에는 그 사망일을 진단 확정일로 보고 암진단급여금을 지급합니다. 다만, 암에 대한 보장 개시일의 전일 이전에 암으로 진단이 확정된 경우에는 제외합니다.

즉 사망한 뒤 사망 원인이 암으로 확인되면 사망 당일을 암진단 확정일로 간주하고 암진단보험금을 지급한다는 것입니다.

그런데 이 규정은 보험 가입자들의 오해를 유발할 가능성이 높습니다. 마치 암 때문에 사망해야지만 암진단보험금을 지급하는 것처럼 쓰여 있기 때문입니다. 그렇다면 '암'이 아닌 재해로 사망했는데 부검 결과 암환자였음이 밝혀지면 그때는 암진단보험금을 지급하지 않는 것일까요? 그렇지 않습니다. 이 경우에도 암진단보험금을 지급합니다.

따라서 암진단특약 약관의 〈보험금 지급에 관한 세부 규정〉은 다음과 같이 변경되어야 합니다. 그래야만 보험 가입자와 유가족들이 암진단보험금을 청구조차 하지 않는 일을 예방할 수 있습니다.

〈보험금 지급에 관한 세부 규정〉

보험대상자(피보험자)가 암에 대한 보장 개시일 이후에 사망하여 그 후에 암, 기타 피부암, 상피내암, 경계성 종양이 있었음이 확인된 경우에는 그 사망일을 진단 확정일로 보고 '암진단급여금'을 지급합니다. 다만, 암에 대한 보장 개시일의 전일 이전에 암으로 진단이 확정된 경우에는 제외합니다.

사망 후 급성심근경색증 또는 뇌출혈로 인한 사망으로 밝혀진 경우는?

급성심근경색증진단특약과 뇌출혈진단특약의 약관을 차례로 확인해보면 다음과 같습니다.

> 급성심근경색증진단특약의 〈보험금 지급에 관한 세부 규정〉
> 피보험자(보험대상자)가 특약의 보험 기간 중 사망하고 그 후에 급성심근경색증을 직접적인 원인으로 사망한 사실이 확인된 경우에는 그 사망일을 진단 확정일로 보고 진단자금을 지급합니다.

> 뇌출혈진단특약의 〈보험금 지급에 관한 세부 규정〉
> 피보험자(보험대상자)가 특약의 보험 기간 중 사망하고 그 후에 뇌출혈을 직접적인 원인으로 사망한 사실이 확인된 경우에는 그 사망일을 진단 확정일로 보고 진단자금을 지급합니다.

두 특약 모두 암진단특약과 동일한 규정을 갖고 있음을 알 수 있습니다. 그러니 암진단특약과 동일하게 해석하면 됩니다. 급성심근경색증이나 뇌출혈은 갑자기 사람을 사망에 이르게 할 수도 있는 질병입니다. 그래서 약관의 규정처럼, 사망 후에 부검을 해봤더니 급성심근경색증이나 뇌출혈이 직접적인 사인으로 밝혀지는 경우가 많습니다. 그런 경우에는 당연히 사망보험금 외에 '급성심근경색증진단보험금'이나 '뇌출혈진단보험금'이 지급됩니다.

그런데 아직까지 우리 사회는 부검을 꺼리는 경향이 있습니다. 부검을 하지 않으면 사망의 정확한 원인을 알 수 없기 때문에 보험회사들은 대부분 '급성심근경색증'이나 '뇌출혈'에 대한 진단보험금을 지급하지 않으려고 합니다. 그나마 다행인 것은 부검을 통해 명확히 확인되지 않았더라도 법정에서 급성심근경색증이나 뇌출혈의 정황 증거가 인정되어 보험금을 받은 사례도 있습니다. 그러니 원인을 알 수 없는 사망인 경우 부검을 통해 사인을 밝히는 일이 필요하지만 부검을 하지 않았다고 해서 보험금 청구를 포기하면 안 됩니다.

약관 읽어주는 남자의 한마디

세계경제의 불황 때문인지, 승자독식의 사회 시스템 때문인지 최근 들어 신용불량자가 되거나 집을 나가는 사람이 많아지고 있습니다. 서울의 지하철역은 밤이 되면 오갈 곳 없는 노숙인들의 보금자리로 변한 지 오래입니다. 한때는 버젓한 직장인이었고 한 가정의 가장이었던 사람들이 하루아침에 패배자가 되어 이 사회 어디에서도 쉴 공간을 찾지 못해 지하철역으로 모여들고 있습니다. 그들 중 대부분은 삶의 희망을 놓아버렸기 때문에 건강을 전혀 돌보지 않는, 아니 돌볼 수 없는 사람들입니다. 그러다 어느 추운 겨울날 인터넷 포털에 한 줄 뉴스로 부음(訃音)을 대신하며 세상을 떠나갑니다. 뒤늦게 가장의 죽음을 통보받은 가족들은 현실의 고통 때문에 슬픔도 충분히 느낄 수 없습니다.

보험이 사회문제를 해결할 수는 없습니다. 하지만 남은 가족의 경제적 고통을 조금이라도 덜어줄 수는 있습니다. 사망 후에 부검을 통해 암이나 급성심근경색증 또는 뇌출혈로 진단될 경우 사망보험금 외에 진단보험금도 지급하는 것은 약관에 명시된 규정입니다. 유가족이 보험약관을 몰라서 받아야 할 보험금을 받지 못하는 일이 없도록 담당 보험설계사들이 잘 안내해야 합니다. 보험설계사는 설계만 하는 사람이 아닙니다. 고객을 보호하고 보험회사가 고객과의 약속을 잘 지킬 수 있도록 감시하고 확인하는 사람입니다.

48

미성년 자녀만 남기고 한부모가 사망한 경우 사망보험금은 누가 받나요?

한부모의 사망과 친권자(다른 한부모)의 재산권 행사

SOS Question

A씨와 B씨는 결혼한 후 서로를 사망보험금 수익자로 하는 생명보험에 각각 가입했습니다. 아이가 태어나고 몇 년 뒤부터 B씨는 가정을 돌보지 않았습니다. 결국 A씨와 B씨는 이혼을 했고, 자녀는 엄마인 A씨가 키우기로 했습니다. 이혼한 직후 A씨는 자신의 사망보험금 수익자를 B씨에서 자녀로 변경했습니다. 그런데 어느 날 교통사고로 A씨가 사망했습니다. A씨의 자녀는 아직 미성년자였고, A씨와 B씨 모두 자녀에 대한 친권을 유지하고 있었습니다. A씨의 사망보험금은 누가 받게 될까요?

A씨의 상황 정리

- A씨와 B씨는 각각 생명보험에 가입하면서 사망보험금 수익자로 상대를 지정함.
- A씨와 B씨는 이혼하면서 자녀는 엄마인 A씨가 키우기로 함.
- A씨는 이혼한 후 사망보험금 수익자를 B씨에서 자녀로 변경함.
- A씨와 B씨 둘 다 자녀에 대한 친권은 유지함.
- 자녀가 미성년자인 시점에 A씨가 사망함.

엄마 A씨의 사망보험금은 당연히 수익자인 자녀가 수령하게 됩니다. 그런데 미성년은 스스로 재산을 관리할 수 없다고 보기 때문에 미성년 자녀의 재산은 친권자가 대신 관리하도록 민법에서 정하고 있습니다. 그러므로 A씨가 남긴 사망보험금의 실질적인 관리는 미성년 자녀의 친권자인 B씨가 하게 됩니다.

보험금 상식, 궁금타파!

2012년 한 해에만 이혼한 부부가 11만 4300여 쌍에 달한다고 합니다. 이렇게 높은 이혼율은 한부모 가정의 증가로 이어지고 있습니다.

지난해 우리나라 이혼 부부는 11만 4300여 쌍으로, 경제협력개발기구

(OECD) 회원국 중 이혼율 1위를 기록했다. 지난해 통계청 자료에 따르면 이혼 인구 중 과반수 이상은 자녀가 있는 상태에서 이혼을 한 것으로 나타났다. 이는 자연스레 한부모 가정의 증가로 이어진다.

통계청 조사결과 한부모 가정은 2009년 155만 872가구에서 2010년 159만 4624가구, 2011년 163만 8537가구, 2012년 167만 7415가구로 해마다 증가 추세에 있다. 올해 전국의 한부모 가정은 171만 4419가구로 추산된다. 이 가운데 78.4%인 132만 9197가구는 모자가구(어머니와 자녀)로, 나머지 21.6%(38만 5222가구)는 부자가구(아버지와 자녀)로 구성돼 있다.

- 〈헤럴드경제〉, 2013년 4월 5일

한부모 가정이 증가함에 따라 보험 계약의 사망보험금 수익자 지정에도 많은 주의가 필요해졌습니다.

부부가 사망보험금 수익자로 서로를 지정했는데, 그 후 이혼하고 사망보험금 수익자를 변경하지 않은 상태에서 한 사람이 사망할 경우 사망보험금은 누구에게 지급될까요?

이혼한 전 배우자에게 지급됩니다. 보험 계약의 수익자로 지정되어 있기 때문입니다. 그래서 보험 가입자들은 이혼하게 되면 대부분 사망보험금 수익자를 변경합니다. 이때 많은 사람들, 특히 자녀를 양육하고 있는 한부모는 자신의 사망보험금 수익자로 자녀를 지정합니다.

그런데 자녀가 미성년자일 때 자녀를 양육하고 있던 한부모(위 사례에서 어머니인 A씨)가 사망하게 되면 그 사망보험금은 누가 받게 될까요?

미성년 자녀에게 지급되는 게 맞습니다. 수익자로 지정되어 있으니까요. 하지만 민법에서 미성년자의 법률행위는 법정대리인의 동의를 얻도록 규정하고 있기 때문에 미성년 자녀의 재산은 친권자인 다른 한부모(위 사례에서 아버지인 B씨)가 관리하게 됩니다. 사실상 사망한 사람의 전 배우자가 받게 되는 것입니다. 사망한 A씨의 입장에서 본다면 달갑지 않은 상황일 수도 있습니다. B씨와 이혼을 했고, 그래서 사망보험금 수익자도 B씨에서 자녀로 변경했음에도 불구하고 사실상 B씨가 사망보험금을 가지게 되는 것이니까요.

〈민법〉

제5조(미성년자의 능력)

① 미성년자가 법률행위를 함에는 법정대리인의 동의를 얻어야 한다. 그러나 권리만을 얻거나 의무만을 면하는 행위는 그러하지 아니하다.
② 전항의 규정에 위반한 행위는 취소할 수 있다.

— 법제처 국가법령정보센터(www.law.go.kr)

이와 같은 민법의 내용이 사람들 사이에서 광범위하게 거론된 적이 있습니다. 몇 년 전 유명 연예인의 이혼과 자살, 그로 인해 미성년 자녀들이 물려받게 될 재산과 그것의 관리를 친권을 갖고 있지 않았던 전 남편이 하도록 법에서 규정하고 있다는 사실(친권의 자동회복)이 알려졌기 때문입니다.

민법 제5조의 취지는 미성년 자녀들이 그릇된 판단을 하거나 사기를 당해서 재산을 잃는 일을 막기 위한 것이지만 이혼 가정에서는 이 법률이 입법 취지와는 다른 새로운 문제를 만들어내기도 합니다.

이런 문제점을 해소하기 위해 민법이 개정되었습니다. 2013년 7월 1일부터는 한부모가 혼자 친권을 갖고 있다가 사망하는 경우 친권을 갖고 있지 않은 다른 한 부모의 친권이 자동으로 회복되지 않습니다. 그 사람이 아무리 부모라고 하더라도 자녀의 양육에 적합한 사람인지 가정법원이 판단한 후 친권의 회복을 결정합니다.

약관 읽어주는 남자의 한마디

이혼하면서 자녀의 양육을 직접 책임지지 않는 한부모도 대개의 경우 양육비를 부담하게 됩니다. 부부는 이혼하면 남이지만 부모 자식은 남이 되지 않습니다. 당연히 자녀의 양육을 공동으로 책임져야 합니다. 그런데 직접 양육하지 않는 한부모가 양육비도 꼬박꼬박 보내오고 가끔 자녀와 만나서 즐거운 시간을 보내는 경우가 있습니다. 이렇게 이혼은 했지만 자녀에게 좋은 부모가 되기 위해 노력하는 사람도 있습니다. 그러다가 만약 직접 양육을 하던 한부모가 사망하는 경우, 미성년 자녀가 상속받은 재산을 자녀의 교육과 양육을 위해 다른 한부모가 사용한다면 어떨까요?

이혼한다고 해서 모두 나쁜 부모가 아닌 것처럼 친권을 결정하는 것도 당사자들의 실제적인 상황이 고려되어야 합니다.

49 보험회사가 보험금 지급을 거절했는데, 가입자가 받아들일 수 없다면 어떻게 해야 하나요?

분쟁에 대한 '조정신청'과 소송

생명보험 가입자 A씨는 어느 날 보험회사에 보험금을 청구했습니다. 그런데 예상했던 금액보다 보험금이 적게 지급되었습니다. 보험금 심사 담당자와 통화를 했지만 역시 납득이 되지 않았습니다. 그래서 보험회사 고객센터에 전화를 걸어 민원 접수를 요청했습니다. 그 후 민원 처리 담당자가 전화를 걸어와 상담을 했지만 결론은 달라지지 않았습니다. A씨는 이제 어떻게 해야 할까요?

A씨의 상황 정리
- 보험회사에 보험금을 청구했는데 예상보다 적게 지급됨.
- 보험회사에 민원을 접수하고 민원 담당자와 상담했지만 문제가 해결되지 않음.

 금융감독원에 민원을 접수하면 금융감독원은 일단 해당 보험회사와 민원인이 자율적으로 협의하도록 유도합니다. 그런데도 문제가 해결되지 않고 민원인이 조정을 신청하면 경우에 따라 금융분쟁조정위원회에서 사안을 심사한 후 조정을 결정합니다. 이 결정마저도 민원인이 받아들일 수 없다면 그때는 보험회사를 상대로 소송을 거는 방법만 남게 됩니다.

 보험금 상식, 궁금타파!

보험금 청구를 했는데 납득할 수 없는 이유로 보험회사가 보험금 지급을 거절할 경우 대부분의 가입자들은 일단 보험금 심사 담당자에게 문의를 합니다. 그런데 담당자의 설명에도 불구하고 납득할 수 없을 때는 보험회사에 민원을 접수합니다. 그러면 보험회사의 민원 담당자가 보험 가입자에게 연락을 해서 사실관계를 확인한 후 문제 해결을 모색하게 됩니다.

접수된 민원 중 많은 경우는 이 단계에서 보험 가입자의 불만이 해소되지만 그렇지 않을 때도 있습니다. 보험회사도 결코 양보할 수 없는 경우가 있기 때문입니다. 이럴 때 보험 가입자는 어떻게 해야 할까요?

보험약관을 보면 이런 경우 어떻게 해야 하는지 나와 있습니다.

〈분쟁의 조정〉
계약에 관하여 분쟁이 있는 경우 분쟁 당사자 또는 기타 이해관계인과 회사는 금융감독원장에게 조정을 신청할 수 있습니다.

금융감독원에 조정을 신청하면 일차적으로 민원인과 보험회사 간의 자율적인 해결을 유도하고, 그래도 문제가 해소되지 않으면 그때 금융감독원의 분쟁조정위원회에서 민원을 처리합니다('5. 소파수술에 대해 재심사를 요청하면 보험금을 더 받을 수 있나요?' 참조). 그런데 만약 민원인(또는 보험회사)이 금융분쟁조정위원회의 결정도 받아들일 수 없을 때는 소송을 걸어 법원의 판결을 기다리는 방법밖에 없습니다.

약관 읽어주는 남자의 한마디

가장 좋은 방법은 물론 법정까지 가지 않고 문제를 해결하는 것입니다. 그러기 위해서는 보험 가입자들도 근거를 가지고 보험회사에 이의제기를 해야 합니다. 막무가내로 불만만 토로해서는 보험회사로부터 한 푼의 보험금도 더 받을 수 없습니다.

보험금 지급에 불만이 있을 경우 우선 담당 보험설계사에게 문의하는 것이 좋습니다. 그래서 약관을 근거로 사실관계를 확인한 후 보험금 심사 담당자와 통화해서 이의제기를 해야 합니다. 그렇게 하지 않으면 가입자들은 보험약관을 모르기 때문에 '보험약관에 그렇게 나와 있어 지급해줄 수 없다'는 말만 듣고 있을 수밖에 없습니다. 보험금 심사 담당자들도 보험 가입자가 약관에 근거해서 이의제기를 하면 그에 맞게 대응을 해줍니다. 자신의 판단이 잘못되었다고 생각하면 보험금을 다시 지급해주기도 하는 것이죠(실제로 이런 일이 많습니다).

이렇게 근거를 갖고 문제 제기를 했음에도 불구하고 보험금 심사 담당자의 판단에 변화가 없을 때, 민원을 접수하거나 조정을 신청해야 합니다. 그래야지만 서로 피해를 줄이면서 문제를 해결할 수 있습니다.

에필로그 | **'무한도전'에 대한
조금 엉뚱한 생각**

몇 해 전부터 방송국 연말 시상식에서는 예능 프로그램에 출연하는 개그맨들이 방송연예대상을 도맡아 수상합니다. 예능 프로그램 시청률이 가장 높은가 봅니다. 그래서 그런지 방송국마다 앞다투어 새로운 예능 프로그램을 쏟아내고 있습니다. 저는 그 무수한 예능 프로그램 중에서도 〈무한도전〉을 제일 좋아합니다. 언젠가 〈무한도전〉 멤버들이 프로레슬링에 도전하는 모습을 보고 깜짝 놀란 적이 있습니다. 생전 처음 해보는 스포츠를 짧은 기간에 익히기 위해 육체적인 고통과 심리적 공포를 견뎌내는 모습을 보면서 '이 사람들 정말 대단하다. 진짜 무한도전이구나'라고 생각했습니다. 최선을 다하는 그들의 모습에 코끝이 찡해졌습니다. 그런데 갑자기 엉뚱한 생각이 들었습니다.

'저 사람들은 저렇게 무모해 보이는 도전도 멈추지 않는데 나는 제대로 된 도전 한 번 해본 적 있나?'

입맛이 썼습니다.

그런데 말입니다. 〈무한도전〉 멤버들의 '무한한 도전'은 어쩌면 그들에게 무한하게 허락된 '재도전의 기회' 때문은 아닐까요?

만약 그들에게 '도전'할 기회가 딱 한 번뿐이고, 도전에 실패하면 그다음부터 방송에 출연할 수 없다고 한다면, 그때에도 그들은 무모한 도전에 뛰어들 수 있을까요? 우리가 매주 〈무한도전〉을 즐길 수 있는 것은 〈무한도전〉 멤버들에게 허락된 '재도전의 기회' 때문입니다. 그러나 현실에서 '재도전'의 기회는 허락되지 않습니다.

함께 생각해보면 좋겠습니다. 여기 중산층의 평범한 가장이 있습니다. 아파트 대출금을 갚아나가고 아이들의 각종 학원비를 부담하면서 국민의 의무인 세금을 꼬박꼬박 납부하고 있는, 그래서 변변한 적금 하나 불입하고 있지 못한 40대 남성입니다. 그가 어느 날 대장암 판정을 받게 됩니다. 수술비, 입원비, 항암 치료비, 약값 등 수천만 원의 병원비가 그에게 청구됩니다. 그나마 국민건강보험공단의 '중증환자등록제도' 덕에 많은 혜택을 받아서 그 정도입니다. 하지만 그는 가장입니다. 의료비만 해결되면 되는 것이 아니라 그가 치료받는 동안 가족의 생활비도 필요합니다. 이런 문제 때문에 그는 수술과 항암 치료라는 1차 치료 기간이 끝나면 제대로 요양도 못해보고 몇 달 후 다시 돈을 벌기 위해 나가게 됩니다. 그러다가 재발하고 그러다가 사망합니다. 가족들에게 남은 것은 후회와 빚뿐입니다. 그와 그의 가족에게 '재도전'의 기회는 주어지지 않습니다.

이 사회를 살아가는 성인들 모두 이 사실을 본능적으로 인식하고 있습니다. 이런 상황에서 이 평범한 가장에게 암이 발병하기 전이라도 '무한한 도전'을 요구할 수 있을까요? 아등바등 살지 않고, 누구의 말처럼 '저녁이 있는 삶'을 살기 위해 도전할 수 있을까요? 예능 프로그램에서나 기대할 수 있을 뿐입니다.

우리 사회에 〈무한도전〉의 무한한 도전정신이 현실성 있는 모습으로 받아들여지기 위해서는 많은 조건이 충족되어야 하겠지만 최소한 '무상의료제도(사실상 무상은 아닙니다. 전 국민이 국민건강보험료를 조금씩 더 부담해서 개인의 의료비가 전혀 들지 않는 '공적 보험'으로서의 국민건강보험제도를 말하는 것입니다)'가 시행되어야만 조금이라도 가능하다고 생각합니다. 만약 그렇게 된다면 지금처럼 소득의 상당 부분을 납입하며 따로 영리회사의 보험상품에 가입할 필요가 없습니다(장해나 사망에 대비하는 보험은 그래도 수요가 있을 것입니다).

물론 '무상의료'가 시행되면 많은 보험설계사들이 직업을 바꿔야 할 겁니다. 달갑지만은 않은 일입니다. 하지만 보험설계사 역시 꽤 많은 보험료를 보험회사에 납입하고 있는 보험가입자의 한 사람이라는 사실을 감안하면 생각을 조금 바꿀 수 있을 것입니다. 무상의료제도가 시행된다면 보험설계사도 이 나라의 국민이기에 그 혜택을 누릴 수 있습니다. 그 혜택은 직업을 바꾸면서 발생하는 손실보다 큽니다. 일생 동안 나와 내 가족이 누리는 것이기에 그렇습니다.

그러나 우리 사회에서 무상의료가 제도화되기에는 많은 어려움이 예상됩니다. 그중에서도 각자 경제적 능력에 따라 지금보다 조금씩 더 많은 국민건강보험료를 납부해서라도 사회 구성원 전체가 함께 무상의료의 혜택을 누리겠다는 사회적 합의가 가장 힘든 문제가 아닐까 싶습니다. 타인과 나누기 위해 내가 가진 것을 남보다 조금 더 내어놓는 일도, 세금을 더 납부해야 한다는 것도 받아들이기 쉬운 일은 아니기 때문입니다.

어쨌든 현재 무상의료제도가 시행되고 있지 않기 때문에 우리나라 국민들은 국민건강보험료를 납부하면서도 어쩔 수 없이 '사적 보험'에 가입하고 있습니다. 가계 소득의 절반 이상을 사적 보험의 보험료로 납입하고 있는 기형적 상황도 존재합니다.

더 큰 문제는 보험료는 꼬박꼬박 납입하면서 자신이 어떤 보장을 받을 수 있는지, 보험 계약자로서의 권리는 어디까지인지 전혀 모르는 사람이 많다는 사실입니다. '사적 보험'에 가입하는 목적이 '보험료'를 꼬박꼬박 납입하기 위한 것이 아니라, 아프거나 다쳤을 때 '보험금'을 받기 위한 것이 맞다면 쉽게 납득할 수 없는 일입니다.

왜 이런 일이 벌어질까요? 많은 이유가 있겠지만 어정쩡한 국민건강보험이 가장 큰 이유라고 생각합니다. 지금의 국민건강보험은 의료비의 일부는 줄여줄 수 있지만 그 부담으로부터 온전히 가입자(국민건강보험의 가입자)를 지켜주지는 못합니다.

하지만 만약 국민건강보험이 없다면 사람들은 사적 보험에 가입하기 위해 '노력'을 해야 합니다. 일단 '보험료'가 지금보다 더 비쌀 수밖에 없기 때문에 보험료를 감당하기 위해 '노력' 해야 합니다. 또 건강하지 않아도 가입되는 국민건강보험과 다르게 건강하지 않으면 보험 가입을 허락하지 않는 영리 보험회사의 기준에 맞추기 위해서라도 의료기관에 병력을 남기지 않으려 '노력'해야 합니다(이 노력은 사실상 거의 불가능하기 때문에 정말 어려운 '노력'입니다). 그렇게 힘들게 가입하는 '사적 보험'이기에 가입자들은 자신이 어떤 상황에서 어떤 '보험금'을 받을 수 있는지 꼼꼼히 따져보게 될 것입니다.

그런데 우리나라에는 부족하지만 '국민건강보험제도'가 있습니다. 그 혜택을 어느 정도는 누리며 살고 있기 때문에 크게 다치거나 중병에 걸리지 않는 한 많은 의료비를 지출하지 않습니다. 그래서 대부분의 사람들이 사적 보험에 가입할 필요를 절실하게 못 느끼면서도 지인의 권유를 받고 '하나 들어준다는 차원'에서 가입합니다. 그러니 당연히 자신이 가입한 보험에 관심이 없습니다. 보험료는 꼬박꼬박 빠져나가는데도 어떤 보험금을 지급받을 수 있는지는 모릅니다. 그러다가 예기치 않게 위험이 찾아오고 국민건강보험만으로는 해결할 수 없는 비용이 발생합니다. 사람들은 그제야 보험 가입자의 권리와 보험금 지급 규정에 대해 알아보기 시작합니다.

보험 가입자의 지인 중에 보험에 대한 지식이 남보다 많은 사람도 있을 것입니다. 하지만 수시로 변하는 약관의 내용을 알고 있을 정도는 아닙니다. 물론 담당 보험설계사도 있습니다. 하지만 보험설계사들조차 약관의 내용이나 보험금 지급 규정에 대해서 잘 알고 있는 사람이 드뭅니다. 보험설계사들은 보험회사로부터 판매기법에 대해서는 귀에 못이 박히도록 교육을 받습니다. 그러나 그들에게 보험금 지급 규정이나 약관을 가르치는 보험회사는 거의 없습니다. 있다 하더라도 매우 적은 시간을 투자할 뿐입니다.

상황이 이렇다 보니 가입자의 입장에서는 보험회사가 지급해주는 대로 보험금을 받을 수밖에 없습니다. 보험회사가 알아서 정확하게 보험금을 지급해줄 거라고 믿는 것도 아니지만 그렇다고 예상보다 적게 받았거나 지급을 거절당했을 때 이의를 제기하는 사람은 거의 없습니다. 모르기 때문입니다.

어떤 계약을 체결하면서 쌍방 중에 일방만 계약 내용을 숙지하고 있고 다른 일방은 계약 내용에 무지하다면 그것이 공정한 계약이라고 할 수 있을까요? 물론 계약 내용을 확인하고 숙지할 책임은 계약 체결의 당사자(보험 계약자)에게 있습니다. 그런데 그 계약의 세부 내용이 들어 있는 약관이 한글로 쓰여 있음에도 한글을 모국어로 사용하는 사람조차 이해하기 힘들게 되어 있다면 그것을 공정한 계약이라고 말할 수 있을까요?

물론 마음에 들지 않으면 가입하지 않으면 된다고 말할 수 있습니다. 하지만 이런 태도는 사회적 질타를 받기에 충분합니다. 무상의료 제도가 시행되고 있지 않기 때문에 어쩔 수 없이 사적 보험에 가입하는 사람들에게 그것은 보험회사의 횡포로 받아들여질 수 있습니다. 마치 "우리가 제시하는 계약을 무조건 받아들이거나, 아니면 보험 없이 살아보거나"라는 말과 같은 것입니다.

보험회사는 영리회사입니다. 물론 기업윤리라는 것도 존재하지만 기본적으로 자본주의 경제체제에서 영리회사는 이윤을 얻기 위해 사업을 합니다. 그렇다면 이윤활동을 위해 자신들에게 유리하게 계약을 이끌고 가려는 사적 보험회사를 탐욕의 화신으로만 매도할 수는 없는 노릇입니다. 이윤 추구가 탐욕으로 변질되는 것을 사전에 예방하고 관리 감독할 일차적인 책임은 정부에 있기 때문입니다. 그러나 10년 동안 실무에서 겪은 바로는 금융감독원은 '보험 가입자' 편이 아닙니다. 어떤 민원에서 보험 가입자의 주장이 약관에 의거하는, 당연히 옳은 것임에도 불구하고 보험회사의 말도 안 되는 논리를 수용하여 금융감독원이 보험회사의 손을 들어주는 경우를 종종 경험했습니다. 그때마다 느끼는 허탈감이란 이루 말할 수 없습니다.

그렇다면 이제 어떻게 해야 할까요? 보험을 모두 해약해야 할까요? 언제 가능할지 모르는 무상의료제도가 시행되기 전까지 보험 없이 살아야 할까요? 저는 보험을 해약하는 것보다, 무상의료제도를 관철시키기 위한 정치투쟁에 당장 나서는 것보다 더 시급하고 현실적인 방법을 제안하려고 합니다.

우리가 약관과 보험금 지급 규정을 공부하는 겁니다. 여기서 '우리'란 사적 보험에 가입한 보험 가입자를 지칭하며, 또한 보험 가입자에게 그 보험을 권유하고 보험 계약을 관리하는 보험설계사를 포함합니다.

우리가 보험약관과 지급 규정을 많이 이해하면 할수록 보험회사는 좀 더 공정한 약관을 만들고 좀 더 공정한 보험금 지급을 할 수밖에 없습니다. 왜냐하면 약관과 보험금 지급 규정을 이해하고 있는 수많은 보험 가입자들이 보험회사가 실수 또는 고의로 약관을 위반하는 행위를 할 때마다 감독당국에 민원을 제기할 테니까요. 그러면 감독당국은 책임을 회피하기 위해서라도 보험회사를 압박할 수밖에 없을 것이고, 보험회사는 약관에 어긋하는 행위를 하지 않기 위해 노력할 수밖에 없습니다. 이것이 현재로서는 가장 현실적인 방법입니다(개인이 보험회사를 상대로 매번 소송을 건다는 것은 그야말로 비현실적입니다. 자본주의 사회에서는 돈을 많이 가진 자가 법정에서도 유리한 지위를 누리는 법이니까요).

그런데 보험 가입자와 보험설계사들이 약관과 보험금 지급 규정을 공부하고 숙지한다는 것, 어쩌면 이것만큼 '무모한 도전'이 있을까요? 우선, 약관에 쓰여 있는 한글이 해독이 잘 안 됩니다. 그리고 보험설계사들은 세일즈를 하지 않으면 소득을 얻을 수 없기 때문에 세일즈하는 것만으로도 시간에 쫓깁니다. 이런 상황에서 차분히 약관을 공부한다는 것은 쉬운 일이 아닙니다. 바로 이 점이 제가 책을 쓰겠다는 '무모한 도전'을 결심한 이유입니다.

저 역시 약관과 보험금 지급 규정을 완벽하게 이해하고 있다고 말할 수 없습니다. 보험약관과 보험금 지급 규정의 내용이 방대하고 때로는 전문적인 의학 지식, 약간의 법률 지식까지 필요로 하기에 저는 많이 부족합니다. 그러나 누군가는 첫 삽을 떠야 한다고 생각했습니다. 모두가 어쩔 수 없다고 생각할 때, 나만 피해를 보지 않으면 된다고 생각할 때 누군가는 '무모한 도전'을 해야 한다고 생각했습니다. 이 책에서 제가 알고 있는 범위 내에서 최대한 보험약관과 보험금 지급 규정을 알기 쉽게 설명하기 위해 노력했습니다. 워낙 얽혀 있는 규정이 많아 쉽게 설명하는 것 자체가 제게는 '도전'이었습니다.

저의 도전이 설사 '무모했다'고 결론이 날지언정 도전해보려고 합니다. 제가 한 삽이라도 뜨고 나면 반드시 두 번째 삽을 뜨는 사람이 나타날 것입니다. 저보다 조금 더 유능한 사람이 세 번째 삽을 뜨고 그 후로도 더 많은 사람들이 삽을 잡고 모여들어 멈추지 않는 '무한 도전'을 하다 보면 언젠가 저 산을 옮길 수 있지 않을까 생각합니다.

별첨

❶ 의료법 제3조 (의료기관)

① 이 법에서 '의료기관'이란 의료인이 공중(公衆) 또는 특정 다수인을 위하여 의료·조산의 업(이하 '의료업'이라 한다)을 하는 곳을 말한다.

② 의료기관은 다음 각 호와 같이 구분한다. 〔개정 2009. 1. 30, 2011. 6. 7〕

  1. 의원급 의료기관: 의사, 치과의사 또는 한의사가 주로 외래환자를 대상으로 각각 그 의료행위를 하는 의료기관으로서 그 종류는 다음 각 목과 같다.

    가. 의원

    나. 치과의원

    다. 한의원

  2. 조산원: 조산사가 조산과 임부·해산부·산욕부 및 신생아를 대상으로 보건활동과 교육·상담을 하는 의료기관을 말한다.

  3. 병원급 의료기관: 의사, 치과의사 또는 한의사가 주로 입원환자를 대상으로 의료행위를 하는 의료기관으로서 그 종류는 다음 각 목과 같다.

    가. 병원

나. 치과병원

다. 한방병원

라. 요양병원(「정신보건법」 제3조 제3호에 따른 정신의료기관 중 정신병원, 「장애인복지법」 제58조 제1항 제2호에 따른 의료 재활시설로서 제3조의 2의 요건을 갖춘 의료기관을 포함한다. 이하 같다)

마. 종합병원

③ 보건복지부장관은 보건의료정책에 필요하다고 인정하는 경우에는 제2항 제1호부터 제3호까지의 규정에 따른 의료기관의 종류별 표준업무를 정하여 고시할 수 있다.

〔개정 2009. 1. 30, 2010. 1. 18〕

- 법제처 국가법령정보센터(www.law.go.kr)

❷ 〈국세징수법〉

〔시행 2013. 1. 1〕〔법률 제11605호, 2013. 1. 1, 일부개정〕

제31조(압류금지 재산) 다음 각 호의 재산은 압류할 수 없다.

1. 체납자와 그 동거가족의 생활에 없어서는 아니 될 의복, 침구, 가구와 주방기구
2. 체납자와 그 동거가족에게 필요한 3개월간의 식료와 연료
3. 인감도장이나 그 밖에 직업에 필요한 인장(印章)
4. 제사·예배에 필요한 물건, 비석 및 묘지
5. 체납자 또는 그 동거가족의 상사(喪事)·장례에 필요한 물건
6. 족보나 그 밖에 체납자의 가정에 필요한 장부·서류

7. 직무상 필요한 제복·법의(法衣)

8. 훈장이나 그 밖의 명예의 증표

9. 체납자와 그 동거가족의 학업에 필요한 서적과 기구

10. 발명 또는 저작에 관한 것으로서 공표되지 아니한 것

11. 법령에 따라 급여하는 사망급여금과 상이급여금(傷痍給與金)

12. 의료·조산(助産)의 업(業) 또는 동물진료업에 필요한 기구·약품과 그 밖의 재료

13. 체납자의 생계 유지에 필요한 소액금융재산으로서 대통령령으로 정하는 것

― [전문개정 2011. 4. 4]

제36조(압류금지 재산)

① 법 제31조 제13호에서 "대통령령으로 정하는 것"이란 다음 각 호의 구분에 따른 보장성 보험의 보험금, 해약환급금 및 만기환급금과 개인별 잔액이 150만 원 미만인 예금(적금, 부금, 예탁금과 우편대체를 포함한다)을 말한다.

　1. 사망보험금 중 1천만 원 이하의 보험금

　2. 상해·질병·사고 등을 원인으로 체납자가 지급받는 보장성 보험의 보험금 중 다음 각 목에 해당하는 보험금

　　가. 진료비, 치료비, 수술비, 입원비, 약제비 등 치료 및 장애 회복을 위하여 실제 지출되는 비용을 보장하기 위한 보험금

　　나. 치료 및 장애 회복을 위한 보험금 중 가목에 해당하는 보험금을 제외한 보험금의 2분의 1에 해당하는 금액

3. 보장성 보험의 해약환급금 중 150만 원 이하의 금액

   4. 보장성 보험의 만기환급금 중 150만 원 이하의 금액

② 체납자가 보장성 보험의 보험금, 해약환급금 또는 만기환급금 채권을 취득하는 보험 계약이 둘 이상인 경우에는 다음 각 호의 구분에 따라 제1항 각 호의 금액을 계산한다.

   1. 제1항 제1호, 제3호 및 제4호: 보험 계약별 사망보험금, 해약환급금, 만기환급금을 각각 합산한 금액

   2. 제1항 제2호 나목: 보험 계약별 금액

− 〔전문개정 2013. 2. 15〕

제37조(급여의 압류 범위)

① 법 제33조에 따른 총액은 지급받을 수 있는 급여금 전액에서 그 근로소득 또는 퇴직소득에 대한 소득세 및 소득세분 지방소득세를 뺀 금액으로 한다.

② 법 제33조 제1항 단서에서 "「국민기초생활 보장법」에 따른 최저생계비를 고려하여 대통령령으로 정하는 금액"이란 월 150만 원을 말한다. 〔개정 2013. 2. 15〕

③ 법 제33조 제1항 단서에서 "표준적인 가구의 생계비를 고려하여 대통령령으로 정하는 금액"이란 제1호와 제2호의 금액을 더한 금액을 말한다. 〔개정 2012. 2. 2〕

   1. 월 300만 원

   2. 다음의 계산식에 따라 계산한 금액. 다만, 계산한 금액이 0보다 작

은 경우에는 0으로 본다.

〔법 제33조 제1항 본문에 따른 압류금지 금액(월액으로 계산한 금액을 말한다) − 제1호의 금액〕 × 1/2

− 〔전문개정 2011. 9. 16〕

❸ 1. "질병으로 치료받았을 때 '실손의료비특약'에서 보상하지 않는 사항" 중에서 특징적인 것들

① 정신질환 및 행동장애(F04~F99)

② 피보험자(보험대상자)가 임신, 출산(제왕절개를 포함합니다), 산후기(O00~O99)로 입원한 경우

③ 비뇨기계 장애(N39, R32)

④ 직장 또는 항문질환 중 국민건강보험법상 요양급여에 해당하지 않는 부분(I84, K60~K62)

⑤ 치과 치료, 한방 치료에서 발생한 국민건강보험법상 요양급여에 해당하지 않는 비급여 의료비

⑥ 영양제, 종합비타민제, 호르몬 투여, 보신용 투약, 친자확인을 위한 진단, 불임검사, 불임수술, 불임복원수술, 보조생식술(체내, 체외 인공수정을 포함합니다), 성장촉진과 관련된 비용 등에 소요된 비용. 다만, 보험회사가 보상하는 질병의 치료를 목적으로 하는 경우에는 보상하여드립니다.

⑦ 비만(E66)

⑧ 의치, 의수족, 의안, 안경, 콘택트렌즈, 보청기, 목발, 팔걸이(Arm Sling),

보조기 등 진료재료의 구입 및 대체비용. 다만, 인공장기나 부분 의치 등 신체에 이식되어 그 기능을 대신할 경우는 제외합니다.
　　⑨ 진료와 무관한 제비용(TV시청료, 전화료, 제증명료 등), 의사의 임상적 소견과 상관이 없는 검사비용, 간병비.

2. "상해로 치료받았을 때 '실손의료비특약'에서 보상하지 않는 사항" 중 특징적인 것들
　① 전쟁, 외국의 무력행사, 혁명, 내란, 사변, 폭동
　② (보험)회사는 다른 약정이 없으면 피보험자(보험대상자)가 직업, 직무 또는 동호회 활동 목적으로 아래에 열거된 행위로 인하여 생긴 상해에 대하여는 보상하여드리지 아니합니다.
　　ㄱ. 전문등반, 글라이더 조종, 스카이다이빙, 스쿠버다이빙, 행글라이딩 또는 이와 비슷한 위험한 활동
　　ㄴ. 모터보트, 자동차 또는 오토바이에 의한 경기, 시범, 흥행(이를 위한 연습을 포함합니다) 또는 시운전(다만, 공용도로상에서 시운전을 하는 동안 발생한 상해는 보상하여드립니다)
　　ㄷ. 선박승무원, 어부, 사공 그 밖에 선박에 탑승하는 것을 직무로 하는 사람이 직무상 선박에 탑승
　③ 자동차보험(공제를 포함합니다) 또는 산재보험에서 보상받는 의료비

3. 생명보험에서 보험금을 지급하지 아니하는 재해와 질병
다음 각 호에 해당하는 경우에는 재해 분류에서 제외하여 보험금을 지급하지 아니합니다.

① 질병 또는 체질적인 요인이 있는 자로서 경미한 외부 요인에 의하여 발병하거나 또는 그 증상이 더욱 악화된 경우
② 사고의 원인이 다음과 같은 경우
    - 과로 및 격심한 또는 반복적인 운동(X50)
    - 무중력 환경에서의 장시간 체류(X52)
    - 식량 부족(X53)
    - 물 부족(X54)
    - 상세불명의 결핍(X57)
    - 고의적 자해(X60~X84)
    - "법적 개입" 중 법적 처형(Y35.5)
③ "외과적 및 내과적 치료 중 환자의 재난(Y60~Y69)" 중 진료기관의 고의 또는 과실이 없는 사고(단, 처치 당시에는 재난의 언급이 없었으나 환자에게 이상반응이나 후에 합병증을 일으키게 한 외과적 및 기타 내과적 처치(Y83~Y84)는 보상)
④ "자연의 힘에 노출(X30~X39)" 중 급격한 액체 손실로 인한 탈수
⑤ "우발적 익사 및 익수(W65~W74), 기타 호흡과 관련된 불의의 위협(W75~W84), 눈 또는 인체의 개구부를 통하여 들어온 이물질(W44)" 중 질병에 의한 호흡장해 및 삼킴장해
⑥ 한국표준질병·사인분류상의(U00~U99)에 해당되는 질병

* 'U00~U99'에 해당되는 질병은 '재해'로 인정되지 않는다는 의미이며, 질병으로는 인정됩니다 – 필자.

❹ '한국표준질병 · 사인분류'에서 'D37계열'

한국표준질병 코드	한국표준질병 한글명칭
D37	구강 및 소화기관의 행동양식 불명 또는 미상의 신생물
D37.0	입술, 구강 및 인두의 행동양식 불명 또는 미상의 신생물
D37.1	위의 행동양식 불명 또는 미상의 신생물
D37.2	소장의 행동양식 불명 또는 미상의 신생물
D37.3	충수의 행동양식 불명 또는 미상의 신생물
D37.4	결장의 행동양식 불명 또는 미상의 신생물
D37.5	직장의 행동양식 불명 또는 미상의 신생물
D37.6	간, 담낭 및 담관의 행동양식 불명 또는 미상의 신생물
D37.7	기타 소화기관의 행동양식 불명 또는 미상의 신생물
D37.9	상세불명의 소화기관의 행동양식 불명 또는 미상의 신생물

❺ 제6차 한국표준질병사인분류 중 C77~C80
〔이차성 및 상세불명 부위의 악성신생물(암)〕

C77	림프절의 이차성 및 상세불명의 악성신생물
C77.0	머리, 얼굴 및 목의 림프절의 이차성 및 상세불명의 악성신생물
C77.1	흉곽 내 림프절의 이차성 및 상세불명의 악성신생물
C77.2	복강 내 림프절의 이차성 및 상세불명의 악성신생물
C77.3	겨드랑 및 팔 림프절의 이차성 및 상세불명의 악성신생물
C77.4	사타구니 및 하지 림프절의 이차성 및 상세불명의 악성신생물
C77.5	골반 내 림프절의 이차성 및 상세불명의 악성신생물
C77.8	여러 부위의 림프절의 이차성 및 상세불명의 악성신생물
C77.9	상세불명의 림프절의 이차성 및 상세불명의 악성신생물
C78.	호흡 및 소화기관의 이차성 악성신생물

C78.0	폐의 이차성 악성신생물
C78.00	폐의 이차성 악성신생물, 오른쪽
C78.01	폐의 이차성 악성신생물, 왼쪽
C78.09	폐의 이차성 악성신생물, 상세불명 부위
C78.1	종격의 이차성 악성신생물
C78.2	흉막의 이차성 악성신생물
C78.3	기타 및 상세불명의 호흡기관의 이차성 악성신생물
C78.4	소장의 이차성 악성신생물
C78.5	대장 및 직장의 이차성 악성신생물
C78.6	후복막 및 복막의 이차성 악성신생물
C78.7	간 및 간 내 담관의 이차성 악성신생물
C78.8	기타 및 상세불명의 소화기관의 이차성 악성신생물
C79	기타 및 상세불명 부위의 이차성 악성신생물
C79.0	신장 및 신우의 이차성 악성신생물
C79.00	신장 및 신우의 이차성 악성신생물, 오른쪽
C79.01	신장 및 신우의 이차성 악성신생물, 왼쪽
C79.09	신장 및 신우의 이차성 악성신생물, 상세불명 부위
C79.1	방광 및 기타 상세불명의 비뇨기관의 이차성 악성신생물
C79.10	방광의 이차성 악성신생물
C79.18	기타 및 상세불명 비뇨기관의 이차성 악성신생물
C79.2	피부의 이차성 악성신생물
C79.3	뇌 및 뇌막의 이차성 악성신생물
C79.30	뇌의 이차성 악성신생물
C79.31	뇌막의 이차성 악성신생물
C79.4	신경계통의 기타 및 상세불명 부분의 이차성 악성신생물

C79.5	뼈 및 골수의 이차성 악성신생물
C79.50	뼈의 이차성 악성신생물
C79.51	골수의 이차성 악성신생물
C79.6	난소의 이차성 악성신생물
C79.60	난소의 이차성 악성신생물, 오른쪽
C79.61	난소의 이차성 악성신생물, 왼쪽
C79.69	난소의 이차성 악성신생물, 상세불명 부위
C79.7	부신의 이차성 악성신생물
C79.8	기타 명시된 부위의 이차성 악성신생물
C79.80	유방의 이차성 악성신생물
C79.81	생식기관의 이차성 악성신생물
C79.88	기타 명시된 부위의 이차성 악성 신생물
C79.9	상세불명 부위의 이차성 악성신생물
C80	부위의 명시가 없는 악성신생물
C80.0	일차부위 미상으로 언급된 악성신생물
C80.9	상세불명의 악성신생물

❻ 상법 제638조의 2 (보험 계약의 성립)

① 보험자가 보험 계약자로부터 보험 계약의 청약과 함께 보험료 상당액의 전부 또는 일부의 지급을 받은 때에는 다른 약정이 없으면 30일 내에 그 상대방에 대하여 낙부의 통지를 발송하여야 한다. 그러나 인보험 계약의 피보험자가 신체검사를 받아야 하는 경우에는 그 기간은 신체검사를 받은 날부터 기산한다.

② 보험자가 제1항의 규정에 의한 기간 내에 낙부의 통지를 해태한 때에는 승낙한 것으로 본다.

③ 보험자가 보험 계약자로부터 보험 계약의 청약과 함께 보험료 상당액의 전부 또는 일부를 받은 경우에 그 청약을 승낙하기 전에 보험 계약에서 정한 보험사고가 생긴 때에는 그 청약을 거절할 사유가 없는 한 보험자는 보험 계약상의 책임을 진다. 그러나 인보험 계약의 피보험자가 신체검사를 받아야 하는 경우에 그 검사를 받지 아니한 때에는 그러하지 아니하다.

- 출처: 법제처 국가법령센터

❼ 〈상해보험 계약 후 알릴 의무〉 전문(全文)

① 계약자 또는 피보험자(보험대상자)는 보험 기간 중에 피보험자(보험대상자)가 그 직업 또는 직무를 변경(자가용 운전자가 영업용 운전자로 직업 또는 직무를 변경하는 등의 경우를 포함합니다)하거나 이륜자동차 또는 원동기장치 자전거를 계속적으로 사용하게 된 경우에는 지체 없이 회사에 알려야 합니다.

② 회사는 제1항에 따라 위험이 감소된 경우에는 그 차액 보험료를 돌려드리며, 계약자 또는 피보험자(보험대상자)의 고의 또는 중과실로 위험이 증가된 경우에는 통지를 받은 날로부터 1개월 이내에 보험료의 증액을 청구하거나 특약을 해지할 수 있습니다.

③ 제1항의 통지에 따라 보험료를 더 내야 할 경우 회사의 청구에 대해 계약자가 그 납입을 게을리 했을 때, 회사는 직업 또는 직무가 변경되기 전에 적용된 보험료율(이하 '변경 전 요율'이라 합니다)의 직업 또는 직무가

변경된 후에 적용해야 할 보험료율(이하 '변경 후 요율'이라 합니다)에 대한 비율에 따라 보험금을 삭감하여 지급합니다. 다만, 변경된 직업 또는 직무와 관계없는 사고로 발생한 상해에 관해서는 그러하지 아니합니다.

④ 계약자 또는 피보험자(보험대상자)가 고의 또는 중과실로 직업 또는 직무의 변경 사실을 회사에 알리지 아니하였을 경우 변경 후 요율이 변경 전 요율보다 높을 때에는 회사는 동 사실을 안 날로부터 1개월 이내에 계약자 또는 피보험자(보험대상자)에게 제3항에 의해 보상됨을 통보하고 이에 따라 보험금을 지급합니다.